CW00587906

Lorenzo Silva
El alquimista impaciente

Lorenzo Silva

El alquimista impaciente

Premio Nadal 2000

Ediciones Destino
Colección
Áncora y Delfín
Volumen 890

© Lorenzo Silva, 2000
© Ediciones Destino, S. A., 2000
Provença, 260. 08008 Barcelona
www.edestino.es
Primera edición: febrero 2000
ISBN: 84-233-3196-2
Depósito legal: B. 4.494-2000
Impreso por Romanyà Valls, S. A.
Verdaguer, 1. Capellades (Barcelona)

Para Laura y Mª Ángeles,
que ponen cada día la luz

Et su natura dela piedra deste metal es, que quando la mezclan con arambre, tornase como natura de uidrio et quiebra, mas pero encorpora se con el. Et otrossi, si lo mezclan con estanno torna negro, et si con plata lo mezclan, recibe la blancura della, et assi faz con cada metal. Et por ende, los que se trabaian de alquimia, aque llaman la obra mayor, deuen parar mientes que non dannen el nombre del saber, ca alquimia tanto quiere dezir, como maestria para meiorar las cosas, ca non empeorar las. Ende los que toman los metales nobles et los bueluen con los uiles, non entendiendo el saber ni la maestria, fazen que se non meiora el uil, et danna se el noble.

ALFONSO X, *Lapidario*

ADVERTENCIA PREVIA

Algunos de los lugares que aparecen en esta novela están inspirados, más o menos libremente, en lugares reales. Los personajes, así como los hechos narrados, son por completo ficticios.

Capítulo 1
UNA SONRISA BONDADOSA

La postura era cualquier cosa menos confortable. El cuerpo estaba boca abajo, con los brazos extendidos en toda su longitud y las muñecas amarradas a las patas de la cama. Tenía la cara vuelta hacia la izquierda y las piernas dobladas bajo el vientre. Las nalgas se sostenían un poco en alto sobre los talones y entre ellas se alzaba, merced a su imponente curvatura, un aparatoso mástil de caucho rojo rematado por un pompón rosa.

–No sabía que los fabricaran así –dijo Ruiz, perplejo.

–El personal tiene mucha imaginación para estas cosas –observó con estoicismo el sargento Marchena, su superior inmediato.

–Pues la combinación resulta de chiste.

–Según lo mires, cabo. El peluche quedará muy cómico, pero el artefacto debe de doler un huevo –calculó el sargento, con gesto aprensivo–. Y si se sujeta así de tieso es que tiene dentro un buen trozo.

–Bueno, le pondrían vaselina –aventuró Ruiz.

–¿Para darle pasaporte luego? Mucho melindre me parece.

Una suave voz femenina interrumpió su coloquio:

–¿No es un poco pronto para hablar de homicidio?

Hasta ese momento la guardia Chamorro, mi ayudante, había permanecido callada, lo que otorgaba un relieve singular a su interrogación. Quizá deba indicar que Chamorro y yo llevábamos en la habitación poco más de cinco minutos, de los que habríamos empleado tal vez tres en reconocer el cadáver. Marchena y Ruiz, que estaban destinados en el puesto a cargo de aquella demarcación, habían llegado primero y habían esperado durante un buen rato a que apareciéramos nosotros, los listos de la unidad central. La ironía de Chamorro era bastante sutil: sólo yo, por haberla sufrido reiteradamente en carne propia, podía captar todos sus matices. Pero a Marchena no le faltaba perspicacia, y al oírla debió de pensar que hasta entonces se había expresado con demasiada libertad delante de aquella jovencita. Por lo que mi trato con él me permitiría después averiguar, Marchena, pese a su engañoso gracejo sevillano, profesaba ideas algo rancias. A sus cuarenta y pocos años, tenía la edad suficiente para haber sido educado en la firme creencia de que a las mujeres hay que apartarlas de los peligros del mundo.

–Claro, prenda –dijo, desafiando a Chamorro con su mirada socarrona–. ¿Qué sería de nosotros si no vinierais los de Madrid para alumbrarnos?

–¿Me toma el pelo, mi sargento? –inquirió Chamorro, sin arrugarse.

–No, mujer –replicó Marchena, con una dulzura sospechosa–. Ya lo veo. Primero debió de amarrarse. Después usó los pies para ensartarse con ese pedazo de poste. Y una vez conseguido, se murió de la impresión.

El exabrupto de Marchena me sorprendió doblado junto al cadáver, examinando las ligaduras que lo mantenían atado a la cama. Suspiré y me erguí despacio, tanto que casi sentí cómo se me ensamblaban las vértebras. Como le sucede posiblemente a casi todo el mundo, la mayor parte del tiempo prefiero creer que estoy de vuelta de muchas cosas. Mi biografía, hasta cierto punto, lo justifica. Nací en Uruguay hace treinta y seis años y apenas conocí a mi padre. Vine a España de chi-

14

co, con mi madre, y después de sufrir los desaires normales de la adolescencia gasté cinco años de mi vida en obtener una licenciatura en Psicología. Su comprobada inutilidad, unida a la angustia del paro, me indujo a ingresar en la Guardia Civil. De la década larga que llevo en el Cuerpo guardo el recuerdo más o menos nítido de un buen número de homicidios. Algunos tuvieron la complicación justa para poder resolverlos, que es por lo que me pagan; otros fueron demasiado simples o estaban demasiado embrollados y no fui capaz de sacar nada coherente de mis pesquisas. De todos ellos perdura en mí, por encima de cualquier otro vestigio, una amarga conciencia de lo mucho que puede llegar a desear la gente avasallar a otra gente. Ésa es, de tanto experimentarla, la única certidumbre sobre la existencia que está a salvo de mi escepticismo.

Sin embargo, hay situaciones a las que no termino de acostumbrarme. Aquella mañana, sin ir más lejos, asistía incómodo a la disputa que se había entablado entre Chamorro y aquel sargento, a los pies de un cadáver abandonado en una circunstancia tan vejatoria y cruel. A aquellas alturas ya sabía de sobra que la vida y la muerte son despiadadas y que las personas gustan de vejarse unas a otras. Pero a lo que no terminaba de habituarme era a ver a Chamorro, veinticinco años recién cumplidos y una visión idealista de la vida, discutiendo con alguien como Marchena acerca de los sórdidos pormenores de una muerte como aquélla. Yo no dudaba de la capacidad de Chamorro, que me había sido demostrada cumplidamente, ni creía que necesitase protección, o más protección de la que yo mismo pudiera necesitar. Más bien me pasmaba la naturalidad con la que ella podía convivir con el horror. Para decirlo todo, me violentaba llevarla una y otra vez hasta él. Cuando mi atención se relajaba, tendía fatalmente a imaginar que eran otros, más halagüeños, los derroteros que ella y yo habríamos podido tomar.

Por un momento me costó abrirme paso entre la madeja de mis pensamientos. Pero mis galones de sargento y los muchos errores que emponzoñan mi memoria me obligaban a salir cuanto antes de aquella obnubilación. Así que me sobrepuse y le dije secamente a Marchena:

–No te metas con ella. Sabes que tiene razón.

–Oye, que esto es un intercambio de pareceres entre colegas –se quejó Marchena–. Tampoco tienes que protegerla como si fueras su padre. *OPENLY*

–No lo haría si ella pudiera contestar sin tapujos a tus paridas –aclaré, en el mismo tono amistoso–. Te desafío a que me encuentres una sola huella de violencia en el cuerpo. Ni en las muñecas hay marcas. No es tan improbable lo que sugiere Chamorro: que la muerte fuera natural, en mitad del acto.

Si no me hubiera asistido mi deficiente pero abnegado conocimiento de su carácter, habría pensado que mi ayudante me agradecía que hubiera acudido en su auxilio. En cambio, no me sorprendió advertir en la rápida mirada que cruzó conmigo un brillo de disgusto. Chamorro prefería bastarse sola. Había tenido que soportar la desconfianza y el retintín de tantos hombres, uniformados o no, que había hecho de la tarea de desacreditar las reticencias masculinas una especie de cruzada personal e intransferible.

–Vale, pudo darle un infarto –admitió Marchena, conciliador–. Pero alguien tuvo que hincarle el salchichón ese por el canuto.

Chamorro miró al techo. Por mi parte, me limité a opinar:

–Una hipótesis plausible. Empecemos por ahí.

No era ni mucho menos frecuente que a Chamorro y a mí se nos concediera la oportunidad de llegar en caliente a la escena del crimen. Casi siempre teníamos que conformarnos con un puñado de fotografías mejor o peor disparadas y con lo que los guardias del lugar en cuestión acertaban a contarnos de lo que habían observado en su momento. Como leí una vez en una de esas bonitas novelas inglesas, la gran desventaja del investigador experto es que suele verse obligado a olfatear rastros fríos. Y aunque jamás he acertado a sentirme dotado del plus de clarividencia que la categoría requiere, mi destino en la unidad central de Madrid me obligaba a ser o al menos aparentar que era un investigador experto, cuando comparecía en un asesinato de provincias. El mismo retraso con que actuábamos se debía a nuestra condición de último recurso. Como pronto te llamaban al día siguiente de descubrir el pastel, y suponiendo que te llamasen en el momento, casi siempre había que recorrer unos cientos de kilómetros y era raro que el juez y los demás tuvieran la paciencia de esperarte a pie de difunto.

Pero aquel día, como digo, estábamos de suerte. El cadáver había aparecido a poco más de cien kilómetros de nuestra oficina: en un motel al lado de la autovía de Aragón, dentro del límite provincial de Guadalajara. Nos habían dado el aviso en seguida y en menos de una hora nos habíamos plantado allí, aunque eso me había supuesto soportar durante el trayecto la inquietud apenas disimulada de Chamorro, a quien hasta la fecha no había logrado inculcar demasiada fe en mi aptitud para la conducción deportiva. Había corrido tanto que cuando llegamos el juez aún no había hecho acto de presencia. Tenía que recorrer unos sesenta kilómetros, desde la capital de la provincia, y no iba a darse la prisa que yo me había dado; entre otras cosas, para tratar precisamente de evitar que me levantara el cuerpo antes de poder verlo con mis propios ojos. Si algo he aprendido, en los diez años que llevo buscando verdades ominosas, es que en esa tarea ninguna impresión de segunda mano puede reemplazar a lo que uno conoce por sí mismo.

El ambiente en el motel andaba revuelto. Marchena, Ruiz y los dos guardias que tenían con ellos apenas daban abasto para mantener despejadas las inmediaciones de la habitación donde se hallaba el cadáver. Por eso, en cuanto habían sabido que los de Madrid estaban en camino, se habían limitado a aguardar y a conservarlo todo tal cual lo habían encontrado.

Con Chamorro y conmigo había venido un especialista de policía científica, para sacar sus fotografías y tomar las huellas. En eso andaba ocupado desde el mismo instante en que había entrado en la habitación. Tenía un aire reconcentrado y taciturno y no parecía reparar en los demás que estábamos allí. Durante el choque de Chamorro con Marchena y mi subsiguiente intervención había seguido a lo suyo, sin inmutarse. Su laboriosidad me recordó que yo también tenía que reunir alguna información.

–¿Quién descubrió el cuerpo? –le pregunté a Marchena, mientras Chamorro se agachaba a inspeccionar la ropa que había al otro lado de la cama.

–La mujer que limpia las habitaciones –dijo el sargento–. Todavía no se ha repuesto del sobresalto, la pobre.

–¿Y se sabe ya quién es?

Marchena puso cara de no comprender.

–¿La mujer de la limpieza?

–Marchena, no me jodas.

–Tranquilo –sonrió, travieso–. La cartera de la víctima estaba tirada encima de su ropa. No había dinero, pero dejaron las tarjetas de crédito y todos los documentos. Aquí tengo el DNI –Marchena sacó un carné del bolsillo de su guerrera y leyó sin prisa–: Trinidad Soler Fernández. Padres: Trinidad y Consolación. Natural de Madrid, provincia de Madrid. Fecha de nacimiento: el catorce del cinco del cincuenta y siete. Con domicilio en Guadalajara, provincia de Guadalajara. Varón, como salta a la vista.

Saltaba a la vista, en efecto, y por el modo en que Marchena lo dijo, parecía como si creyera que ese dato hacía más insólito a aquel cadáver. Por alguna razón in-

18

fame, pero tozuda, resulta estadísticamente menos improbable que las mujeres sean víctimas de toda clase de humillaciones físicas. Lo vienen siendo desde tiempo inmemorial y lo son cotidianamente; algunas, incluso, como un riesgo de su oficio. Si en aquella cama hubiera estado una mujer, noventa de cada cien encuestados habrían deducido sobre la marcha que se trataba de una prostituta y habrían sentido relajarse de modo inconfesable su sentimiento de alarma. A las prostitutas les pasan esas cosas, ya se sabe. Pero se trataba de un hombre y el hecho tomaba otro cariz. Al menos, se libraría de ser despachado con una hipótesis rutinaria.

–¿Habéis averiguado cuándo se registró? –interrogué.

–Anoche, por lo visto. No sabemos a qué hora ni si venía solo o acompañado. El empleado que estaba en la recepción tiene hoy el día libre.

Marchena me informó de este extremo con satisfacción. No supe si porque con ello me demostraba que él y los suyos no habían estado de brazos cruzados o porque al comunicármelo me imponía una tarea para el futuro. En ese instante, el silencioso policía científico anunció:

–Habrá que comprobarlo luego, pero por lo que llevo visto yo diría que aquí hay huellas de dos o tres personas.

–¿Aparte del difunto? –preguntó Marchena.

–Dos o tres personas, eso es todo por ahora –dijo el policía científico–. Todavía no le he tomado las huellas al cadáver.

Los policías científicos son sujetos que nunca se precipitan. No aseguran nada que no hayan confirmado en la pulcra soledad de su laboratorio. A veces me parece que desprecian un poco a la gente como yo, gente que vive de barruntos confusos y razonamientos inciertos, único material deductivo que me acompaña durante una buena parte de mis investigaciones.

De pronto, Chamorro reclamó mi atención:

–Mi sargento. He encontrado algo.

Marchena y Ruiz la observaron con cierta condescendencia. Ellos habían revisado antes la ropa que Chamorro había estado revolviendo. Preferí acercarme hasta ella para que me enseñara sin testigos su hallazgo.

–Parece una tarjeta de acceso –juzgó Chamorro, mientras me la mostraba. Era una tarjeta blanca con un logotipo verde. Tenía una banda magnética en la parte posterior y en la anterior, además del logotipo, un número y una fotografía del muerto que ocupaba casi un tercio del espacio. En ella, Trinidad Soler aparecía como un hombre de sonrisa amplia y bondadosa.

–¿Dónde llevaba esa tarjeta? –se interesó Ruiz.

–En este bolsillo –repuso Chamorro, con una presteza vengativa, y exhibiéndole la cazadora marcó sobre ella el lugar exacto.

Yo estaba absorto en el logotipo de la tarjeta. Era una extraña figura, compuesta por dos chimeneas anchas y superpuestas y una especie de hongo. Debajo de ella había una palabra que carecía para mí de significado.

–¿De dónde será este logotipo? –discurrí en voz alta.

Marchena, que hasta entonces se había quedado remoloneando frente a la cama, la rodeó y vino hasta donde estábamos Chamorro y yo. Ojeó la tarjeta por encima de mi hombro y a continuación le dijo a Ruiz:

–Coño, Pepe, si es uno de la central nuclear.

–¿La central nuclear? –pregunté.

–Sí, hombre –explicó Marchena, con parsimonia–. Hay una central nuclear a cuarenta kilómetros de aquí. A quince del pueblo donde estamos nosotros, para más señas. El nombre que pone en la tarjeta es el de la central.

–Que se llama como el pueblo que tiene al lado –completó Ruiz.

–Lo que no sé es qué puesto podía ocupar éste –prosiguió el sargento–. Conocemos a bastantes de la central.

Más de uno vive en el pueblo, y con los de seguridad tratamos mucho, gracias a los ecologistas. Cuando organizan alguna marcha de protesta o les estorban algún transporte de maquinaria, allá que nos toca meternos por medio. Pero esa cara no me suena nada.

–A mí tampoco –confirmó Ruiz, después de echarle otro vistazo al muerto.

Fue lo último que averiguamos, antes de que llegara el juez y con él nuestros mandos, el forense y toda la parafernalia habitual. A partir de ese momento, los pringados pasamos a un discreto segundo plano. El juez era un individuo de unos cuarenta años, de aspecto triste y distante. Dirigió de forma más bien desganada todos los trámites y sólo noté que le afectaran, fugazmente, cuando el policía científico, con la supervisión del forense, extrajo del cadáver aquel utensilio grotesco y escandaloso.

Una vez que el forense completó sus observaciones, retiraron el cuerpo. El capitán que había venido con el juez me llamó entonces a su presencia.

–Señoría –se dirigió al juez–. Quería presentarle al experto de nuestra unidad central que se ocupará del caso. El sargento Belivacqua.

–Bevilacqua –corregí, aunque sabía que era inútil.

–Eso, Belivacqua –porfió el capitán.

–Vaya apellido endiablado –apreció el juez, saliendo de pronto de aquella abulia casi inexpugnable–. ¿De dónde le viene?

Para sobrevivir a la sistemática repetición de esa pregunta, que es el legado más pertinaz que debo a mi progenitor, no se me ha ocurrido nada mejor que tener siempre a mano un par de mentiras contundentes que desarmen sobre la marcha al fisgón de turno. A fin de cuentas, no veo por qué debo ir contándole a cualquiera las interioridades de mi familia.

–Mi padre era un tanguista argentino –dije, con aire abochornado–. O eso jura mi madre. Puede llamarme Vila, si le resulta más fácil.

El juez me miró con prevención, mientras el capitán abría mucho los ojos. Los dos debieron de olerse que me estaba burlando, pero reconocieron mi derecho a no exponer mi intimidad a su escrutinio o prefirieron pasar por alto la impertinencia. A continuación, el juez descendió a consultarme:

–Y bien, Vila. ¿Algún indicio?

–Poca cosa. No hay signos de violencia, y mientras no podamos hablar con el recepcionista, no sabremos cuándo ni con quién vino. Al parecer, trabajaba en la central nuclear. Eso es todo lo que tenemos, por ahora.

–Está bien –dijo el juez, y en ese mismo instante dejó de verme. Se volvió al capitán y añadió con escaso énfasis–: Téngame informado.

Cuando todos se hubieron ido, Chamorro y yo nos quedamos durante un rato observando la habitación. Quería empaparme hasta del último detalle, grabar en mi retina no sabía qué, algo que no quería echar de menos una semana o quince días más tarde, en mitad de la investigación. Habíamos revisado a conciencia todo, con resultados más bien exiguos. El cuarto de baño estaba intacto, la habitación ordenada, la moqueta y las sábanas limpias de manchas recientes. Sobre la cama, aunque ya no estaba ahí, creí ver aún el cuerpo, sometido a aquella especie de denigrante crucifixión.

–No sé, Chamorro –concluí–. Sigo dándole vueltas y no lo veo claro. Pero algo me hace sospechar que no pudo quedarse así accidentalmente. Esa postura que tenía me resulta, cómo te diría... Demasiado rotunda.

–A mí también –confesó mi ayudante, pensativa.

–Así que crees que tenemos faena por delante.

–Aunque me reviente darle la razón a ese chulo, sí.

–Deberías tomarte la vida un poco menos en serio, Chamorro.

Mi ayudante se me quedó mirando y me preguntó gravemente:

–¿Me respetarías entonces como profesional?

A veces, Chamorro tenía el don de plantearme sin previo aviso problemas insolubles. Encontrar la respuesta apropiada a aquella pregunta y no traicionar mis pensamientos era uno de esos problemas.

–No se me ocurre cómo podría dejar de hacerlo –me escabullí.

A la vuelta dejé que Chamorro condujera. Mientras ella guiaba el coche, contemplé largamente la fotografía de la tarjeta de acceso de Trinidad Soler. Lo que ahora me tocaba, porque siempre hay alguien que tiene que ocuparse de las tareas enojosas, era tratar de reconstruir el camino por el que aquel hombre había llegado hasta aquella habitación. Como primer ejercicio, traté de descifrar el mensaje oculto en el rostro descolorido que mostraba la fotografía. Pero todos mis esfuerzos se estrellaron contra aquellos ojos tímidos, aquella sonrisa bondadosa truncada por la muerte.

Capítulo 2
PARECÍA FELIZ

Veinticuatro horas pueden dar mucho de sí, en el curso de una investigación desempeñada por gente competente. A la mañana siguiente de encontrar el cadáver de Trinidad Soler, era aún muy poco lo que Chamorro y yo habíamos aportado, pero en aquello trabajaban por fortuna otras personas que se encargaban de compensar adecuadamente nuestra ineficacia.

Para empezar, el forense. Después de someter el cadáver a su atroz ceremonial, cuyos detalles tanto conviene que ignoren las familias de las víctimas, determinó como causa del fallecimiento un paro cardíaco. Así dicho, no era más que una circunstancia obvia y común a cualquier otra defunción. Pero al combinarlo con la lectura del formidable arsenal de sustancias tóxicas que espesaban la sangre del muerto, desde cocaína hasta bromazepam, pasando por un generoso aporte etílico, el dato se volvía mucho más elocuente. A los efectos que a Chamorro y a mí nos interesaban, sin embargo, esta revelación dificultaba más que allanaba el camino. Comprobar que alguien se ha muerto chorreando porquería por los cuatro costados no sirve de mucho, si no hay manera de saber si la tomó por propia voluntad o se la metieron en el cuerpo contra ella. Si el cadáver tiene magulladuras cabe pensar en lo segundo, pero la ausencia de marcas no implica necesariamente que el caso sea el contrario. Hay muchas maneras de obligar a alguien a ingerir lo que no quiere, sin necesidad de estropearle la carrocería. Es una simple cuestión de imaginación, y siempre hay quien la tiene de sobra.

Los policías científicos también proporcionaron resultados bastante precisos. En la habitación había impresiones dactilares de tres personas. Una era la limpiadora. Aquella mujer carecía manifiestamente de móvil, había razones inocuas para que sus huellas aparecieran en la cómoda, y estaba tan atribulada que prevaleció el criterio encomiable de renunciar a abrir con ella una línea de investigación. Las segundas huellas eran, cómo no, del propio Trinidad. Y las terceras, de alguien que a primera vista, y salvo error u omisión de los ordenadores, no figuraba en nuestras bases de datos ni en las demás a las que podíamos acceder. Estas terceras huellas, por cierto, aparecían también en el utensilio que se había extraído del cadáver.

Por su parte, Marchena y los suyos se habían encargado de localizar a la familia del difunto. No había sido del todo sencillo, porque no vivían en la dirección de Guadalajara que aparecía en el DNI de Trinidad Soler. Según les habían informado en esas señas, hacía unos cinco meses que se habían mudado al campo, a una casa en un pueblo próximo a la central nuclear. Allí habían encontrado a la mujer, quien había dicho estar a punto de salir a denunciar la desaparición de su marido. A juicio de Marchena, que me refirió con notable minuciosidad la entrevista durante la conversación telefónica que mantuvimos aquella misma noche, la reacción de sorpresa y posterior dolor de la esposa había sido bastante persuasiva. Si bien el sargento había sopesado en un primer momento la posibilidad de contarle las circunstancias de la muerte, luego había pensado que eso mejor se lo decía yo, que era el experto y encima psicólogo. Le agradecí la deferencia, claro, y le felicité, porque así la pobre mujer se enteraría por los periódicos.

Los periódicos, desde luego, sacaron la noticia. Ruidosamente los de la provincia, y con bastante menos despliegue, en parte por falta de tiempo, alguno de los nacionales. La historia tenía elementos ante los que los periodistas no podían resistirse: la central nuclear y ese par de extremos relacionados con el hallazgo del cadáver que la viuda de Trinidad Soler tanto lamentaría ver en letra impresa. De todo ello se daba cuenta, salvo algún exceso puntual de entusiasmo narrativo, con un grado tal de aproximación a la realidad que certificaba que una vez más el juzgado había funcionado como una estupenda agencia de noticias. Según mi experiencia, era cada vez más improbable que una actuación judicial mínimamente jugosa desde el punto de vista informativo dejara de trascender a los medios. Como sufridor constante del fenómeno, había llegado a desarrollar ante todo una gran mansedumbre y también una teoría explicativa, quizá no demasiado brillante: el número de funcionarios de juzgado descontentos con su sueldo y desprovistos de auténtica vocación debía de estar creciendo a un ritmo vertiginoso.

A uno de los periódicos, probablemente el primero que había tenido acceso a la filtración, le había dado tiempo a recabar, para enriquecer un poco la noticia, las impresiones de un líder de la plataforma antinuclear que llevaba años luchando por el desmantelamiento de la central. Con un discurso algo caótico, pero revelador de un cierto olfato de gol, el líder ecologista aprovechaba para insinuar que la muerte podía tener que ver con todos los incidentes oscuros e inexplicados que jalonaban la explotación de la central en los últimos años. Resuelto a no dejar pasar la oportunidad, terminaba sugiriendo que en cualquier caso, y sin perjuicio de lo que pudiera averiguarse luego, ya era bastante inquietante que personas con tan delicadas responsabilidades, en

26

cuyas manos estaba la seguridad de todos, llevaran una vida como la que a la luz de su muerte cabía suponerle a Trinidad Soler.

Una fotocopia de la página del periódico en cuestión estaba en la mesa de mi jefe, el comandante Pereira, cuando a la mañana siguiente temprano nos llamó a Chamorro y a mí a su despacho. Después de lo que había tenido ocasión de ver por ahí, me inclinaba a pensar que la fortuna no me había tratado mal al hacerme servir a las órdenes de Pereira. Era razonable, tenía buena cabeza y toleraba con bastante indulgencia que mi visión del mundo difiriera significativamente de la suya en algún que otro aspecto sustancial. Tampoco acostumbraba a darme órdenes a voces o recurriendo a un léxico cuartelario, con lo que me ahorraba, entre otras, la desalentadora sensación de haber sido trasladado a un batallón de castigo. Sin embargo, cuando Pereira te reclamaba a su despacho a primera hora y de aquella manera, rara vez salías de él confortado por una felicitación.

–A sus órdenes, mi comandante –vociferé desde el umbral. Al principio de mi vida militar creía que las actitudes excesivamente marciales eran propias de oligofrénicos, pero con el paso de los años había aprendido a usarlas como autoprotección. Un buen taconazo siempre ablanda a un oficial.

–Pasa, Vila, y tú también, Chamorro –invitó el comandante.

–A sus órdenes –musitó Chamorro, todavía un poco atontada y ensordecida por mi grito atronador.

–¿Has leído los periódicos? –preguntó Pereira, sin preámbulos.

–Alguno, mi comandante.

–Échale un ojeada a éste, si no lo has visto –me conminó, arrojándome la fotocopia de aquel diario provincial.

Leí a toda velocidad, lo que decía acerca de la muerte, las declaraciones del representante de la plataforma antinuclear, y dos o tres invenciones interesadas que ofrecían sin rubor tras la sobada fórmula «según fuentes judiciales a las que ha tenido acceso este periódico...».

–El mundo está lleno de frívolos, mi comandante –opiné, con cautela.

–Eso ya lo sabemos todos, Vila –dijo Pereira–. No es lo que esperaba que te llamase la atención.

Puse cara de súbita concentración, que es la única aconsejable cuando uno no atina a entender lo que quiere transmitirle su jefe.

–Ya lo ves –consintió aclararme por fin–: han dado con un ángulo suculento de la cuestión. O con dos. Ya sabes la diferencia que hay entre trabajar con el aliento en la nuca y hacerlo sin que te presionen.

–Sí, mi comandante.

–Pues tenemos el aliento en la nuca, y bien. Alguien en el Ministerio de Industria ha leído la noticia durante el desayuno, y cuando ha llegado a la oficina tenía tiempo libre o estaba aburrido y ha hecho una llamada. Andan con no sé qué gaitas de renovarle los permisos a la central nuclear y no es el momento, dicen, en que les apetece que gane notoriedad.

–Este tipo está disparando al aire –dije, blandiendo la fotocopia–. Es muy posible que la muerte de ese hombre tenga tanto que ver con la central nuclear como con la conspiración del Coyote contra el Correcaminos.

Por un momento temí que Pereira no apreciara el chiste. Desde luego no pareció deslumbrarle, pero tampoco le puso más tenso.

–Claro, Vila –admitió–. Es de sentido común. Pero dime, ¿cuánto sentido común eres capaz de detectar últimamente a tu alrededor?

Miré a Chamorro. No parecía dispuesta a ayudarme en el cálculo.

–Bueno, es muy prematuro aventurar nada en este momento –empecé a explicar–. Por lo que hemos averiguado...

–Eso es lo que me gustaría que me contaras, Vila. Lo que habéis averiguado y el plan que tenéis. Y no veas en esto un alarde de impaciencia por mi parte. Los conozco. Es más que probable que me hagan pasar examen a mí antes de media mañana, y preferiría saber qué responderles.

Pereira tenía a veces aquella virtud. Llevaba una estrella de ocho puntas en la hombrera y eso le autorizaba a mandarme hacer cincuenta flexiones en cualquier momento porque sí, pero sabía respaldar sus órdenes con razones con las que uno pudiera simpatizar. Me costaba menos rendirle cuentas con el humanitario propósito de evitar que le echaran a él una bronca.

Los datos de la autopsia y el informe de la policía científica ya los tenía, así que comencé por resumirle mi conversación con Marchena y la información que él había reunido sobre la situación familiar del difunto.

–Estaba casado y tenía dos hijos pequeños. Por lo que sabemos, parece una familia normal, salvo por el hecho de que el hombre pasara la noche fuera de casa y a las cuatro de la tarde del día siguiente, desconociendo su paradero, la mujer no hubiera denunciado aún su desaparición. Tampoco tiene por qué significar nada. Ella dice que estaba a punto de salir a poner la denuncia, y tendremos algo más cuando la interroguemos, mañana o pasado. De momento, dejaremos que lo entierre en paz.

–Tampoco dejes que se enfríe mucho –advirtió el comandante, con una dureza poco frecuente en él.

–En cuanto al recepcionista –proseguí–, ayer fue imposible localizarlo. Tenía el día libre y debió de irse de juerga por ahí. Pero acabo de hablar con el motel y ya estaba en su puesto. Dentro de un rato nos vamos a verle.

–Bien –aprobó Pereira–. ¿Recuerda si el muerto llegó acompañado?

–Sí –respondí–. Una mujer. No he querido sacarle más por teléfono.

Observé de reojo a Chamorro. El único motivo por el que aún no le había contado aquello era que la llamada de Pereira me había sorprendido cuando me disponía a hacerlo. Pero mi ayudante me escrutaba con una de sus típicas miradas incendiadas. Me tocaría otra vez jurarle que confiaba en ella, tratar de convencerla de que no fuera tan susceptible, etcétera.

–Por lo que se refiere a los de la central nuclear –continué–, hablé ayer por la tarde con ellos. Un sujeto un poco nervioso, relaciones públicas o algo parecido. Según me contó, Trinidad Soler era ingeniero responsable en un departamento de la central, ahora no me sale el nombre, algo así como...

–Protección radiológica –precisó Chamorro, con su celo usual.

–Eso. Suena muy peliagudo, pero al parecer no tiene nada que ver con los que manejan la planta. Es algo secundario, de control y prevención. Vamos, que Trinidad no le daba al interruptor, precisamente.

–Me apuntaré esto –dijo Pereira–, por si sirve para que alguien se relaje. Aunque lo dudo –añadió, fatalista.

–Hemos quedado en ir a visitarles este mediodía –rematé mi informe–. El de relaciones públicas nos soltó el discurso que debe recomendar su manual para estas ocasiones: que tenemos sus puertas abiertas y que están a nuestra disposición para enseñarnos todo lo que queramos.

–Algo es algo –murmuró Pereira, mientras completaba sus notas–. Bien, veo que tenéis por donde seguir. ¿Algo más que deba saber?

–Eso es todo, mi comandante.

–De acuerdo –dijo, poniéndose en pie. En el lenguaje corporal del comandante, eso significaba que la audiencia se había terminado, y Chamorro y yo, suficientemente avezados en descifrar los gestos de la oficialidad y anticiparnos a sus deseos, saltamos al unísono de nuestras sillas. Pereira se dirigió con paso cansino hacia la mesa donde tenía el teléfono, dando por hecho que deduciríamos por nuestra cuenta que nos tocaba retirarnos. Pero antes de salir, no quise dejar de cerciorarme de que había comprendido todo lo que mi jefe esperaba de mí. Utilicé la fórmula tradicional:

–¿Ordena alguna cosa más, mi comandante?

Pereira meneó la cabeza y a continuación me miró con ojos vagamente melancólicos. Era un recurso que no usaba mucho, pero cuyo significado no me era desconocido. Por si acaso, lo tradujo a palabras:

–Organízate a tu manera, Rubén. Sólo te ruego que me traigas algo que pueda echarles a los perros antes de tener que ponerles mi pantorrilla para que la muerdan. Ya sabes cuánto tiempo viene a ser eso.

–A sus órdenes, mi comandante.

Un cuarto de hora después, Chamorro conducía el coche patrulla por las calles de Madrid. En el asiento del copiloto, yo trataba de ordenar mis ideas. Me relajaba ver a Chamorro conducir, porque señalizaba todas las maniobras con la antelación que te enseñan en la autoescuela y porque se abría paso entre el atasco con elegancia, sin abusar de las luces. También me gustaba contar a los conductores que reparaban de pronto en ella y se quedaban mirándola como besugos, sólo porque era medio rubia y espigada. Era un ejercicio que me confirmaba en la creencia, hasta cierto punto apaciguadora, de que el hombre es un animal esencialmente predecible. Detesto a los lunáticos y a los extravagantes. Complican mi trabajo.

Normalmente no solíamos llevar aquel coche, y tampoco íbamos de uniforme. Aquella mañana hacíamos una excepción porque se me había ocurrido que convenía darle un aire lo más oficial posible a nuestros primeros movimientos. Cuando le había comunicado mis planes, la tarde anterior, Chamorro se había encogido de hombros y había dicho:

–Ningún problema.

A la mayoría de los que trabajamos regularmente de paisano nos fastidia sobremanera vestirnos de verde. Aunque lleves en la cabeza la discreta teresiana (y no el tricornio, tan estruendoso), el uniforme marca la diferencia entre poder aspirar tranquilamente a que nadie se fije en ti y tener que resignarte a servir de espectáculo por dondequiera que pases. Chamorro, sin embargo, se vestía de guardia siempre que se terciaba y lo hacía además de buena gana. Era con mucha diferencia la más militar de la unidad, y la única cuya uniformidad resultaba siempre irreprochable. Habría hecho una oficial ejemplar, si no la hubieran suspendido en las tres academias en las que había intentado ingresar antes de recalar en la Guardia Civil. Viendo a algunos que sí habían entrado en esas academias, era inevitable preguntarse con arreglo a qué absurdo criterio diseñaban y evaluaban las pruebas de acceso.

De los coches patrulla, en cambio, era menos amiga, por razones principalmente higiénicas. Siempre que subíamos a uno renegaba:

–Estoy hasta las narices de los cerdos que no vacían el cenicero.

En momentos así asomaba el lado arduo de Chamorro: su intransigencia, semejante a la de las estrellas cuyas órbitas estudiaba por las noches en sus manuales de astronomía. Para cultivar esa pasión oculta había llegado a matricularse en la universidad a distancia. A veces me quedaba observándola y me preguntaba cómo era posible que en menos de un año me hubiera hecho a ella hasta el punto de resultarme insustituible. Yo, que siempre había sido defensor de las virtudes del pájaro solitario. Pero así era.

Pronto salimos del casco urbano y enfilamos la autovía. Produce un malvado placer ir por la carretera con un coche de la Guardia Civil, y observar cómo todos fingen ir muy modositos a 120 durante el tiempo que tardan en rebasarte. Para permitírselo, y para no crear ma-

yor peligro, se suele ir a 110, salvo emergencia. Chamorro seguía esa precaución, como otras, aunque siempre
había quien te pasaba a 180 sin mayor reparo. Eso fue lo
que nos sucedió con un cincuentón en un Mercedes a la
altura de Alcalá.

–Ganas me dan de poner las sirenas y bajarle un poco
los pistones a ese criminal –dijo Chamorro.

–Sólo podemos cogerle si se deja –constaté, escépti-
co–. Y además no le hemos cazado con un radar ni le hemos hecho la foto. Tiene un Mercedes y también tendrá
abogado. Ganará el recurso, fijo.

–Y qué. Es sólo por amargarle la mañana.

–Olvídate. Ya le amargará la próstata.

–Pero qué lacio eres, a veces.

–Chamorro –le recordé, con un par de golpecitos sobre mis galones. No me importaba que cuando estábamos a solas me tratase con confianza, pero me dolía que
mi campechanía la indujera a calificar a su superior con
adjetivos que no se correspondían con su candor de antigua guitarrista parroquial. Ponía en peligro una parte
crucial de su encanto.

Tardamos poco más de media hora en llegar al motel.
Fuimos derechos a la recepción y allí, tragando mucha
saliva, nos recibió un chico gordito de unos veinticinco
años, que confesó ser el recepcionista como quien
confesara ser el doctor Mengele o el estrangulador de
Boston.

–No se preocupe, señor Torija –intenté calmarle–.
Sólo se trata de hacerle unas preguntas. Es importante
que nos diga todo lo que recuerde.

–Sí, claro –tartamudeó.

–Para empezar, ¿podría describirme a la mujer?

–Desde luego –asintió enérgicamente–. No era como
para olvidarla. Veintipocos. Muy alta, yo diría que más
de uno ochenta. Rubia muy clara. No así como usted
–precisó, señalando a Chamorro–, sino más clara.

–Ya –observó Chamorro, molesta. Un día que había

osado hacer un comentario sobre sus mechas yo había descubierto que el tema de la tonalidad capilar era tabú, pero el recepcionista no podía estar al tanto.

–En fin –prosiguió Torija, ruborizándose hasta el borde de la hemorragia–. También tenía los ojos muy azules, como si llevara lentillas de colores.

–¿Vio que fueran lentillas?

–No, no. Digo que el azul era así de fuerte.

–Ajá –intervino mi ayudante–. ¿Diría usted que era una mujer atractiva?

–Diría que era de largo la mujer más atractiva que he visto en mi puta vida –reconoció el recepcionista, con una franqueza de la que se arrepintió en el acto, intensificando su sonrojo hasta lo inverosímil.

En resumen, una rubia de uno ochenta con los ojos azules, muy atractiva. Como para dictar una orden de busca y captura inmediata.

–¿Y no tenía algo más, alguna circunstancia peculiar? –le forcé.

–No se me ocurre nada. Ni un lunar siquiera. Qué le puedo decir, era perfecta, como hecha aposta. Sólo hay algo, si le vale.

–Qué.

–Era extranjera, seguro. Rusa, o de por ahí. Tenía mucho acento.

Aquello era algo más concreto, aunque hiciera presagiar dificultades harto engorrosas en la investigación. Tomamos nota.

–Así que tenía acento, al hablar. ¿Recuerda lo que dijo?

–Poca cosa. Que querían una habitación. Limpia, y sobre todo tranquila. Rellenó la ficha, cogió la llave y eso fue todo.

–¿Rellenó ella la ficha?

–Sí, con los datos de él. Luego se la dio para que la firmara.

Chamorro y yo nos miramos. Ella se adelantó a preguntar:

–¿En qué estado le pareció que se encontraba él?

Torija dejó que sus labios apuntaran una sonrisa.

–Me pareció que estaba pedo, o colgado, o las dos cosas al mismo tiempo. Se reía como un idiota, sin parar. Y además repetía una y otra vez las mismas palabras, como si hablara consigo mismo.

–¿Qué palabras?

–*Es la hostia*. Así todo el rato. Parecía feliz.

Aquella revelación, o la forma tan sencilla y contundente que Torija tuvo de hacerla, me descolocó por completo. Siempre que uno trata de rehacer los pasos de un muerto encara la labor con una conmiseración tal vez ilegítima, pero inevitable. Y de pronto me encontraba con que Trinidad no sólo había llegado hasta el umbral de la muerte del brazo de una rubia más atómica que la central en la que trabajaba, sino derretido de gusto.

No nos quedaba mucho más que preguntarle a aquel hombre. Nos confirmó que nunca había visto antes a Trinidad Soler ni a la rubia y también pudo dar razón bastante exacta de la hora a la que habían llegado:

–Las doce y poco. Y cuarto como mucho. Lo sé porque acababan de empezar los deportes en la radio.

Según la autopsia, Trinidad Soler había muerto alrededor de la una de la madrugada. Su ensueño no había llegado a durar una hora.

acera = pavement

Capítulo 3
VAPOR DE AGUA

Pese a lo cerca que está de Madrid, donde he vivido treinta años, aquélla era la primera vez que visitaba la Alcarria. Sin embargo, no tuve conciencia de estar allí hasta que nos apartamos de la autovía y comenzamos a circular por carreteras de segundo orden. Diríase que al hacer las autovías los contratistas se ocupan de lograr que sus flancos resulten anodinos, dondequiera que la autovía se encuentre. Será para mejorar la seguridad vial.

El día era uno de ésos nublados pero a la vez luminosos, porque a ratos el sol se abría paso entre las nubes y las teñía de un deslumbrante color de acero. La tierra ofrecía su espléndido rostro primaveral, con los cultivos de cereal en el apogeo de su verdor. Como crestones erizados de árboles y arbustos, sobresalían aquí y allá las lomas y los cerros que conservaban la vegetación natural de la zona. Una de las cosas que más celebro de ser guardia civil es que puedo trabajar en el campo; mirarlo, y sobre todo olerlo. Como soy de ciudad (lo que entre otras cosas supone que nunca he tenido que labrarlo), el campo me produce una intensa fascinación.

Ahora llevaba yo el coche. Durante un buen rato, Chamorro permaneció con la cabeza apoyada en el respaldo, absorta en el paisaje y sumida en sus pensamientos. Al cabo se resolvió a compartirlos conmigo:

–Si sólo tuviéramos el testimonio del recepcionista, me inclinaría por suponer que Trinidad Soler se lo estaba pasando tan bien y por tantas razones a la vez que no tuvo más remedio que morirse.

–¿Tú crees? –dudé, un poco distraído.

–La noche loca del ingeniero –se burló–. Olvide la rutina y las preocupaciones con una rubia cañón. Consiga por una vez el sueño de su vida y ya puestos bájese del tren, que no pasará más por aquí. Para qué volver a ver a su mujer gorda y a esos cafres insufribles de sus hijos.

–No sabes si es gorda.

–Me apuesto el sueldo de un mes a que no mide uno ochenta.

–Tampoco eso es tan importante.

–Pues me lo apuesto a que tampoco está a la misma altura en *lo importante*. Dos hijos le echan una buena mano a la ley de la gravedad.

Chasqué la lengua.

–No deberías estar tan segura de que *todos* los hombres somos unos australopitecos con el cerebro rebosante de semen –la reprendí–. Es un prejuicio que menoscaba tus posibilidades como investigadora, Virginia.

Chamorro tenía cierta propensión a ponerse colorada, sobre todo cuando yo empleaba su nombre de pila, maligna argucia que me cuidaba de dosificar hábilmente, ya que era una de mis pocas ventajas sobre ella.

–No estaría yo tan segura –se opuso, débilmente.

–Además, hay que hacerse a la idea de que el sueldo de hoy nos lo subvenciona a título póstumo el pobre Trinidad, con los impuestos que con tanto dolor pagaba en vida. No hay nada más feo que juzgar a quien te da de comer. Por encima de todo, ese hombre tiene derecho a que se aclare por qué y en su caso a manos de quién la palmó de forma tan ingrata.

Había quedado con Marchena en vernos un momento antes de visitar la central nuclear. Nuestro destino inmediato era por tanto el pueblo donde estaba la casa-cuartel, que era también el más importante de la comarca. Se trataba de una población de mediano tamaño, que parecía haber crecido mucho en los últimos tiempos. Poseía una iglesia descomunal, como ocurre en tantos pueblos españoles, incluidos algunos irrisorios, y un castillo en ruinas. El paraje en que se enclavaba no estaba del todo mal. En la boca de un valle y a la orilla de un río junto al que se alzaba una tupida arboleda.

Nos extraviamos un par de veces antes de dar con la casa-cuartel, un edificio bastante potable situado en la parte nueva, junto a un barrio de chalés. Apenas acabábamos de aparcar cuando Marchena salió a saludarnos.

–Bienvenidos a la fortaleza –dijo–. Me perdonáis que no forme a la tropa. Vaya, compañera, así vestida pareces un guardia.

–Soy una guardia, mi sargento –replicó Chamorro, forzando la sonrisa.

–También te hace un poco mayor –agregó Marchena–. Con perdón.

–No se apure, mi sargento. Hoy no tengo ningún *casting*.

–¿Ningún qué?

–Déjalo, Marchena –me interpuse prudentemente–. Tengo noticias.

Una vez dentro, puse a Marchena en antecedentes de mi conversación matinal con el comandante, así como de las novedades que habíamos obtenido del recepcionista. El sargento me escuchó atentamente, mientras dibujaba con el bolígrafo en el bloc que tenía encima de su mesa. Cuando terminé mi relato, se quedó todavía callado durante unos segundos.

–Hace unos tres meses –dijo al fin, muy serio–, reventamos un garito de esos roñosos que montan al lado de la carretera. Había putas rusas, checas, polacas. Indocumentadas, y seguramente traídas de su país con engaño, ya te lo imaginas. Ninguna medía uno ochenta ni tiraba para atrás. Podían haber sido monillas, no digo que no, pero daban más grima que otra cosa. Desde la comandancia nos ordenaron perseguir esos negocios. No te juro que no quede ninguno en mi territorio, pero sí me juego un par de trienios a que no hay inmigrantes ilegales. Sólo material nacional. *Meidin Espéin.*

–Si te soy sincero, no me encajaba nada que Trinidad hubiera podido levantarse por aquí a la rubia, o viceversa –dije–. Pero lo más chocante, en ese caso, es que eligiera ir al motel, un lugar relativamente cerca de su centro vital. Si fueras a pegársela a tu mujer con una diosa de Hollywood, y ya puestos a hacer gasto, ¿no te irías lo más lejos posible?

–Al mismo Hollywood, como poco. Tú no conoces a mi mujer.

Chamorro nos miraba alternativamente a uno y a otro, con el rostro tan hierático como si lo tuviera vaciado en cemento.

–En fin –suspiré–. Habrá que seguir apuntándolo todo, antes de aspirar a entenderlo. ¿Qué más tenéis por aquí?

Marchena se echó para atrás e hizo rápidamente memoria.

–A ver –dijo–. He hablado con alguno de mis conocidos en la central. Trinidad Soler pasaba por ser un tipo bastante corriente. Buen carácter, trabajador, siempre a lo suyo, nada intrigante. Ningún conflicto que recuerden. Más bien al revés. Recientemente le habían hecho no sé qué auditoría a su departamento y le habían felicitado por lo curioso y lo limpito que lo tenía todo. Un empleado modelo. Les he tirado de la lengua a los más golfos, que algo los conozco, y no he sacado nada de nada.

–Así que se le cruzó un cable –dedujo Chamorro–. O se lo cruzaron.

–La gente del pueblo, de éste y del otro, donde vivía desde hace unos meses, no parece que le conociera demasiado. Su mujer iba a las tiendas y la tienen más fichada, pero él, cuando no estaba trabajando en la central, debía de quedarse en casa, o bien moverse lejos de estos contornos. Los que dicen haberle visto alguna vez, el del estanco, o el del ultramarinos, le describen como un hombre amable y correcto. Fin de la película.

–Pues estamos buenos –concluí–. Cada vez que pienso en el comandante me corre un sudor frío por la nuca. Como sigamos así, nos vamos a dar contra la pared antes de haber empezado.

–Quién sabe –discurrió Marchena, arrugando la frente–. Quizá en la viuda tengas un hilo para tirar del ovillo.

–Vamos, Marchena –protesté–. Si esto es lo que parece, la viuda debe de saber tanto del asunto como yo de jugar al polo.

Marchena tardó un poco en responderme.

–No digo que esté al tanto de sus líos –puntualizó–. Digo que vivía con él, y que cuando la vi me pareció que había algo raro. Como si esperara una desgracia. Ésta o cualquier otra. Es difícil explicarlo. Ya la verás.

–En fin –dije, poniéndome en pie–. Por ahora nos vamos a hablar con los de la central. ¿Algún consejo útil que puedas darnos?

Marchena se encogió de hombros.

–Procura que te inviten a comer. Tienen una residencia donde te pones hasta el culo. Todo bueno, de la tierra. Desde que estoy de jefe de puesto me han invitado alguna vez, en las fechas señaladas. Por eso de andar a bien con las fuerzas vivas, y supongo que también por las veces que les he echado un cable o les he llamado a los antidisturbios.

–¿A los antidisturbios? ¿Tanto jaleo provoca la central?

–Bueno, tampoco tuvieron que hacer nada del otro mundo, aparte de darles una mano de hostias a un par de ecologistas que querían impedir que pasara algún cacharro o escalar a la chimenea para poner una pancarta.

40

Para ellos, como si nos hubiéramos esforzado a fondo. La verdad es que a mí algo me jode, porque yo también soy un poco verde. Ya se ve –bromeó, señalándose el uniforme–. Pero qué se le va a hacer. La central está del lado del orden establecido y yo soy un guardián de ese orden, ¿no?

Chamorro y yo asentimos, con precaución.

–Por lo demás –agregó–, son gente de lo más tratable, simpática, un poco demasiado a veces. Todos ganan mucha pasta, llevan buenos coches, viven en casas enormes. Yo no tengo ni puñetera idea de las diabluras que harán de puertas adentro de la central, pero de puertas afuera son tan peligrosos como mi abuela. Como todos los que tienen mucho que perder.

Marchena lo había simplificado un poco, pero en líneas generales estaba de acuerdo con su análisis. Nunca se ha dado el caso, que yo sepa, de que uno de esos alacranes con treinta o cuarenta antecedentes penales que roban un día un coche y acaban cayendo 48 horas después, tras haber matado de forma sanguinaria a tres o cuatro inocentes, hubiera estudiado en Oxford o hubiera pasado sus últimas vacaciones en las Maldivas.

Divisamos la central nuclear desde la carretera, bastantes kilómetros antes de llegar. En la distancia destacaban dos anchas chimeneas de las que brotaban sendos penachos de humo blanco. Había otra más delgada y más baja de la que no salía nada visible. Al pie se distinguía una semiesfera de hormigón desnudo, como lo demás. En medio del paisaje, la aparición resultaba fantasmagórica y a la vez inspiraba un extraño respeto.

–Tiene algo de sacrílego –observé en voz alta–. Como si desafiara una especie de prohibición divina. A ti tiene que interesarte mucho, ¿no?

–¿Por qué? –se revolvió Chamorro, recelosa.

–Bueno, ya sabes. Ahí dentro juegan con la misma fuerza que palpita en el corazón de las estrellas.

–Muy poético, mi sargento. Pero ahí dentro se dedican a la fisión nuclear. Las estrellas funcionan a base de fusión, que es otra cosa.

–Algo tendrá que ver –alegué.

–Poco. La idea es justo la contraria –dijo, como si la ofendiera.

A la entrada del recinto nos detuvo uno de esos cancerberos privados con muchas escarapelas fluorescentes sobre el uniforme, dragones y espadas cruzados sobre las escarapelas, gafas oscuras tapando medio rostro y revólver del 38 asomando mucho la culata. Lamenté que no trajéramos en el coche unos subfusiles, para organizar allí mismo un concurso de ferretería.

–Buenos días. ¿Qué desean? –preguntó, un tanto retador.

Le di el nombre de nuestro contacto y volvió a la caseta, sin apresurarse. Descolgó el teléfono, esperó un par de segundos, dijo algo, asintió tres o cuatro veces muy seguidas y de pronto se precipitó sobre el botón que levantaba la barrera. Mientras ésta se alzaba, y todavía sin soltar el teléfono, nos hizo atropelladamente ademán de que pasáramos.

También nos recibió un poco aturullado Gonzalo Sobredo, el responsable de relaciones públicas de la central con quien había concertado la entrevista. Nos estaba esperando en la escalinata que había a la puerta de algo que llamaban «recepción de visitantes», un edificio encaramado sobre una loma a unos cuatrocientos metros de la central propiamente dicha. Sobredo era un hombre bien vestido que olía mucho a colonia viril. No pude identificarla, porque no era ninguna de las que quedan al alcance de mi presupuesto.

–Lo siento mucho –se excusó–. No hay manera de que esta gente de seguridad entienda bien las instrucciones.

–No se preocupe –procuré aliviarle–. Esto es una propiedad privada y no traemos ninguna orden judicial. Ni siquiera tienen que dejarnos pasar.

–Por Dios –se horrorizó Sobredo–. Cómo puede decir eso. Siempre estamos encantados de cooperar con ustedes.

El responsable de relaciones públicas nos acompañó a una habitación enorme, que parecía más bien una especie de cine. Había incluso una pantalla al fondo, pero en vez de butacas tenía una mesa larga en el centro. Junto a ella nos esperaban otros dos hombres. Uno llevaba ropa informal, un jersey y pantalón de pana. Ni el jersey ni el pantalón eran baratos, pero le daban un aspecto espontáneo. No podía decirse lo mismo del otro, un treintañero pelirrojo de porte atlético y aire de suficiencia. Vestía una americana oscura de botones dorados, camisa azul cielo y corbata rosa.

–Luis Dávila, jefe de operación, y Raúl Sáenz-Somontes, abogado de la empresa –hizo las presentaciones Sobredo, señalando primero al hombre del jersey y después al lechuguino de la corbata rosa–. El sargento Vilavequia y, disculpe, señorita, pero he olvidado su apellido.

–Chamorro –apuntó mi ayudante, mientras observaba de soslayo al abogado, quien a su vez no le quitaba ojo a ella.

–Vilavequia –repitió el abogado, con delectación, el apellido que erróneamente acababa de adjudicarme Sobredo–. ¿Es usted de origen italiano?

–No –le atajé, tratando de imitar esa mirada entre paralizante y ligeramente homicida que tan bien le sale a Sean Connery.

Una vez que todos hubimos tomado asiento, el de relaciones públicas recobró el control de la situación. Reiteró su bienvenida a la central nuclear, evocó con cierta prolijidad lo mucho y lo bien que su personal había colaborado siempre con las fuerzas del orden, y sin previo aviso procedió a endosarnos un discurso muy elaborado y bastante conmovedor acerca de la luctuosa circunstancia que provocaba nuestra visita. Que si la pérdida de un compañero ejemplar, que si los rasgos escabrosos tan ruinmente aireados, que si la torticera implicación de la central nuclear por la prensa.

–Ya comprenderán que para nosotros este hecho es muy delicado, aparte de doloroso –agregó–. Pero sepan que cuentan con nuestra ayuda, para lo que pueda servir. Nadie desea más que nosotros que se esclarezca la verdad, con el debido respeto a la intimidad de la familia.

Nunca he sabido muy bien cómo reaccionar ante las alocuciones protocolarias, porque ninguno de los dos papeles que he desempeñado en mi vida digamos profesional, ni el de psicólogo desempleado ni el de guardia, requieren mucho de semejante destreza. Aun a riesgo de parecerle un poco grosero a aquella gente, traté de bajar a tierra a toda velocidad:

–Verá, señor Sobredo –dije–. Todo lo que yo sé es que ayer nos encontramos a un hombre muerto en un motel y que ahora nos toca tratar de averiguar quién lo hizo, si es que lo hizo alguien. Para eso hemos de informarnos mínimamente sobre la vida del difunto, y como da la casualidad de que ese hombre trabajaba aquí, les hemos pedido que nos concedan un rato esta mañana para preguntarles un par de cosas al respecto. En cuanto a la central nuclear, no es algo que por ahora nos preocupe particularmente. Por nosotros, como si fuera una fábrica de conservas. O una droguería.

–Pero a pesar de eso que dice, será usted consciente, sargento, de que una central nuclear no es lo mismo que una droguería –observó el abogado.

–A mis efectos, tanto da. Yo no busco ruido informativo, sino hechos. Y sólo me interesan los que me ayuden a entender mejor lo que ha ocurrido.

–Desde luego –intervino Sobredo, sonriendo precariamente–. Le ruego que nos disculpe si en algún momento parecemos hipersensibles. Es la costumbre de andar recibiendo leña todo el día, ya puede hacerse cargo.

–Por lo que a mí respecta, este negocio tiene licencia y funciona con arreglo a la ley –aclaré–. Y si abrigara alguna idea personal sobre el asunto, les aseguro que me la guardaría para mejor ocasión.

–Me sorprendería mucho que fuera usted inmune a la propaganda antinuclear –porfió el abogado–. Hoy cualquiera piensa que somos unos desalmados a los que no les importa arriesgar la vida de la gente para ganar dinero.

Comenzaba a preguntarme para qué habían llevado a aquel imbécil sabihondo a provocarme, y o mucho me equivocaba o lo mismo se preguntaba Sobredo. En cuanto a Dávila, el hombre del jersey, escuchaba aparentemente impasible, pero pude advertir cómo fruncía el ceño de vez en cuando.

–Centrémonos en Trinidad Soler, si no tienen inconveniente –rogué, evitando mirar al abogado–. ¿Cuál era su concepto de él?

Hubo un momento de duda. Al fin, Sobredo hizo un gesto a Dávila, el jefe de operación, y éste tomó la palabra.

–Como persona, de lo mejor que me he encontrado jamás –afirmó, con voz sosegada y rotunda–. Y como profesional, intachable. Tal vez no era un fuera de serie, pero no se puede formar un equipo sólo con supermanes. En mi opinión, vale más un grupo de gente sensata y eficaz. Y él lo era.

–Deduzco de lo que me dice que no imagina que pudiera andar envuelto en alguna cosa extraña –dejé caer.

–No lo imagino en absoluto –confirmó Dávila, sin pestañear.

–Ni había notado en los últimos tiempos ninguna anomalía en su comportamiento. No estaba más apagado, o más alegre, o más susceptible...

–No –rechazó el jefe de operación–. Bueno... Acababa de mudarse y andaba rematando la obra de su casa. Ya sabe, peleando con el arquitecto, el constructor, los albañiles, proveedores diversos. Puede que eso le tuviera un poco más preocupado que de costumbre, pero nada más.

Yo no podía ni soñar lo que era pelear con un arquitecto, porque mi piso, en el dudoso supuesto de que lo hubiera diseñado alguno, ya lo había comprado hecho. Pero ya me figuraba lo molesto que debía de ser para los pudientes tener que bregar con operarios y menestrales.

–Así que acababa de construirse una casa.

–Sí.

–¿Una casa grande?

–Bueno, sí, normal –vaciló por primera vez Dávila.

–¿Cuánto es normal?

–Cuatrocientos metros, algo más tal vez.

–¿De parcela?

–No, construidos.

–Caramba –exclamé, mirando a Chamorro, que compartió mi estupor.

–No me malinterprete –rectificó Dávila, percatándose del traspiés–. Vivo en el mundo y sé que ésa no es una casa que pueda comprarse cualquiera. Pero la verdad es que no tiene nada de extraordinario entre la gente de aquí con la misma categoría que Trinidad. Tenga usted en cuenta que en el pueblo el suelo no es caro. Está a ciento cuarenta kilómetros de Madrid y a seis de una central nuclear. Ya puede suponer que no abundan los compradores.

Es algo que me pasa pocas veces y que quizá no debería pasarme jamás mientras estoy investigando una muerte. Pero aquel Dávila mostraba una franqueza y un sentido común que me gustaban. Me predisponía mucho a su favor aquella forma de razonar, solvente y directa a la vez.

–¿Sería entonces correcto decir que Trinidad Soler no vivía por encima de sus posibilidades? –pregunté, ya que habíamos llegado ahí.

–Si se ha informado, sabrá que tenía un BMW, y además la casa nueva, y el piso en el que vivía antes en Guadalajara –resumió Dávila, con una tenue sonrisa–. Pero debo admitir que todo eso estaba a su alcance.

–No está mal este invento de la energía nuclear –exclamé, sin poder contenerme–. Si pagan así a todos, creo que voy a pedir la baja en el Cuerpo y voy a pedirles que me dejen llevarles la garita de la puerta.

–Se lo debemos a los sindicatos –bromeó azoradamente Sobredo–. Por lo que se fajan al negociar el plus de peligrosidad. Algo bueno tenía que tener que los periódicos estén todo el día asustando con estas centrales. Pero tampoco hay que exagerar. Aquí nadie se hace millonario.

–Lo que me gustaría saber, sargento –intervino de pronto el abogado–, es lo que anda usted persiguiendo. Creía que la víctima era el pobre Trinidad. Parece que buscara meterle a él en la cárcel.

–Señor Sanz... –empecé a decir.

–Sáenz-Somontes.

–Eso, Sáenz. Mi compañera y yo hemos venido aquí esta mañana a pedirles sólo unas informaciones. Si necesitamos consejo sobre cómo llevar adelante una investigación criminal, no dudaremos en recabar su parecer.

–Lo que digo es que no debería olvidar a quién sirve –insistió, arrogante.

–Puede estar usted seguro de que no me olvido, señor letrado –respondí, de mala gana–. Por eso no quisiera robarles más tiempo del indispensable. Así que, volviendo al meollo, hay otra cosa que necesitamos que nos expliquen. No terminamos de entender muy bien a qué se dedicaba el difunto.

–Eso de la protección radiológica –apuntó mi ayudante.

Sobredo volvió a invitar con un gesto a Dávila para que contestara.

–Básicamente –dijo el jefe de operación– se trata de cuidar de que el personal que trabaja en zonas expuestas o manipula residuos no reciba dosis de radiación superiores a las autorizadas. Tenemos una serie de sistemas para controlar y prevenir ese riesgo. Trinidad era responsable de esos sistemas.

–Un trabajo cualificado, por lo que veo –aprecié–. Y comprometido.

–Todos aquí lo son –constató Dávila, con naturalidad–. Hacemos funcionar una máquina un poco complicada.

–Ya me voy percatando. Debe de darles muchos quebraderos de cabeza.

–Alguno. Pero por suerte nunca hemos tenido un incidente grave.

–Sin embargo, no es eso lo que decía hoy la prensa.

–¿Lo ve, sargento? –saltó el abogado, triunfal–. Está usted intoxicado.

–Me limito a citar lo que dicen los periódicos –repuse, imperturbable.

–La central ha tenido los problemas corrientes en la explotación de cualquier instalación de esta envergadura –aseveró Sobredo–. Todos han sido comunicados a las autoridades competentes en tiempo y forma y debidamente resueltos con arreglo a la legislación aplicable. Tenemos registros y nos someten a inspecciones continuas. No tenemos nada que ocultar.

–Ajá. ¿Y afectó alguno de esos problemas al área del señor Soler?

–No –dijo Dávila, categórico–. En toda la historia operativa de la central nadie ha recibido nunca dosis que superaran lo permitido.

Alargamos la conversación con algunas otras preguntas, pero ninguna de ellas nos descubrió mucho más. Al fin nos levantamos y nuestros tres interlocutores nos acompañaron hasta la puerta. Desde allí Chamorro y yo nos quedamos contemplando durante unos segundos la central.

–Si quieren visitarla por dentro, no hay inconveniente –ofreció Sobredo.

–Verían que no es tan siniestra –aseguró el abogado.

–No, muchas gracias –decliné la invitación–. Tenemos trabajo. Pero hay algo que me pica la curiosidad y que no me voy a ir sin preguntarles. La humareda que sale de esas dos chimeneas anchas, ¿qué es?

–No son chimeneas –dijo Dávila, bajando un poco los ojos, como si no quisiera parecer pedante–. Son torres de refrigeración. Sirven para enfriar el agua del circuito abierto. Esa agua absorbe el calor de un circuito cerrado, que recibe a través de un tercer circuito la energía térmica producida en el núcleo del reactor. Resulta un poco enrevesado cuando se cuenta, pero así es como está organizado. Para evitar fugas de radiactividad.

Escuchar a aquel hombre le inundaba a uno de paz. Si era él quien pilotaba la nave, parecía inconcebible que dejaran de tomarse todas las precauciones necesarias. Su falta de retórica, la pulcritud con que se ceñía a lo concreto, hasta el austero afecto que parecía sentir por aquel peligroso ingenio que manejaba, inspiraban una confianza casi irresistible.

–Entonces, el humo... –dudé aún.

–Agua –declaró, risueño–. Nada más que vapor de agua.

Capítulo 4
ALGUIEN DE SU LADO

Mientras la silueta gris de la central nuclear se iba haciendo cada vez más pequeña en el retrovisor del coche patrulla, le pregunté a Chamorro:

–¿Qué opinas?

Mi ayudante se tomó unos segundos para meditar su respuesta.

–Pues que no hemos avanzado un milímetro –dijo.

–¿Por qué?

–Si hemos de creerles, todo estaba y está demasiado en orden. Eso puede consolarlos a ellos, pero nosotros seguimos teniendo un cadáver.

–Quizá sea cierto que todo está en orden –sugerí.

–¿Ésa es tu conclusión?

–Vayamos por partes –propuse–. Sobredo es el hombre al que pagan por dar una cara asequible y cordial, así que podemos prescindir de todo lo que nos ha dicho. El que interesa es el jefe de operación, por lo que hace, y porque lleva jersey, lo que quiere decir que entre sus prioridades no se cuenta la de ofrecer una imagen. Y la verdad es que parece un individuo bastante sólido. Si así es la gente que aprieta los botones, no creo que haya razones para pensar que estén haciendo funcionar ese trasto atómico de forma irresponsable. La única temeridad que podemos imputarles, por ahora, es la de tener a ese abogado para representar sus intereses. Si hubiera representado los de María Goretti, habría logrado que la acusaran de ir provocando.

–Mira que eres bestia –me afeó Chamorro, que tenía conocimientos sobre vidas de santas, algo inusual para su edad.

–Mujer, es una broma –me excusé–. El caso es que tampoco hay que condenarlos por el abogado. Será hijo de alguien.

–O sea, que tu hipótesis es que la central nuclear no tiene nada que ver.

–Lo era antes de venir, y lo seguirá siendo hasta que aparezca algo que me obligue a rectificar –admití–. Simplemente, Chamorro, no puedo imaginarme a la clase de personas que trabaja ahí organizando un crimen, y ejecutándolo de la forma en que habría sido ejecutado éste. Resulta demasiado estrambótico, aunque comprendo que a alguien se le caliente la boca delante de la grabadora de un periodista. Es una central nuclear, de acuerdo, ¿y qué? Los que la llevan son empleados, como cualquier otro, con la única diferencia de que están un poco mejor pagados. Y en cuanto a eso, estoy de acuerdo con Marchena. Razón de más para pensar que preferirán disfrutar en paz de sus BMW y viajar al Caribe, en vez de planear asesinatos.

–¿Entonces qué? ¿Pasamos?

–No, Chamorro. En este negocio nuestro no se puede pasar de nada. No estaría de más que tratásemos de enterarnos mejor de ese historial problemático de la central. Dedicaremos a ello la tarde, por ejemplo.

Eso fue lo que hicimos. Regresamos a Madrid y buceamos durante unas horas en la hemeroteca. De todos y cada uno de los hechos de los que había sido protagonista la central nuclear en los últimos años había profusa información. Primero la noticia, después los comentarios, y por último las comparecencias de las autoridades de seguridad nuclear en el Parlamento. También se reseñaban las marchas de los ecologistas, las manifestaciones y las protestas de toda índole. Por lo que Chamorro y yo pudimos deducir, los problemas habían sido bastante leves, como nos había asegurado Sobredo. Alguna avería de maquinaria eléctrica, algunos errores menores de diseño, algunos fallos en procedimientos y manuales. En sus explicaciones a los parlamentarios, las autoridades minimizaban siempre su importancia, e insistían machaconamente en que jamás había habido riesgo para los trabajadores de la planta y mucho menos para la población en general.

La bendición de las autoridades era reconfortante, pero no disipaba todas las dudas. Aunque Chamorro conocía la diferencia entre la fisión y la fusión nuclear, ambos éramos profanos en la materia. Por eso, nunca podríamos saber si los detalles que discutían los peritos en su jerga impenetrable, y que a nuestros ojos no tenían mayor relevancia, podían generar en alguien avisado alguna intranquilidad. Tampoco podíamos estar seguros, por otra parte, de que no hubiera otros incidentes que no hubieran trascendido, y en los que Trinidad Soler hubiera podido verse envuelto. El jefe de operación había denegado con presteza y convicción esa posibilidad, pero mi simpatía por Dávila no me llevaba a concederle un crédito ilimitado.

Sin embargo, el investigador es, ante todo, un gestor de probabilidades. Por mucha capacidad y mucho entusiasmo que se tenga, no puede correrse en todas direcciones a la vez. La única técnica factible consiste en desperdiciar la menor cantidad posible de esfuerzo, sin dejar de sondear todas las pistas que ofrecen alguna perspectiva. Así que resolvimos dejar en aquel punto, por el momento, el asunto de la central nuclear, y volvimos nuestros ojos hacia algo importante que aún no habíamos atendido.

La voz de la viuda de Trinidad Soler, cuando aquella

noche hablé con ella, no me pareció la de una persona apocada. Sonaba amarga, como correspondía, pero a la vez diáfana y llena de vigor. Era bastante grave, lo que siempre me afecta un poco, tratándose de una mujer. Las mujeres de voz grave me recuerdan infaliblemente a Lauren Bacall en *El sueño eterno*. Lo que más me admira del Marlowe que en esa película compone Humphrey Bogart, algo deficitario en ciertos aspectos, es que sea capaz de aguantarle la mirada y el pulso a una hembra de tal calibre.

Según mis notas, la mujer de Trinidad se llamaba Blanca Díez. Me dirigí a ella muy respetuosamente, anteponiéndole el *doña* y demás. Cuando le propuse ir a verla a la mañana siguiente, me respondió:

–Mentiría si dijera que tendré mucho gusto en recibirle. Lo único que quiero, sabe usted, es poder dejar de pensar en todo esto. A veces siento que me va a estallar la cabeza, de tanto pensar. Pero venga cuando le parezca; quiero decir, cuanto antes. Cuanto antes mejor.

Le prometí que estaríamos allí hacia media mañana, que me pareció una hora no demasiado incorrecta. Así se lo comuniqué a Chamorro, a quien llamé a su casa para organizar la jornada siguiente.

–Muy bien –tomó nota–. ¿De uniforme otra vez?

–No –decidí–. Vamos a empezar a ser un poco menos visibles.

–De acuerdo.

A través del teléfono escuché la música que Chamorro tenía puesta de fondo. Era un disco de Chet Baker que yo le había regalado por navidades, porque de vez en cuando no está de más que los jefes tengan algún gesto hacia sus subordinados (o ése era el camelo que había tratado de venderme a mí mismo como justificación). Reconocí la canción que sonaba. Era, cómo no, *But not for me*. Cuando interrumpí la comunicación, aquella melodía se me quedó dando vueltas dentro del cráneo. Nunca había estado en el piso de Chamorro, y nada me inclinaba a creer en la conveniencia de intentar que eso cambiara. Pero comprobar que mi viejo amigo Chet no sólo estaba allí, sino que se las había arreglado para hacerse un hueco en su corazón, me produjo a la vez una íntima satisfacción y una turbia envidia.

Cuando llega la noche y me noto a merced de sentimientos contradictorios; cuando, de noche o de día, me doy cuenta de que me tropiezo con dificultades insalvables para resolver mi tarea; o sencillamente, cuando no entiendo qué demonios pinto en el mundo, nada me alivia más que una dosis de trabajo manual. Según leí en alguna parte, los antiguos hebreos siempre enseñaban a sus hijos un oficio, incluso si aspiraban a que cultivaran su intelecto, o sobre todo en ese caso, porque creían (no sin perspicacia) que todo hombre instruido que no supiera trabajar con las manos acabaría convirtiéndose en un bribón. Por mi parte, y no debe achacarse a la negligencia de mi madre, sino a su situación algo apurada, nunca aprendí un oficio. A decir verdad, tampoco recibí una instrucción exquisita, pero como de un modo u otro me gano la vida con el cerebro, hube de ocuparme de buscar por mi cuenta algo que pudiera hacer con las manos. Y lo encontré.

Aquella noche, como otras, di en distraer el insomnio con mis pinceles. Para la ocasión escogí una pieza selecta, una rareza que había descubierto hacía poco en una tienda especializada. Se trataba de un cazador del regimiento de caballería Alcántara, aniquilado hasta el último hombre en Monte Arruit en el verano de 1921. Por aquellas fechas mi afición a los soldados de plomo me había permitido formar ya un nutrido ejército de combatientes derrotados (requisito único, pero inexcusable para entrar en mi colección): desde un guerrero espartano de Leónidas hasta un desaliñado miliciano de la Columna Durruti. Pocos podían, sin embargo, compararse a aquella figura con el uniforme hecho jirones que observaba cabizbaja, sable en mano, a su caballo agonizante. Sería, quizá, una tara adquirida a fuerza de indagar la vida de quienes mordían el polvo, pero lo cierto era que cada día me sentía más ajeno a los triunfadores y más próximo a los humillados. No sólo era que casi siempre me cayeran mejor; también tenía un aspecto práctico. Quien busca el trato del opulento a menudo no saca nada de ello, o cosecha frutos agrios y dudosos. Mi silencioso homenaje de aquella noche a los desdichados cazadores de Alcántara, en cambio, logró apaciguar mi espíritu. Y mientras trataba de conseguirle al cazador la expresión de ojos que la escena requería, me acordé de Trinidad Soler, que al margen de lo feliz o infeliz que hubiera sido en vida, ahora pertenecía también al bando de los vencidos. Eso significaba que nadie, más allá de la frase piadosa o del elogio fúnebre, deseaba ya realmente estar junto a él. Ni siquiera su viuda, que sólo quería olvidarle y dejar de pensar. Por si le valía como consuelo, aunque sé o temo que un muerto ya no es nada, aquella noche le prometí a Trinidad que pasara lo que pasara siempre quedaría alguien de su lado. Si los demás podían o debían abandonarle, yo tenía la obligación de ocuparme de él.

Al final dormí dos o tres horas, lo que me obligó a ingerir unos cuantos cafés antes de poder empezar a considerar que mi mente estaba en condiciones de dar algún rendimiento. Nada más llegar a la oficina me tropecé con los primeros desafíos para mi paupérrimo estado. Los periódicos nacionales habían entrado a saco en el suceso. Alguien debía de haber hablado con el recepcionista, porque la maciza rusa ya aparecía en escena, con todo su potencial morboso. Algunos diarios habían hecho, además, el mismo ejercicio que Chamorro y yo la tarde anterior. Habían rastreado en sus archivos y ofrecían, resumido, el historial de incidentes de la central.

–¿Qué te parece? –me preguntó Chamorro.

Se la veía dispuesta y fresca, como todas las mañanas. Aquel día, además, traía el pelo un poco húmedo.

Gracias al agua su cabellera parecía más oscura y recogida, lo que daba a su rostro un aire de especial despejo.

–Me parece que tengo que ir a hablar con Pereira –farfullé.

El comandante me recibió con gafas oscuras. Ante mi estupor, porque el día estaba más bien cubierto, me informó, malhumorado:

–Me ha salido un orzuelo.

Lo tomé por un mal presagio, pero no hubo sangre. Le conté lo que teníamos y lo que nos faltaba. Se mostró comprensivo. A fin de cuentas, sólo llevábamos día y medio de investigación y no podían esperarse resultados concluyentes. Pero antes de despedirme, Pereira me recomendó:

–Apóyate en nuestra gente de la zona. Que remuevan cielo y tierra, a ver si encuentran a alguien que le viera con la rusa, o lo que fuera.

–Lo haré, mi comandante.

–Yo aguantaré aquí lo que caiga. En el fondo, si te soy sincero, me importa un rábano. Ya estoy cansado de chupatintas histéricos. Lo que de verdad me preocupa ahora es que se me ponga bueno el ojo.

Pereira rara vez me abría su corazón de esa forma. Por si acaso, preferí hacer como que no había oído:

–A sus órdenes, mi comandante.

Cogimos un coche camuflado y emprendimos una vez más el camino de la Alcarria, que ya comenzaba a sernos familiar. El día estaba lluvioso y aquélla era por tanto una de las clásicas mañanas deprimentes de Madrid; una de ésas en las que sobre el asfalto resbaladizo progresan a duras penas cientos de miles de personas amargadas, reprimiendo a duras penas el impulso de partir de un puñetazo el frontal extraíble de la radio. Tardamos mucho en salir de la ciudad, y cuando ante nosotros se extendió el espacio libre de la autovía, Chamorro dejó que su pie coqueteara con el acelerador más de lo que en ella era corriente. No pude evitar una sonrisa maliciosa. Incluso ella era vulnerable a los efectos desquiciantes del atasco.

La casa de Trinidad Soler era un chalé soberbio en todos los sentidos, a pesar de los remates que le faltaban. Se hallaba sobre una colina con una impresionante vista sobre el valle. En lontananza se distinguía la silueta omnipresente de la central, vomitando como siempre al aire sus dos grandes penachos de vapor. En el jardín había una zanja enorme; posiblemente, deduje, el hueco destinado a convertirse en una piscina. La casa estaba algo retirada del casco de la población. Me pregunté cómo habría conseguido Trinidad la licencia para levantarla en tan privilegiado emplazamiento.

Cuando nos acercamos a la valla, acudieron al punto dos *rottweilers*. Venían sigilosos, sin gruñir siquiera, y se nos quedaron mirando fijamente.

–Un par de consumados asesinos –apreció Chamorro, intimidada–. Entrenados para sorprender a la víctima.

Tocamos el timbre y los perros empezaron a ladrar. Al cabo de medio minuto apareció una mujer en la puerta de la casa. Hizo seña de que esperásemos y vino hacia la valla con un paraguas y dos cadenas en la mano. Se inclinó sobre los perros y los enganchó a ambos en un abrir y cerrar de ojos.

–Lo siento. Un día de éstos tengo que llevarlos al veterinario, para que les ponga una inyección –dijo, con gesto ausente, mientras los apartaba.

Arrastró a los perros hasta una caseta a unos treinta metros y los dejó allí amarrados. Luego regresó a la cancela y nos abrió.

–Buenos días –saludó–. Blanca Díez.

Y me tendió la mano. Yo perdí un segundo en contemplar sus dedos, blancos como su nombre, y después, mientras los estrechaba, alcé lentamente la vista hacia su rostro. Chamorro había ganado su primera apuesta: no medía uno ochenta. Por educación, no quise comprobar si había algún signo que permitiese confirmar o desmentir su otra suposición malvada, la relativa al deterioro gravitatorio acentuado por los embarazos. Lo que no se cumplía en absoluto era que Blanca Díez estuviera gorda. Tampoco era lo que suele entenderse por una mujer espectacular. En realidad, era bastante más que eso. Lo comprendí al ver sus ojos oscuros, su cabello color carbón, el exquisito óvalo pálido de su cara. Durante una época, en mi adolescencia, me interesé mucho por Juana de Arco. Le suponía una belleza mística y fanática, que trataba de reconocer sin éxito en los retratos que de ella caían en mi poder. Incluso después la seguí buscando en el rostro de alguna que otra mujer real. No podía imaginar que iba a encontrarla en la Alcarria, dos décadas más tarde, encarnada en aquella viuda de cuarenta años.

–Soy el sargento Bevilacqua –dije, un poco aturdido–. Ésta es mi compañera, la guardia Chamorro.

–Mejor será que entren en seguida. Van a empaparse.

Recorrimos a buen paso el sendero, todavía a medio terminar. Una vez en la casa, Blanca Díez nos indicó que pasáramos a una especie de salón. Chamorro y yo avanzamos con prudencia y nos quedamos a la entrada. Era una habitación gigantesca, con grandes ventanales que aquella mañana daban al valle velado por la lluvia. La viuda de Trinidad Soler se nos unió al poco y nos pidió sin mucha ceremonia que tomáramos asiento. Después se sentó frente a nosotros, en una especie de mecedora. Vestía un suéter negro de cuello alto, sobre el que se dibujaba su escueta barbilla. Durante diez o quince segundos estuvo quieta, mirándonos con sus ojos profundos.

–Y bien. ¿Han encontrado ya a esa mujer? –preguntó al fin, en tono neutro, como si quisiera afectar indiferencia.

–No –confesé, con humildad–. Y creo que nos costará

bastante hacerlo, salvo que usted pueda darnos alguna pista.

Blanca Díez dejó escapar una risa fatigada.

–No sé cómo podría. Todavía no consigo hacerme a la idea. Creí que ustedes vendrían y me explicarían algo. Que me contarían, por ejemplo, si es verdad todo lo que dicen los periódicos.

Era un trago, pero me pertenecía. Sin arredrarme, lo afronté:

–Todo, no. Siempre inventan algo. Lo que nosotros podemos decirle, y es prácticamente cuanto sabemos, es que su marido apareció desnudo y maniatado, en la habitación del motel. También puedo informarle de que los análisis han revelado una alta concentración de alcohol y drogas en su organismo. Y por lo que se refiere a otros detalles, al parecer llegó a la habitación acompañado de una mujer muy atractiva con acento extranjero. Por cierto utensilio hallado en el cadáver, da la impresión de que hubieran practicado con él, en fin, ciertos juegos no demasiado corrientes.

–Un eufemismo lamentable, sargento –desaprobó mis esfuerzos la viuda–. Aunque en el fondo se lo agradezco.

Me dolió percibir aquella condescendencia en las facciones de Juana de Arco, pero la vida a veces tiene esa perversa habilidad para herirnos. De modo que me saqué la daga de las costillas y decidí empezar a atacar:

–Señora Díez, ¿acostumbraba su marido a pasar la noche fuera de casa?

Blanca Díez se tomó un segundo, antes de responder.

–Lo había hecho alguna vez. Pero no acostumbraba.

–¿Por qué lo había hecho antes? ¿Había algún problema entre ustedes?

–Había muchos –dijo, con una sonrisa–. Dos hijos, esta casa, la otra, su trabajo, el mío, y las cicatrices de doce años de convivencia. Montones de problemas, como en cualquier matrimonio. Si me pregunta si yo le quería, no tenga duda. Si quiere saber si él me quería, puede ir al cementerio y llamar a la tumba. Yo sólo puedo decirle que no me parecía que no.

No titubeaba en ninguna frase, en ninguna palabra. Era como si se estuviera sometiendo a una prueba. Y como si la estuviera superando. De todo su discurso seleccioné un punto que podía ayudarme a ficharla.

–¿Puedo preguntarle en qué trabaja usted, señora Díez?

–Puede. Soy traductora.

Me extrañó. No pude evitar decirlo en voz alta:

–¿Y no la perjudica para su trabajo vivir aquí?

–En absoluto. Tengo ordenador y teléfono. Me envían los textos y yo los devuelvo traducidos por Internet. Es lo más cómodo para mí y también para quienes me encargan los trabajos. Tienen prisa, casi siempre.

–¿De qué lengua traduce? –me dejé llevar por la curiosidad.

–Del inglés y del alemán, sobre todo. Del italiano y del francés, rara vez. Inventan menos, o lo venden peor.

Aunque me lo contaba todo, amablemente, advertí en su mirada que si seguía interrogándola sobre sus cosas acabaría encontrándome con alguna pulla que lamentaría escuchar. Así que volví al hilo:

–Quisiera hacerle una pregunta delicada, señora Díez. ¿Sabe si su marido tomaba alcohol o drogas habitualmente?

–Que yo sepa, vino en las comidas. Y más bien poco.

–¿Nada más?

–Nada. Si acaso puede añadirle unas pastillas que le habían recetado.

–¿Qué clase de pastillas?

–No soy experta en eso. Desde hacía algunos meses tenía problemas de insomnio, palpitaciones, incluso le dio alguna convulsión. Fue al médico y le dijo que eran crisis de angustia, o algo parecido. Por estrés, o porque sí. A veces, por lo visto, la causa es puramente química.

Le mandaron una medicina para controlarlo. Y la verdad es que había mejorado bastante.

–No tendrá por ahí algún frasco de esa medicina.

–Creo que sí.

Volvió al cabo de un minuto con el medicamento. Miré la composición: bromazepam. Saqué el prospecto y anoté mentalmente los efectos derivados de una dosis excesiva, y de su combinación con otras sustancias. Por lo demás, eran unas pastillitas diminutas, que casi parecían de juguete.

–Haga un esfuerzo, por favor. ¿No se le ocurre a usted ninguna razón por la que su marido podía sufrir esas crisis? –escarbé.

–Ninguna o cien, al final es lo mismo. Podía ser su trabajo, la obra de la casa, la mudanza, o quizá que ya había pasado de cuarenta años y veía que le faltaba menos para morirse. La angustia es libre, sargento.

Decía la verdad o no, eso no podía discernirlo. Pero lo que a aquellas alturas quedaba claro era que con más preguntas directas por ese camino no iba a conseguir nada de ella. Era demasiado fuerte, suponiendo que mintiera, para caer ante mis pobres recursos inquisitivos.

–Tienen ustedes una bonita casa –observé.

–No está mal –admitió, apagada–. A él le hacía mucha ilusión. Ya ve.

–No quisiera ser indiscreto, pero a juzgar por esto y algunas otras cosas, no parece que la economía debiera preocupar a su marido.

–Ganaba un buen sueldo. Y a mí no me pagan poco, por si había pensado que sí –dijo, inmodesta–. Estoy especializada en algunas materias en las que cuesta encontrar traductores que no entreguen chapuzas inmundas.

Otro pinchazo en hueso. Tampoco por aquí había muchas perspectivas. Aunque fuera algo ventajista por mi parte, decidí volver a lo afectivo:

–Me resulta muy embarazoso preguntarle esto, señora Díez, pero puede ser importante para la investigación. Que usted supiera, ¿su marido salió alguna vez con otras mujeres durante su matrimonio?

–Que yo supiera, no –repuso, lacónicamente.

–¿Y a qué achaca que hace tres días decidiera hacerlo?

Aquí, Blanca Díez pareció por primera vez no tenerlas todas consigo. Se retorció lentamente las manos, antes de responder:

–No está preguntando a quien debe, sargento. Tal vez deba preguntárselo a usted mismo, como hombre. ¿Por qué una persona como Trinidad, cariñoso, responsable, sensato como pocos, pierde de pronto la cabeza y se va con una zorra a hacer todo tipo de disparates, que terminan por costarle la vida? Dígame usted, ¿qué voy a poder contarles a sus hijos, cuando me pregunten, ahora o dentro de unos años? ¿Que para el hombre que fue su padre, de repente, nada valió más que una rubia con las tetas duras?

Si había querido devolverme el golpe, lo había conseguido. De improviso me sentía allí, entre ella y Chamorro, como el acusado ante el más severo de los tribunales. Mi abominable delito: hacer pipí de pie.

Por fortuna, disponía de una ayudante con reflejos.

–Escúcheme, señora Díez –se interpuso, con suavidad–. Para nosotros, se trata principalmente de saber si a su marido le quitaron la vida o falleció por causas accidentales. Si no hay nada que nos haga pensar lo contrario, habrá que inclinarse por lo segundo. Y si llegamos a esa conclusión, no vamos a perder mucho tiempo tratando de dar con esa mujer.

–Me importa bien poco si dan con ella o no, agente –se revolvió la viuda.

Aquello había tocado fondo. Vi que no serviría de nada prolongarlo.

–Está bien, señora Díez –dije–. Tomo nota de su teoría. Si no he entendido mal, lo que cree es que su marido sufrió una especie de arrebato erótico.

–Yo no tengo ninguna teoría, sargento –respondió, recobrando la frialdad–. Espero a conocer los resultados de su investigación.

Blanca Díez nos acompañó hasta la verja. Los dos *rottweilers* seguían atados, aunque luchaban furiosos por romper sus cadenas. Causaba cierto nerviosismo mirarlos. Como bien señaló alguien, ninguna cadena es más fuerte que su eslabón más débil. La lluvia había amainado y la viuda de Trinidad Soler caminaba junto a nosotros con los brazos cruzados sobre el pecho. Cuando llegamos afuera, me dirigí a ella con precaución:

–Disculpe si en algo la hemos molestado. La tendremos informada.

Blanca Díez asintió, despacio. Con los cabellos revueltos por el viento y las manos aferradas a los codos me pareció de pronto una niña indefensa.

–Hay algo que quiero que sepa, sargento –dijo, antes de despedirnos–. Para mí, existió ante todo un Trinidad Soler. El hombre con el que tuve a mis hijos y superé las dificultades. El hombre que estuvo a mi lado y apenas pudo disfrutar de lo que conseguimos juntos. A él le añoraré siempre, descubra lo que descubra del desgraciado que encontraron en el motel.

Capítulo 5
AQUÍ NO HAY NADA TAN ALTO

Aquel mediodía nos reunimos a comer con Marchena y su gente. El almuerzo, en la propia casa-cuartel, lo aprovechamos para ponernos recíprocamente al corriente de nuestros respectivos avances, suponiendo que merecieran tan benévolo nombre. Después de la entrevista con la viuda, la sensación que teníamos Chamorro y yo era más bien desastrosa.

Marchena y sus hombres, por su parte, se habían entregado a buscar con ahínco a algún testigo que pudiera dar razón de los últimos movimientos del difunto. Conforme a las instrucciones del comandante, que yo les había transmitido obedientemente, habían puesto especial celo en tratar de conseguir alguna información acerca de la dichosa rubia.

De acuerdo con los datos que obraban en nuestro poder, los últimos que habían visto con vida a Trinidad, sin contar al recepcionista del motel, eran los de seguridad de la central, que le habían levantado la barrera para dejarle salir a las 18.05. Blanca Díez aseguraba que esa tarde no había vuelto por casa, así que el agujero negro se extendía desde entonces hasta las 0.15, hora aproximada de su llegada al motel, según el testimonio del recepcionista. Nuestros compañeros se habían empleado a fondo para tratar de rellenar ese hueco, pero todos sus esfuerzos habían resultado baldíos.

–Nadie le vio en esas seis horas –concluyó Marchena–. Ni en este pueblo ni el otro, donde vivía. Casi hemos ido puerta por puerta preguntando. Y en cuanto al asunto de la rubia, lo único que hemos conseguido es que se nos descojonaran todos. *Coño, uno ochenta; ya lo creo que me acordaría.* Te aseguro que al cuarto chistoso se te quitan las ganas de insistir.

–Ya me hago cargo –dije, mirando al techo.

La situación era comprometida. Allí estábamos, con la cabeza caliente y los pies fríos, sin saber muy bien a dónde apuntar. Había llegado al fin el momento temible, ése en el que uno se da cuenta de que la caja de cerillas está vacía y se pregunta con qué demonios va a prender la lumbre. El silencio que se apoderó de la habitación, y que se prolongó durante unos segundos interminables, era la mejor expresión de nuestra zozobra.

–Lo que yo tengo claro –acabó saltando Marchena–, es que esa tarde debió de irse de la comarca. A Guadalajara, o incluso a Madrid. Es una hora de ida y otra de vuelta. Le sobraron cuatro para hacer el granuja.

–Eso nos proporcionaría una explicación para la chica –reconocí.

–Y un problema pistonudo –juzgó Chamorro–. Aquí no habría donde esconderla, pero en Madrid ya podemos echarle un galgo.

Compartía el disgusto de Chamorro. Ser un policía rural presenta sus inconvenientes, por ejemplo una indudable falta de *glamour* en muchas de las faenas que uno se tiene que echar a la cara. Sólo hay que fijarse en esas peleas a escopetazos que se organizan en algunos pueblos de vez en cuando. Pero por otro lado tiene la ventaja de que uno se mueve por ámbitos reducidos, donde nadie pasa desapercibido jamás. Con ese hábito, el que una investigación apuntara hacia una pista urbana, y nada menos que en Madrid, te producía un inevitable sentimiento de pereza y fatalidad.

–Por no mencionar que tendríamos que hablar con la policía –añadí.

Marchena, Ruiz e incluso Chamorro acogieron con ostensible desaire la contrariedad que acababa de descubrirles. En la práctica diaria, la rivalidad entre los cuerpos policiales se traduce en fenómenos de diversa gravedad. Uno de los más extendidos es que a cualquier miembro de uno le fastidia tener que admitir que necesita la ayuda de alguien del otro.

–Sería absurdo que intentáramos movernos por esos ambientes por nuestra cuenta –me justifiqué–. Emplearíamos meses en saber una décima parte de lo que ellos pueden contarnos tomando un café.

–De acuerdo, pero antes de eso deberíamos agotar lo que tenemos –se resistió Marchena–. A lo mejor estamos pasando por alto un punto: en todo ese tinglado perfecto que según la creencia generalizada era la vida de Trinidad hay un pequeño detalle que falla. Tomaba pastillas.

–Para evitar crisis de angustia –recordó Chamorro.

–No te creas que no he pensado en ellas –dije–. Por un lado pueden ser un indicio de algo que chirría, como estáis sugiriendo. Por otro, podría interpretarse que son la llave que nos cierra sin más el caso.

–¿Y eso? –preguntó Marchena.

–Escuchad por un momento este cuento –propuse–. Trinidad es un hombre un poco pobre de espíritu, que gana más dinero del que esperaba y que a partir de ahí concibe sueños de grandeza. Se mete en una casa desmesurada, con una obra problemática y un montón de gastos. Lo hace lleno de ilusión, pero a veces las cosas que más quieres son justo las que te hunden la vida. El lío le desborda, y encima coincide con un deterioro de su relación con su mujer. De todo eso hace un mundo y empieza con el insomnio, las taquicardias y las convulsiones. De ahí pasa a tomar psicofármacos, que le alteran un tanto la personalidad, porque en alguna gente tienen esos efectos. Y una tarde, en lugar de volver a casa, coge el coche y enfila vete a saber a dónde. Empieza bebiendo algo. Si eso puede afectarle a un hombre sin mucha costumbre, no olvidemos que a él la medicación le hace más inestable. De alguna forma, quizá por casualidad, contacta con una profesional. Charla con ella, sopesa el dinero que le cuesta y de pronto decide que por una noche va a entregarse al desenfreno. Ahí entran en escena las drogas, que le convierten en un cóctel molótov. Como no controla muy bien, la lleva al motel que hay al lado mismo de la carretera. Y en mitad de la juerga, supera el límite y se le saltan los fusibles. La rubia huye para no dar explicaciones, y le quita el dinero por un cálculo canalla que tampoco nos importa demasiado. Fin.

Chamorro reflexionó en silencio sobre mi suposición. Marchena, al cabo de un momento, comenzó a asentir mecánicamente.

–Joder, Vila –dijo, con cara de pasmo–. Lo que hace tener estudios. Nunca se me habría ocurrido. Y es simple y redondo como un cubo.

–Por eso mismo puede ser falso de principio a fin –le previne–. Nadie nos asegura que no es precisamente el cuento que alguien, y no Trinidad, ha querido contarnos. Pero ahora que lo tengo en la cabeza no va a dejar de incordiarme, sobre todo si seguimos con las manos vacías.

Prolongamos la conversación hasta la caída de la tarde. Aquel día no teníamos prisa, porque no íbamos a volver a Madrid. Habíamos aceptado el ofrecimiento de Marchena para dormir en el pueblo. Me apetecía despertarme con ruido de campanas, y de paso podríamos aprovechar para conocer un poco mejor el ambiente local. Por eso, aunque nos costó una laboriosa discusión, declinamos la invitación a cenar de la mujer de Marchena y salimos a dar una vuelta por el pueblo sobre el que ya se cernía la noche.

El casco viejo, parcialmente amurallado, se extendía entre dos cerros. En uno, el más alto, estaba el castillo, semiderruido. En el otro se alzaba la iglesia, una mezcla de románico y gótico, de amplia nave y notable fachada. Frente a ella había un parquecillo bien cuidado que daba a un mirador sobre la parte baja del pueblo. No lejos de allí había un viejo palacio, en el que según rezaba una placa reciente había nacido una princesa célebre por su belleza y por su infortunio. Las calles eran estrechas y una buena parte de ellas empinadas, pero estaban limpias y el empedrado era bastante regular. Chamorro y yo paseamos por ellas sin apresurarnos. No fueron muchas las personas que nos cruzamos en nuestro recorrido. Bajo aquella fresca y húmeda noche alcarreña, el pueblo parecía dormir un sueño centenario.

Nos detuvimos durante un rato ante la baranda del mirador. Chamorro se apoyó en ella y dejó volar la mirada sobre las luces del pueblo.

—Qué paz se respira aquí —dijo.

—Y eso que éste es el pueblo grande de la comarca —anoté.

Mi ayudante levantó la cara hacia el cielo. Se habían abierto algunos claros y entre las nubes titilaba un nutrido enjambre de estrellas.

—Encima tienen este cielo —exclamó, admirada—. Sin toda esa basura luminosa de Madrid. En momentos como éste creo que debería pedir destino. Aquí o a Cáceres, qué más da. Lejos del agobio.

—¿Y por qué no lo pides?

Chamorro se quedó abstraída.

—Por no vivir bajo el marcaje de un sujeto como Marchena —dijo al fin—. Viéndole día y noche, de uniforme y de paisano, lunes y domingo.

—Tampoco es tan mal tipo, mujer.

—No digo eso. Digo que nunca me tomaría en serio.

68

Además, tampoco me gustaría que me pasara lo que a una compañera de promoción. A los pocos días de incorporarse al puesto se le ocurrió ir a la discoteca del pueblo con un top y unos vaqueros ajustados. Casi paran la música cuando la vieron.

—Un rato arrojada, tu amiga.

—No creas. Sólo le gusta bailar. Tampoco es delito.

—Desde luego —admití.

—Pero aparte de todo eso, hay otra razón —agregó, casi inaudiblemente.

—¿Cuál?

—Me gusta trabajar contigo.

Lo dijo sin mirarme. Chamorro era bastante púdica, para eso y para otras cosas. Uno de los motivos por los que la había aceptado sin reservas como ayudante había sido el modo en que la había visto sobreponerse a su pudor, la primera vez que habíamos trabajado juntos. Había sido una prueba dura para ella, porque era inexperta y porque me la habían endosado contra mi voluntad. Ahora, algún tiempo después, ya no parecía la muchacha tímida y dubitativa de entonces, y hasta se desempeñaba con un aplomo impropio de su experiencia. Pero yo sabía que para ello ponía en juego una voluntad heroica, que a ratos incluso me preocupaba. Porque no se me escapaba que debajo de todo eso, y conviviendo con su coraje, o quizá alimentándolo, había una sensibilidad frágil, que sólo en contadas ocasiones dejaba aflorar. Y cuando lo hacía, como aquella noche, yo necesitaba de toda mi escasa fuerza interior para reaccionar con la sobriedad que la situación requería.

—Bah, eso no debe apurarte —respondí—. Soy un bicho bastante común, lo mires por donde lo mires. Sargentos hay cinco mil, sin salir del Cuerpo. Y psicólogos frustrados, vete a saber. Lo mismo diez o veinte veces más.

—Tal vez lo singular sea la intersección de los dos conjuntos —insinuó Chamorro, con un tono malicioso.

—Te he dicho mil veces que no me hables con tu jerga

matemática –la reprendí–. Se me ha olvidado todo lo que estudié en el bachillerato. Además, aunque algunos cretinos crean que da tono, no es de buena educación dirigirse a la gente empleando términos que no comprende.

–Lo has entendido perfectamente.

–Uno puede trabajar casi con cualquier jefe, créeme –repuse, con una firmeza cada vez más precaria–. Yo ahora trabajo para el comandante Pereira, que no está mal, pero he tenido que soportar a cada uno que ni te imaginas. Recuerdo a cierto teniente, hace varios años, en los tiempos oscuros. La cosa estaba complicada, no te digo que no, pero a aquel tipo se le había ido la olla. Llevaba siempre una segunda pistola dentro del pantalón, montada. A partir de ahí, adivinas el resto. Y sin embargo, sobreviví.

Al fin, Chamorro enmudeció. Soplaba una brisa fría, pero agradable, y durante un minuto permanecimos allí quietos, sintiéndola en el rostro.

–Hay algo que se te nota siempre, Rubén –volvió a hablar mi ayudante. La mención de mi nombre de pila me alarmó, porque era algo que solía evitar. Desde que habíamos empezado a trabajar todo el día juntos la había relevado del engorroso *mi sargento*, pero su tuteo era siempre comedido.

–El qué –dije, porque creí que sería peor callar.

–Cuándo te interesa una mujer.

Palidecí. ¿Quería decir realmente aquello?

–Tenías que haber visto la cara que tenías delante de la viuda –explicó, sonriente–. Y ella también se dio cuenta.

Me eché a reír, aliviado, o quizá para encubrir una recóndita decepción.

–No importa –aseguré–. En realidad es una especie de técnica. Las mujeres tienden a relajarse con los hombres a los que creen que atraen sexualmente. Los consideran inferiores y no se protegen lo bastante. Prefiero que una mujer a la que debo sacarle información me crea atontado por sus encantos. Nunca se imagina que lo que me inspira es otra cosa.

–¿Otra cosa?

–Curiosidad. Pura y simple. Eso es lo que me produjo la viuda nada más verla. Mucha curiosidad, no lo niego. Pero la curiosidad es el sentimiento más volátil. Sólo dura mientras queda algo por descubrir. Cuando apartas el último velo, antes incluso, se agota y necesitas otro enigma. Las mujeres no deberían sentirse demasiado halagadas por los hombres curiosos. Y me temo que casi todas tienen propensión a incurrir en ese error.

Chamorro no replicó nada a eso. Quizá trataba de calibrar mi sinceridad, o mis palabras la sumían en otras cavilaciones.

–De todas formas, he procurado sacarle utilidad a mi defecto –alegué, como posible descargo–. Debe de ser por eso, por tratar de reconducir a algo provechoso mi curiosidad insaciable, por lo que soy investigador.

–Sin embargo, yo no me considero nada curiosa –dijo, circunspecta–. En realidad, a veces me parece que querría saber lo mínimo imprescindible para resolver el caso. Y una vez resuelto, olvidarlo en seguida.

–Por eso hacemos un buen equipo, Chamorro. Tu austeridad mental me sirve para mantener a raya mi fantasía desbordante.

–Así dicho, cualquiera pensaría que soy odiosa –se lamentó.

Dudé un segundo, abrumado por mi torpeza, pero en aquel punto no tenía más remedio que decírselo. Así que tomé aire y se lo dije:

–No, Virginia. No lo eres en absoluto.

El juego no fue más lejos. Cenamos en un mesón, y aprovechando que el camarero que nos atendía parecía bastante comunicativo, le sonsacamos sobre el impacto que había producido en el pueblo la muerte del ingeniero de la central nuclear. Nadie le conocía mucho, aparte de sus compañeros, pero entre lo poco que ellos contaban y la siempre incontrolable imaginación popular, corrían ya fantásticas historias acerca del suceso. Lo peculiar era que ninguna implicaba en lo más mínimo a la central. Con extrema cautela, traté de obtener la opinión que sobre ella tenía el camarero.

–¿Qué voy a decirle yo? –me advirtió, con franqueza–. A mí me da de comer, como a casi todos aquí. Si no fuera por ella, este pueblo sería como uno de esos medio fantasmas que se ven en los documentales de la tele, con todos los jóvenes fuera y las casas cayéndose a pedazos encima de los viejos. Fíjese en esto, en cambio. Todo limpio, las calles y las plazas en condiciones, una biblioteca nueva, buenos chalés, y el dinero moviéndose y dando gusto a la gente. Como a muchos, al principio me jodía un poco que vinieran aquí, con sus cochazos y su aire de superioridad. Pero ahora ya nos conocemos todos, jugamos al dominó, y hasta yo me he comprado un coche alemán. No tan bueno como los suyos, claro, pero alemán, oiga.

–¿Y no le preocupa todo eso de la radiactividad? –objeté.

–Qué coño. Es como el colesterol. Yo no me asusto con esas pamplinas. Verá usted, a mí me tocó la mili en el Sáhara, cuando allí se estaba jodido de verdad. Me destinaron a Smara, un sitio de cuidado. Una vez estuvimos a punto de perdernos en el desierto, camino de El Aaiún. Eso sí que era para preocuparse, estar allí sin agua y sin saber hacia dónde tirar y pensando todo el rato en los moros y en los buitres. Eso se tocaba; te secaba la garganta, las pelotas se te hacían chicas como anises. Con perdón, señorita.

Chamorro levantó ambas manos, restándole importancia.

–En fin –prosiguió–, que no era como estas tonterías modernas, que ni se ven ni se huelen. El colesterol, la radiactividad, el ácido úrico. ¿Que te matan poco a poco?

72

Joder, la vida te mata poco a poco. Si el colesterol me trae al fresco, y lo llevo en la sangre, ya ve usted la radiactividad.

Mientras le escuchaba, pensé que se estaba perdiendo toda una idea para una campaña publicitaria agresiva en favor de la energía nuclear. Harto discutible, sin lugar a dudas, pero qué publicidad no lo es.

Preguntamos al camarero por un lugar donde ir a tomar una copa. Nos ofreció tres posibilidades, y entre ellas nos recomendó un pub o discoteca llamado, no sin cierta zumba, Uranio. Chamorro y yo nos encaminamos hacia el local sin ningún afán alcohólico, sólo por ver lo que podía deparar un jueves por la noche aquel pueblo y terminar allí de tomarle el pulso.

En Uranio, cuando entramos, no habría arriba de una docena de personas. No era mucho, pero tampoco era despreciable para un pueblo de aquel tamaño y una noche entre semana. En la barra había tres o cuatro hombres rubios, con pinta de extranjeros. No hablaban y bebían a grandes tragos. Según pudimos deducir después, eran técnicos alemanes que estaban haciendo algún trabajo en la central. El resto eran autóctonos, de diversas edades. Aparte de la mujer un poco obesa y varonil que atendía la barra, sólo había dos chicas, así que la llegada de Chamorro fue acogida favorablemente.

Pedimos algo y tratamos de pegar la hebra con la de la barra. A mí me costó bastante, por no decir que me dejó un par de veces con la palabra en la boca, pero Chamorro se las arregló en seguida para sacarle una sonrisa. A partir de ahí iniciaron un animado diálogo, que la otra sólo interrumpió ocasionalmente para ir a rellenarles el tanque a los alemanes. Chamorro condujo con habilidad la charla hasta lo que nos interesaba, y en cierto momento, aquella mujer se descolgó con una jugosa revelación.

–Vino por aquí alguna noche. Hará un par de meses o tres –calculó–. Era él, el ingeniero ese, el de la central.

Le he reconocido por la foto que traía hoy el periódico. Y lo mejor de todo: no estaba solo.

–No vendría con esa rubia de uno ochenta de la que habla la prensa, ¿no? –me entrometí, sin poder refrenarme.

La mujer de la barra me observó con visible desprecio. Después, volviéndose a Chamorro, le preguntó:

–¿Cuánto es uno ochenta, así como tú?

Chamorro era alta; por decirlo todo, un poco más que yo, y además razonablemente esbelta. Eso tendía a complicarme un poco las cosas en cuanto a mantener la distancia jerárquica que debía mediar entre ambos, pero me las facilitaba en momentos como aquél. Al fin me percaté de por dónde iban los tiros y a partir de entonces me quedé en segundo plano.

–No –contestó Chamorro, algo envarada–. Uno ochenta es más.

–Aquí no hay nada tan alto –denegó la de la barra, categórica.

–¿Pero era rubia? La mujer que vino con el ingeniero.

–No, morena. Bastante morena de pelo. Y blanca de cara.

–¿Joven o mayor?

La mujer de la barra sonrió aviesamente.

–Bueno, para eso siempre hay gustos. Veintiocho o veintinueve, no más.

A grandes rasgos, ésa era toda la información que aquella mujer podía facilitar al respecto. Chamorro no quería insistir y yo tampoco quería que la cosa fuera demasiado lejos. Antes de tener que pelearme con aquel ogro para conservar a mi ayudante, pagamos y nos largamos de allí.

Salimos a la calle llevando todavía en los oídos la música que atronaba el local. Era una grabación bastante castigada de *In the Navy*, de Village People. De vuelta en la casa-cuartel, nos encontramos a Marchena, que todavía estaba en pie, aunque se había despojado de la parte superior del uniforme y en su lugar llevaba un jersey de punto de color burdeos.

–Tengo a Ruiz y a otro muchacho ocupándose de una disputa familiar –explicó–. No será nada, pero por si acaso no he querido acostarme. Estaba escuchando la radio. Nos sentamos con él y de paso le contamos la historia de la camarera del Uranio, que le dejó muy sorprendido. En ésas estábamos cuando en el programa que tenía sintonizado anunciaron una entrevista con el máximo dirigente de un grupo ecologista. El asunto no era otro que la polémica sobre la renovación del permiso de explotación de la central nuclear, que por esas fechas estaba tramitando el gobierno.

–Hombre, qué pequeño es el mundo –dijo Marchena. El entrevistado era un hombre sereno que se expresaba con gran precisión y eficacia. Hasta el tono de su voz, grave y aterciopelado, resultaba persuasivo. Sus argumentos sonaban meditados, ecuánimes.

–Lo vendan como lo vendan, es demencial seguir produciendo energía con algo que genera residuos que hemos de almacenar durante cientos de miles de años –razonaba–. ¿Sabe usted cuánto es eso? Nuestra historia, suponiendo que empezáramos con los sumerios, que ya es suponer, no tiene arriba de seis mil años. ¿Quiénes nos hemos creído que somos, para hipotecar la vida de gente a la que hoy ni siquiera podemos concebir?

–Culto, el gachó. Y en eso no anda descaminado –le apoyó Marchena.

El dirigente ecologista demostró haber estudiado de forma exhaustiva los incidentes que había sufrido la central, de los que hizo una lectura ligeramente más alarmista que la que hacían los informes oficiales. Sin embargo, cuando el periodista trató de tirarle de la lengua sobre el reciente suceso del ingeniero muerto, se desmarcó en el acto:

–No quiero hablar sin conocimiento de causa sobre algo que afecta a personas que están sufriendo y cuya intimidad merece respeto. Quiero decir, además, que lamento mucho las especulaciones gratuitas vertidas por algún compañero en los últimos días. Creo que debemos centrarnos en lo que ahora nos preocupa, y dejar que de hechos como ése se encargue la justicia.

–Espero que lo haya oído el comandante –deseó Chamorro.

–No me digas que no es buena gente –añadió Marchena.

–Es listo –dije, con admiración–. Sabe que tiene poder, y que el poder no se puede usar al tuntún, metiéndose en cualquier charco.

–¿Poder? –cuestionó Chamorro–. ¿No es más bien todo lo contrario, una especie de activista contra el poder establecido?

–Qué ingenua eres, Virginia. Sale en la radio, en el programa nacional, y fíjate con qué mimo le trata el periodista. Ya es parte del sistema. No digo que no cumpla un papel, no sé, higiénico. Pero no es ningún revolucionario. ¿Te he hablado alguna vez de Jung, un pelma al que tuve que estudiar en la facultad? Uno que se creía muy listo, porque los palurdos que iban a su consulta para que les leyera los sueños le tomaban por brujo. Bueno, pues hay algo en lo que le doy la razón a Jung: un revolucionario es un aguafiestas, alguien que siempre resulta incorrecto y blasfemo. Todo lo que ese hombre tan seductor de la radio ya no piensa resultar jamás.

–No capto lo que quieres decir, Vila –avisó Marchena, somnoliento.

–Nada. Que tenemos un problema menos del que ocuparnos.

Capítulo 6
EL MAQUINISTA DE LA GENERAL

Las campanas de la iglesia no sólo me despertaron por la mañana, sino también a la una, las dos, las tres, etcétera. Las primeras veces era placentero, oírlas y volverte a dormir, pero a partir de las cuatro empecé a preguntarme por qué no prohibirían semejante crueldad. *Con la iglesia hemos dado, Sancho*, pensé automáticamente, pero después comprendí que los del pueblo ya no debían de oírlas, como yo había dejado de oír, con el tiempo, el estruendo que hacía el camión de la basura cuando se volcaba en las fauces los contenedores de medio barrio, debajo mismo de mi ventana.

Aquel viernes lo dedicamos a recorrer la zona, como antes nuestros compañeros, pero sin el uniforme, fingiendo ser unos forasteros que hacían turismo. Comprobamos que la comarca, al menos en primavera, era óptima a esos efectos. La vegetación era abundante, los ríos bajaban con bastante agua y las flores silvestres brotaban por doquier. Los pueblos eran a la vez típicos y atildados, y en especial el más cercano a la central nuclear, que recibía la parte del león de los cuantiosos impuestos locales que debían satisfacer sus propietarios. Tenía aceras de granito, fuentes de mármol, templetes, galerías cubiertas de rosales. La quimera del oro en versión átomo. No podía negarse que habían aprovechado para hacerse un entorno acogedor.

Pero lo que Chamorro y yo intentábamos no era recoger estampas campestres o de pueblecitos encantadores, sino pistas para tratar de esclarecer una muerte que cada vez nos atrevíamos menos a calificar de homicidio. Lo que habíamos averiguado en el Uranio la noche anterior, que Trinidad podía haberle sido infiel a su esposa más de una vez, y con mujeres más jóvenes, hacía deslizarse el caso hacia un terreno en el que cobraba fuerza la teoría del accidente, provocado por unas prácticas sexuales arriesgadas y un abuso de drogas y alcohol. Sería todo lo asombroso que se quisiera, pero no era el primer caso de doble vida que salía a la luz. Era increíble como algunos se las arreglaban para convencer a todos de las imposturas más formidables.

Lo que pudimos sacarle a la gente de aquellos pueblos no fue más de lo que habían conseguido Marchena y sus hombres. Quizá fue incluso menos, porque a ellos los conocían y se fiaban y de nosotros recelaba casi todo el mundo, como en seguida pudimos percibir. A la desconfianza normal en los lugares pequeños, se unía la que debían al hecho de estar a menudo en el ojo del huracán por causa de la central nuclear. De ella querían hablar pocos, y los que lo hacían casi siempre se mostraban favorables, con argumentos similares a los del camarero que había servido en el Sáhara.

Al final de aquella infructuosa jornada, volvimos a pasar por la casa-cuartel para despedirnos de Marchena.

–¿Y qué? –preguntó.

–Nada –resumí–. Seguimos como al principio. O peor.

–¿Y qué vas a hacer?

–Sospecho que mi comandante no aprueba que Chamorro y yo estemos de vacaciones en el campo. Le propondré que os encarguéis vosotros. A lo mejor os tropezáis un día de éstos con alguien que vio algo.

–De modo que te rindes –dijo Marchena, incrédulo.
–No del todo. Me sigue quedando un hilo del que tirar. Una rubia de uno ochenta, con acento ruso. Buscaré en Madrid, como me sugeriste.
–¿Y después?
–Después –dije, encogiéndome de hombros–, sólo me quedará ir a ver a Blanca Díez y anunciarle que vamos a cerrar el caso dando por buena la hipótesis de la muerte accidental. Si eso la conmueve y se descuelga con algo nuevo, lo veremos. Si no, carpetazo, salvo que el juez tenga otra idea, que me sorprendería, por lo que hasta ahora ha pasado del asunto. Me fastidiará, porque aquí hay algo que no me deja buen sabor. Pero así es la vida.

El lunes siguiente, a primera hora, me presenté en el despacho de Pereira con la intención de exponerle mis planes. Me recibió de un excelente humor, cuyo motivo deduje tan pronto como advertí que ya no llevaba las gafas oscuras. Me escuchó con atención, asintiendo todo el tiempo.

–Me parece perfecto, Vila –dijo, cuando hube terminado–. Y tampoco creo que tengas que herniarte persiguiendo rusas de uno ochenta, aunque ya comprendo que la tarea tiene sus alicientes. Por fortuna los titulares de periódico caducan a la velocidad de la luz. Según me ha dicho el coronel, cuando llamó el viernes a ese alto cargo de Industria que se había interesado tanto, ni siquiera se acordaba. Casi ni le dejó contarle que teníamos buenas razones para creer que no se trataba de un crimen. En la prensa no ha vuelto a salir desde entonces, y hasta los ecologistas se nos han puesto juiciosos y han renunciado a hacer sangre del suceso. ¿Qué más se puede pedir?

Por un momento me sentí como Buster Keaton en esa escena tan famosa de *El maquinista de la General*; cuando corre enfervorizado por la vía, creyendo que le sigue todo el pueblo, y de pronto se da la vuelta y comprueba que detrás no viene nadie. Trinidad Soler, por quien tanto me había estrujado los sesos en los últimos días, era ya pasto del olvido.

Quizá por eso me tomé un poco más a pecho de lo que en un principio pensaba mi tentativa desesperada de sacar algo de la pista de la rubia. Esa misma mañana llamé a la policía y les dije que quería ponerme en contacto con alguien especializado en prostitución de alto nivel; si podía ser, que conociera bien la zona de Madrid. La policía que atendió mi llamada, tras acoger con un satisfecho *ajá* mi solicitud, no se privó de humillarme:

–¿Y cuál es la razón de su interés, sargento?

–Mi sargento, si no te importa, que por lo menos esto es la mili –le espeté, molesto por su retintín–. ¿Cuál te crees tú que es la razón, que he decidido romper mi hucha? Estoy investigando un posible homicidio.

Entre mi irritación y la mención de la palabra mágica, la policía debió de entender que no había elegido una buena ocasión para ejercitar su ironía. Cortó durante un instante la comunicación y cuando reapareció lo hizo mucho más seria. Me remitió a un tal inspector Zavala, cuyo teléfono y destino me suministró a continuación. Le agradecí su ayuda.

Pedí a Zavala mantener una entrevista con él, a lo que accedió sin poner ningún reparo. Por teléfono parecía un individuo simpático y algo nihilista, y en persona confirmaba esa impresión. Iba hecho un cuadro, con unos pantalones granate, camisa rosa y chaqueta azul piscina. Podía hacer tres o cuatro días que no se afeitaba, como mínimo, y en el meñique lucía un sello engastado en una argolla de oro de buen espesor. Su despacho parecía haber sido montado por uno de los hermanos Marx, y después desordenado por otro. Nos saludó con mucha cordialidad, sobre todo a mi ayudante.

–Vaya, cómo está mejorando la Guardia Civil –dijo.

Entré rápidamente en materia. Le conté en qué andábamos, le hablé de la rubia, mencioné su posible origen ruso. Zavala me oyó con aparente concentración, mientras jugaba a meterse el sello en la nariz.

–No sé, Belicuva... Vaya, no me sale.

–Bevilacqua. Di Vila, si quieres hacer menos gasto.

–Pues eso, Vila. No te puedes imaginar la cantidad de tías sobrenaturales, así como esa rubia, que andan por ahí en venta. Todas las que no consiguen hacerse modelos, y también algunas de las que lo consiguen.

Chamorro dejó escapar un leve carraspeo.

–En fin, estoy exagerando un poco, claro –se disculpó Zavala–, pero aun así son muchas. Hombre, de uno ochenta ya no hay tantas, si es que era de verdad uno ochenta, porque cuando una fulana potente tiene una mínima estatura no es difícil marearse y confundir las proporciones.

–Habrá que dar el dato por bueno –dije–. No tenemos otro.

–En todo caso. Ni siquiera te creas que el hecho de ser rusa ayuda mucho. Para empezar, vete a saber qué era en realidad. Rusa, ucraniana, estonia, letona, lituana, bielorrusa, eslovaca, checa, polaca, búlgara... Sólo son algunas de las posibilidades que ofrece el mercado, en cuestión de rubias con acento. Y aunque supiéramos lo que era, vete a localizarla. Yo conozco algunos sitios donde hay material de esa procedencia, pero no todos. Piensa que se trata casi siempre de inmigrantes ilegales. Aunque el negocio sólo se lo permite hasta cierto punto, intentan ser discretas.

–A estas alturas, no me quedan muchas esperanzas –admití–. Si tuviéramos una fotografía, por lo menos. Pero no quisiera dejar de intentarlo.

Zavala se restregó los ojos durante un buen rato, como si acabara de levantarse o como si le escocieran mucho los ojos.

–Te puedo dar algo –anunció, tras un aparatoso suspiro–. Lo mejor que tengo, y lo de más confianza. Si de aquí no sacas nada, ya te puedes poner a llamar a todos los números que vienen en el periódico y a tratar de encontrar todos los que no vienen. Y que la suerte te acompañe.

Revolvió durante un buen rato entre sus papeles antes de encontrar un folleto de aspecto suntuoso. Era color marfil, con una estrella dorada encima. Tras sostenerlo en alto durante un segundo, me lo arrojó a través de la mesa.

–Ahí tienes, *Golden star* –dijo–. La *crème de la crème* de Madrid.

Al abrir el folleto, Chamorro y yo nos encontramos con un esmerado álbum fotográfico de unas veinte páginas. En cada una de ellas aparecían entre dos y tres mujeres inverosímiles, salvo en las cuatro últimas, donde los modelos eran varones de diversos tipos, desde el titán musculoso al muchacho de aspecto tierno y vulnerable. Debajo de cada fotografía había un nombre y un par de datos de interés. En la última página, justo la opuesta a la de la estrella dorada, había un teléfono de Madrid. Eso era todo.

–Aquí es donde llaman las empresas, cuando se traen a algún ricacho o algún politicastro del Tercer Mundo para venderle algo y el tipo les pide diversión –explicó Zavala–. Bueno, no tiene por qué ser del Tercer Mundo, ni tampoco hombre, como habrás visto al final. Si hay en juego un contrato de unos miles de millones, sea quien sea el primo, nada cuesta hacer un pequeño desembolso para quedar como príncipes. Las chicas y los chicos son de primera: limpios, educados y políglotas. Puedes llevarte a una de esas criaturas al Ritz y ni siquiera el *maître* adivinará que vas con una furcia.

Chamorro no daba crédito. Aunque hubiera tenido que familiarizarse con el turbio universo en el que suceden los homicidios, no había perdido la capacidad de asombrarse con lo que podía salir de debajo de las alfombras.

–Puedes marcar ese número de teléfono –ofreció Zavala–. Pregunta por Nadia y cuando te pongan con ella le dices que la llamas de parte de Lucho Zavala. Te atenderá bien. Sondéala a ella sobre la rusa gigante, y a ver qué te cuenta. A lo mejor hay suerte y la tiene en su bolsa.

Le di las gracias al inspector por su colaboración, y por si acaso le dije que no descartaba volver a consultarle en el futuro.

–Encantado de serle útil a la Benemérita –proclamó, socarrón–. Será por eso de que sois militares. Siempre me parecéis gente formal.

Llamamos al número de teléfono que había en el folleto y después de un par de vicisitudes me encontré hablando con una voz de acento extranjero que aceptó ser Nadia. Mencioné a Zavala y la voz se ablandó en el acto:

–Ah. Viniendo de Lucho, lo que quieras.

Se avino a recibirnos. Nos dio una dirección de la zona noble de la Castellana y allí nos dirigimos, en medio del atasco del lunes por la tarde, que todavía no llegaba a ser un caos completo porque la lluvia seguía prendida de las nubes, sin resolverse a caer sobre los atemorizados viandantes. El edificio era lujoso y además había sido remozado recientemente. El portero nos vio pasar con esa cara de hastío y ese rencor indefinido de todos los porteros, pero no intentó interceptarnos. Llegamos hasta el ascensor y pulsamos el botón del octavo. En el piso sólo había dos puertas. Llamamos al A.

La puerta nos la abrió una mujer de unos treinta años, de mediana estatura. Llevaba el pelo teñido de color cobre y doscientas mil pesetas de ropa encima, a juzgar por la caída del tejido. Preguntamos por Nadia.

–¿De parte de quién? –consultó, con acento sudamericano.

–Rubén Bevilacqua.

–Qué bonito nombre. ¿Es auténtico?

–Claro que no.

La mujer sonrió gentilmente y nos hizo pasar a una

salita de espera. Al cabo de medio minuto volvió y nos indicó que la acompañáramos. Recorrimos un pasillo larguísimo, por el que deduje que aquel piso no tenía menos de trescientos o cuatrocientos metros. Al fin desembocamos en una gran habitación revestida de madera y dispuesta como un despacho. Tras la mesa, de pie, aguardaba una mujer de alrededor de treinta y cinco años. Medía uno ochenta, era o se había teñido de rubia, y cuando pude distinguirlos vi que sus ojos eran de un delicado color lila. Por un momento me acordé de Zavala y no tuve más remedio que reconocerle la ocurrencia.

–Señor Bevilacqua –susurró impecablemente su voz extranjera.

Le presenté a Chamorro. Nadia estrechó su mano con sus dedos largos y acariciantes, mientras la examinaba de arriba abajo.

Tomamos asiento frente a ella. Me fijé en las pulseras de oro macizo, la camisa de seda, las mejillas tapizadas de un polvo finísimo. Ya no era una jovencita, se notaba en el contorno de sus ojos o las comisuras de su boca, pero en sustitución de la frescura perdida ostentaba un sosegado esplendor. Y nadie habría dicho que salía perjudicada con el cambio.

–¿Cómo sigue mi buen amigo Lucho? –preguntó en seguida.

–Bien. Le manda saludos.

–Ya dudo que me mande eso, el muy sinvergüenza –se mofó.

Consideré que saldría perdiendo si me enredaba en aquella clase de insinuaciones, de modo que decidí abordar directamente la cuestión.

–Verá, buscamos a una mujer.

–Ah, muy bien. En ese caso, han venido al lugar adecuado.

–Una chica de poco más de veinte años. Muy alta. Rubia. Ojos azules.

–No es usted muy original, Rubén. ¿Eh, Virginia?

Chamorro sonrió, un poco forzadamente, o eso quise creer.

–Podría ser rusa, o de otro país del Este –añadí–. Y hace una semana, en Guadalajara, se le quedó un hombre muerto entre las manos.

Nadia despegó la espalda de su sillón de cuero y dejó fugazmente que un mohín lúgubre torciera sus labios y le arrugara la nariz.

–No hay nada contra ella –me apresuré a decir–. Según todos los indicios fue un accidente. Se trata únicamente de contar con su testimonio para cerrar el caso. Simple rutina. No tiene nada que temer.

–No parecéis policías –observó Nadia, algo desorientada.

–Somos guardias –confesé–. Guardias civiles.

–Ya me extrañaba. Demasiado... ¿Cómo se dice? Tiesos.

–Bueno, eso depende de la gente con la que haya que tratar. Si hace falta, podemos parecer un dúo *punk* –aseguré, para aliviar la tensión.

–De todos modos, es igual –logró relajarse–. Si os envía Lucho es que sois gente de confianza y yo estoy encantada de atenderos. Una rusa, dices. Bueno, yo soy rusa, sin ir más lejos, y tengo a algunas chicas que también vienen de allí. De poco más de veinte años hay alguna, y también alta y con los ojos azules. Pero si una de mis chicas hubiera tenido un incidente así lo sabría. Además, Guadalajara no es un lugar que trabajemos mucho.

–No estoy sugiriendo que sea alguna de las suyas –aclaré–. Tal vez ha oído algo, o alguna de ellas lo ha oído. Se me ocurre que a lo mejor se juntan en algún sitio con otra gente de su tierra, y que quizá allí...

Nadia sonrió malévolamente.

–Algunos se juntan en la iglesia ortodoxa, una vez por semana. Pero nosotras solemos faltar. De todas formas, ¿estás seguro de que era rusa?

–No.

–Vete a saber, entonces –se desentendió–. Si hubieras venido a preguntarme esto en el 91, cuando yo llegué aquí, habría sido más fácil. Entonces los del otro lado nos contábamos por decenas, si llegaba. Ahora hay miles de bellezas eslavas repartidas por toda Europa, buscando Eldorado.

–Ya –asentí, con desazón–. Pues es una lástima que Eldorado no exista.

–Por eso lo llamo así.

–Sin embargo, a usted parece haberle ido bien.

–Yo no he ido detrás de ningún espejismo. Trabajé mucho, invertí bien el dinero que ganaba y aproveché mi experiencia para montar un buen negocio. Nunca aspiré a salir en las revistas, que es lo que sueñan muchas idiotas cuando descubren que tienen un cuerpo que llama la atención a la gente. Por eso estoy aquí, y no colgada en alguna pensión de mierda.

Su acento era fuerte, pero Nadia, en coherencia con la aparente firmeza de sus convicciones, había aprovechado los años que llevaba en Madrid para armarse con un castellano contundente y versátil. Unido al resto de sus recursos, la convertía en una interlocutora temible.

–Si suele traer a chicas de allí –intervino Chamorro–, al menos podrá decirnos en qué otros sitios podríamos buscar.

–No lo creas, querida –dijo–. Yo traigo a las mías, y mis quebraderos de cabeza me cuesta. En lo que hacen otros, procuro no meterme. De todos modos, hay muchas posibilidades. Algunas llegan por su cuenta, otras vienen como estudiantes, o contratadas por agencias de azafatas o de modelos. Cada día se inventan más formas de explotar el filón. La carne joven es una mercancía siempre rentable. Hoy nadie se resigna a envejecer, y muchos están dispuestos a comprar cara su ilusión de novedad.

Ya empezaba a tener una mala sensación con aquel caso. Todas las vías que íbamos abriendo, tan penosamente, se cerraban en seguida o se perdían en una nebulosa que desanimaba a seguir. No quise aceptar que nuestra visita a la bellísima Nadia hubiera sido otra pérdida de tiempo, así que procuré cerrarla con algo que pudiera sugerir una continuación.

–A pesar de todo –le rogué–, le estaríamos muy agradecidos si nos hiciera saber cualquier rumor que pudiera llegar a sus oídos.

–Oídos tengo –aceptó Nadia, con dulzura–, y si algo me llega se lo diré.

Nadia sólo nos acompañó hasta la puerta de su despacho, lo que en parte agradecí, porque no era cómodo mantener todo el rato la nuca doblada para poder mirarla a la cara. Antes de separarnos, se dirigió a Virginia:

–Supongo que no te importará mucho, y a lo mejor haces bien. Pero si alguna vez cambias de idea, creo que te desaprovechas. Tienes los rasgos un poco duros y se nota que has hecho algún ejercicio físico inadecuado. Pero las dos cosas se pueden suavizar, si se sabe cómo.

Chamorro primero se sonrojó, pero inmediatamente se esforzó por rehacerse. Nadia la había picado con su comentario.

–Guardaré su teléfono, por si las moscas –dijo, afectando un aire desvalido–. De momento no tengo demasiados gastos.

–Una ventaja, si te dura –juzgó Nadia, con expresión nostálgica.

Mientras desandábamos el pasillo en dirección al vestíbulo, de una de las habitaciones laterales salió una deidad de unos diecinueve años. Vestía un albornoz y llevaba una toalla arrollada en la cabeza. La piel de su rostro, sin pizca de maquillaje, era tan clara que casi la atravesaba la luz. Nos observó con unos ojos grises enormes, murmuró algo en una lengua ininteligible y volvió a desaparecer tras la puerta por la que había asomado.

Cuando estuvimos de nuevo en el ascensor, después de despedirnos de la sudamericana del pelo cobrizo, le dije a Chamorro:

–En adelante habrá que olvidar que esto existe. Será lo más saludable.

–No sé si tengo los mismos motivos, pero estoy de acuerdo –repuso.

Fueron pasando los días. Hicimos algún otro movimiento, sin mucha fe, y nos mantuvimos en contacto constante con Marchena, por si sonaba la flauta. Nada dio el menor fruto. Cuando Pereira terminó por reclamarnos un informe para remitírselo al juez, no pudimos hacer otra cosa que asumir una conjetura que descartaba cualquier hecho delictivo y proponer el archivo del caso. El juez aprobó sin rechistar nuestra propuesta.

Un soleado mediodía de abril, cumpliendo nuestro deber, cogimos un coche patrulla y nos fuimos a ver a Blanca Díez. Durante el trayecto, ni Chamorro ni yo estuvimos demasiado locuaces. Los dos compartíamos la misma frustración, el mismo desasosiego, la misma inapetencia.

La viuda nos recibió con una helada cortesía. No dejó de indicar que la habíamos interrumpido en mitad de una traducción urgente, por si eso nos apremiaba a abreviar nuestra estancia, quizá. Respecto de la otra vez, advertí algunas diferencias. Llevaba gafas y lucía una camisa holgada, que permitía, entre otras cosas, apreciar su airoso cuello. También noté una ausencia significativa: no tuvo que protegernos de ningún *rottweiler*.

Nos hizo pasar al mismo salón, que ahora daba a un valle esplendoroso, inundado por el sol. Allí reproduje para ella, procurando ahorrarle la rigidez del lenguaje forense, el contenido del informe que habíamos elevado a la autoridad judicial. Blanca Díez escuchó impasible, sin interrumpirme. Cuando acabé, apoyó un codo sobre el sofá en el que estaba sentada y volvió la cara hacia el ventanal. Se quedó así, ensimismada, durante más tiempo del que Chamorro y yo habríamos querido tener que aguantar inmóviles, con la teresiana en la mano, sentados en el borde de nuestros asientos.

88

–Muy bien, sargento –dijo al fin, sin mirarme–. Supongo que han hecho todo lo que han podido. Si eso es lo que creen, eso será lo que crea yo.

–Quiero que sepa que no nos sentimos muy contentos con esta solución, señora Díez –me sinceré–. No estoy convencido de lo que le he contado. Sencillamente no encuentro pruebas para poder contarle otra cosa.

La viuda de Trinidad Soler volvió despacio la cara hacia mí. La tenía enrojecida y arrasada de lágrimas. Me pareció ver a Juana de Arco ardiendo en la pira, y no pude evitar que el corazón se me encogiera ante la imagen.

–Viviré con la duda –se resignó–. Algún día lo sabrá, porque tarde o temprano lo sabemos todos. Sabrá lo que es el dolor absoluto, hasta que ya nada puede herirte más. Yo sé ahora lo que es ese dolor, y puedo soportar lo que a usted le incomoda tanto. Le he perdido. Eso es todo, y no tiene remedio. Qué me importa si usted resuelve o no su rompecabezas.

No encontré nada que responderle. A veces, lo mejor que uno puede dar de sí mismo es abstenerse de hacer o decir nada.

–En todo caso –rectificó, enjugándose el llanto–, les doy las gracias por sus desvelos. Parecen profesionales decentes, que no es poco.

De regreso a Madrid, paramos a tomar un café en un lugar que indicaban como el *Mirador de la Alcarria*. Estaba junto a la carretera, en un promontorio desde el que se ofrecía a la vista una vasta extensión. Nos quedamos un rato contemplando aquel paisaje, cada uno sumido en sus pensamientos.

–Si miras al fondo del todo, la imagen se vuelve borrosa –dijo Chamorro–. De nada te sirve forzar la vista. El ojo no alcanza, es así de simple.

–Ya lo sé, Chamorro. Pero no puedes evitar que te joda.

Capítulo 7
UN ÁNGEL CAÍDO

Transcurrieron tres meses. En ese tiempo, la primavera dejó paso al verano, a Chamorro y a mí nos salieron otros muertos, cada uno con sus pejigueras, y antes
de poder darnos cuenta nos encontramos con que nos
tocaba irnos de permiso. Sin embargo, algo nos impidió
disfrutar plenamente de las vacaciones aquel año. Aunque las semanas se hubieran ido sucediendo en el calen-
dario y los problemas sobre la mesa, ni mi ayudante ni
yo habíamos acertado a olvidarnos del todo de Trinidad
Soler. Mientras estaba ocupado en otras tareas, desde
luego, no me acordaba mucho; pero a veces, por la noche, o yendo en el metro, me venía de improviso a la
mente la imagen del cadáver doblado sobre aquella
cama mugrienta. Y una agria sensación de tarea pendiente se apoderaba inexorablemente de mi ánimo.

Supongo, de todos modos, que tanto Chamorro como
yo habríamos acabado pasando la página, y que la
muerte de Trinidad Soler habría quedado como uno de
tantos sucesos fortuitos, si el azar no hubiera decidido
desbaratar, con su capricho imprevisible, la historia ya
escrita y archivada.

Al azar le gusta adoptar los más diversos disfraces, y
por los que escoge en ciertas ocasiones uno juraría que

es un humorista incorregible. En esta oportunidad se encarnó en un repelente e irascible *yorkshire terrier* que atendía por el nombre de *Cuqui*. Circulaban sus dueños por una carretera solitaria de la provincia de Palencia cuando sucedió que *Cuqui* se sintió apremiado por sus necesidades fisiológicas. Al instante dio en ponerse tan histérico e intratable que el conductor resolvió parar en el primer recodo el vehículo y soltar al pequeño basilisco peludo para que aplacara su ansiedad. Así lo hicieron, y el perro, en cuanto se vio libre, desapareció como una exhalación tras unos arbustos. Regresó al cabo de cinco o seis minutos y lo subieron de nuevo al coche, sin advertir nada anormal. Un cuarto de hora más tarde, al volverse para inspeccionar la actividad de su mascota, la dueña advirtió que estaba jugueteando con algo. Por un momento pensó en quitárselo, pero como buena conocedora de su pésimo carácter prefirió aguardar a que lo soltara por su voluntad. Al cabo de media hora la dueña distinguió sobre el asiento, junto al lugar donde se acurrucaba el perro, un extraño objeto alargado. Gracias a que el animal dormitaba, pudo arrebatárselo sin que a éste le diera tiempo a reaccionar. Un segundo después, la dueña volvía a arrojar el objeto sobre el asiento. Era un dedo humano, de excepcional longitud y casi completamente descarnado. Un índice, para ser más precisos.

El hallazgo de *Cuqui* fue entregado una hora después en un puesto de la Guardia Civil. Con ciertas dificultades, se logró localizar el punto kilométrico en el que el perro se había apeado a hacer sus necesidades. Los agentes removieron los arbustos y el terreno que los rodeaba en cien o doscientos metros a la redonda, sin ningún resultado. Aquella misma tarde llegó un equipo con perros rastreadores. Antes del anochecer, a algo más de un kilómetro de la carretera, los perros encontraron un cadáver desenterrado y con signos de haber sido parcialmente devorado por lobos. Aquel paraje, de escaso tránsito, era uno de los pocos de la provincia donde subsistían. Los restos estaban esparcidos alrededor del lugar del enterramiento, de suerte que la reconstrucción del esqueleto no resultó nada fácil. Fue completamente imposible dar con cuatro dedos y algunos huesos menores.

Cuando Chamorro y yo volvimos de nuestras vacaciones, a mediados de agosto, el asunto se amontonaba junto con otros no resueltos sobre la mesa de la unidad. El primer día de trabajo, tras departir durante un rato con los compañeros (y averiguar de paso, hasta donde permitían la urbanidad y el sigilo, dónde y cómo había ligado Chamorro el bronce que daba un aspecto tan sugerente a su rostro y sus brazos), me puse a examinar con negligencia aquellos expedientes. Al llegar al del cadáver de Palencia, me interesó en seguida la historia de su hallazgo. Después, la fecha en que el forense había datado aproximadamente la defunción: alrededor de cuatro meses atrás. Los muertos que aparecen con retraso suponen siempre un reto adicional para el investigador. Seguí acopiando detalles. La causa de la muerte había sido un único balazo en la nuca, y el proyectil, del calibre nueve largo, había aparecido alojado en el cráneo. No se había encontrado el casquillo. Se trataba de una mujer de alrededor de veintiún años. El dato adquiría aquí especial trascendencia, porque el procedimiento homicida hacía pensar en un asesinato realizado por un profesional o semiprofesional y era menos frecuente que esos crímenes tuvieran como víctimas a mujeres.

Llamé a Chamorro y le di el expediente para que lo leyera y me comentara después sus impresiones. Se lo llevó a su sitio, donde lo estuvo estudiando durante una media hora. Al cabo de ese tiempo vino hasta mi mesa, abrió la carpeta sobre ella y con su índice inusualmente moreno señaló un renglón del informe de la autopsia. Leí: «*ESTATURA: 1,79 metros*».

–Demonio –exclamé.

–¿Piensas lo mismo que yo? –dijo, radiante.

–Si es que soy un gilipollas y que el verano me ha vuelto más gilipollas, sí –admití, con toda humildad–. ¿Cómo se me ha podido pasar eso?

–Bueno, te despistó el 7. Es el mismo truco de los grandes almacenes, y a ellos les funciona con casi todo el mundo.

–Un fino insulto, Virginia –juzgué–. Sabes que intelectualmente nada puede afrentarme más que ser asimilado a *casi todo el mundo.*

–No seas tan quisquilloso, hombre. ¿Qué hacemos con esto?

–Utilizarlo, por supuesto. Casi uno ochenta, y muerta hace unos cuatro meses. Si nuestra intuición es correcta, sabemos de ese cadáver una serie de detalles que lo dejan a punto de caramelo: pertenece a una mujer muy atractiva, desaparecida en el entorno de Madrid, posiblemente prostituta y tal vez originaria de un país del Este. Habrá que volver a hablar con la policía. Es más que probable que la desaparición se les denunciara a ellos.

–Si es que se denunció –apuntó Chamorro.

–Crucemos los dedos, mujer.

El gesto de mi ayudante se volvió súbitamente sombrío.

–Vamos, Chamorro, ahora que empezamos a tener suerte –la animé.

–¿A quién vas a llamar? ¿A Zavala? –preguntó, circunspecta.

–Es una buena idea.

–¿Y no crees que si se hubiera denunciado la desaparición de una mujer de esas características habría sido él quien te habría llamado?

–Puede que no atara el cabo –repuse, inseguro.

En algo fuimos afortunados: Zavala no estaba de vacaciones. Su voz, al otro lado de la línea, vaciló durante

unos segundos cuando le saludé, después de identifi-
carme. Al fin consiguió hacer memoria.

—Hombre, claro —dijo—. El que buscaba una rusa. Mira
que estoy atontado, como si hubiera tantos *picos* con
apellido de *spaghetti*.

—Vaya, inspector —protesté—. Ahora me toca ofenderme. ¿Por dónde empiezo, por el Cuerpo o por mis ante-
pasados?

—No te ofendas, que acorta la vida. Bueno, ¿y qué?
¿Disteis con ella?

—Quizá. Por eso llamo.

Le expliqué de forma sucinta lo del cadáver de Palencia y nuestra teoría. Zavala me escuchó en silencio.
Cuando terminé, oí cómo sofocaba un par de toses y a
continuación informó, con su tono apático habitual:

—No me suena nada de eso en los últimos meses. Pero
preguntaré por aquí. Alguna de esta gente está mucho
más al loro que yo de ese tipo de negocios. Yo no puedo
con las desapariciones. Me falta paciencia.

Una hora más tarde, sonó mi teléfono. Era Zavala.

—Nada —dijo—. He revisado papeles y he hablado con
los expertos. Las que más se parecen son una prostituta
de la Casa de Campo y una bailarina de un antro de la
zona centro. Las dos desaparecidas en los últimos meses. La de la Casa de Campo era alta, pero también negra zulú. Y la bailarina era rubia y polaca, pero no alzaba más de metro sesenta. Mala suerte.

—No te preocupes —respondí—. Este asunto está ga-
fado.

Después de recibir las malas noticias de Zavala, Chamorro y yo nos quedamos durante un buen rato callados delante de aquel expediente, tratando en vano de
recomponer nuestra euforia hecha añicos.

—Está bien —me rehíce—. Ha sido un espejismo vera-
niego, y una prueba de que tenemos clavada una espi-
na. Pero los adultos deben superar sus traumas. Empecemos con el cadáver de Palencia desde el principio.

94

Como si nunca hubiera existido un muerto llamado Trinidad Soler. * plunge
La rutina obligaba ahora a zambullirnos en los archivos para rastrear todas las desapariciones denunciadas en los últimos doce meses. A partir de ahí había que seleccionar aquellas que pudieran coincidir con el cuerpo que teníamos. Su estatura era una ventaja, pero chicas de veinte años desaparecían bastantes. Muchas tenían problemas con su familia y se iban de casa, sin más. Otro problema era que el archivo estaba sólo en parte informatizado: no podías estar seguro de que una búsqueda por el criterio de estatura resultara segura al cien por cien. Y mientras ibas recorriendo todas aquellas fichas, cada vez con más esfuerzo para mantener la atención, había que soportar una insidiosa incertidumbre: podías estar ante uno de los casos en los que nadie había denunciado nada. Eran una minoría, pero eran.

Ni siquiera el hecho de conseguir una candidata idónea supondría un avance decisivo. Habría que intentar la identificación; tratándose de un cadáver descompuesto, sobre todo por radiografías o arreglos dentales. Todo el mundo tiene radiografías, pero cuando hacían falta para esclarecer una muerte siempre les costaba a los allegados encontrarlas. Si es que tenía allegados. A veces podía contarse también con la ropa, pero junto al cadáver de Palencia sólo habían aparecido unas bragas blancas de algodón. Una prenda común y apenas útil a los efectos que nos interesaban.

Todas estas consideraciones, junto a una inoportuna acometida de la sórdida depresión posvacacional, pesaban en mí aquel mediodía de lunes cuando me enfrenté con Chamorro a los archivos de personas desaparecidas. La fe con que encaraba la labor no era mayor que la que tenía, pongamos, en la resurrección de la madre de Dumbo. Eso quiere decir que era poca, pero no que careciera de ella por completo. Nunca me he resig-

95

nado del todo a que no acabe llegando el día en que la elefanta vuelva con su hijito.

En todo caso, el lunes pasó entero sin que sacáramos nada.

El martes llegué a la oficina tarde, mareado por el calor y furioso por la inmoderada reducción estival del servicio de metro, sin duda decidida por gente que no lo cogía nunca. Cuando entré, vi que Chamorro ya trabajaba con el ordenador y que la impresora que tenía al lado estaba escupiendo papel.

–Joder, qué frenesí, Chamorro –exclamé–. Esta mañana, yo ya estoy derrotado antes de que empiece el combate.

Mi ayudante se volvió. Su capacidad de disimulo facial era reducida, así que no me costó advertir que algo la llenaba de júbilo. Aguardó a que saliera el último folio de la impresora y me lo trajo junto con el resto. Me entregó sin pronunciar palabra aquellos papeles y cruzó las manos a su espalda.

Empecé a leer y desde la primera línea, pese al calor y el aturdimiento, todo me sonó a música celestial. Nombre: Irina Kotova. Nacionalidad: bielorrusa. Nacida el 12 de mayo de 1977 en Vítebsk, ciudad cercana a la frontera con Rusia. Uno ochenta de estatura (aprox.). Sesenta y cinco kilogramos de peso (aprox.). Rubia muy clara. Ojos azules. Sin marcas o cicatrices conocidas. Desaparecida el 6 de abril en la Costa del Sol. Denunciada la desaparición por quien dice ser su compañero sentimental, Vassily Olekminsky, también bielorruso, de veintisiete años, el día 16 de abril. Facilita fotografía reciente y afirma desconocer las posibles razones de la desaparición...

Paladeaba aquella prosa de atestado como si fuera la poesía más excelsa. De pronto ya no sentía el calor, ni el agobio, ni la comezón reprimida de tantas semanas. Miré a Chamorro y no pude contenerme:

–Eres un sol, Virginia.

–Se lo debes a mi *austeridad mental*, como tú la llamas.

–Ni perdón ni olvido –bromeé.

–Nunca me has pedido disculpas, que yo sepa.

–Pues si hoy no me arrodillo es sólo para que no me manden al psiquiatra. Creo que los militares son todavía peores que los civiles. Telefoneamos sin pérdida de tiempo a nuestra gente de Málaga. Al cabo de un rato de rebotar de un sitio a otro llegamos a un tal teniente Gamarra, cuyo acento le denunciaba como natural de la región. Aceptó vagamente tener responsabilidad sobre el caso de la bielorrusa desaparecida.

–Casi ni me acuerdo –dijo–. Pero sí. La verdad es que cuando desaparece esta gente no nos calentamos mucho la cabeza. Van y vienen, y lo mismo los ves haciendo cualquier chapuza para comer que conduciendo un Mercedes descapotable. Cuando no se ametrallan unos a otros en alguna mansión. Hay quien está especializado en lidiar con ellos. Te hablo de los del Cesid y los del Servicio de Información. Aquí contamos con menos ingenio y poco armamento pesado, así que procuramos no rascar más de la cuenta.

Le comuniqué a Gamarra que teníamos razones para pensar que el cadáver de Irina Kotova había aparecido en Palencia.

–Vaya, es la primera vez que oigo que pasa algo en Palencia –saltó, muy sorprendido–. Eso quiere decir que existe. Ya empezaba a creer que me habían engañado en el colegio. Pero bueno, ¿estás seguro?

–Casi –respondí–. Y si le parece poco, mi teniente, creo que todavía podemos hacer otra carambola más.

Le hablé de Trinidad Soler e improvisé un rápido resumen de su caso.

–Oye, Vila –dijo, con desconfianza–. ¿No crees que estás queriendo sacarle demasiado jugo a esa osamenta?

–Si me manda la fotografía de la chica, en seguida salimos de dudas.

–Te la mando, claro, no te apures. Pero de aquí a Palencia hay un trecho.

–Cosas más raras se han visto, ya lo sabe usted. Otra cosa, mi teniente. Si no le parece a usted mal, yo creo que no estaría de más ir localizando, tan pronto como se pueda, a ese tal Vassily Olekminsky.

–¿Basilio qué?

–El novio. Le necesitaremos para identificar los restos.

–Ah, sí, claro. En seguida doy la orden. Le engancharemos. Si es que no ha desaparecido él también.

Pereira estaba de vacaciones, y por un lado no quería molestarle y por otro tenía razones supersticiosas para no hacerlo. En cuanto al juez de Guadalajara, a aquellas alturas no creía que sufriera insomnio por haber cerrado demasiado pronto el caso de Trinidad Soler. De modo que Chamorro y yo guardamos para nosotros la noticia, a la espera de recibir la fotografía.

Llegó al día siguiente. Rasgamos el sobre con un respeto casi reverencial, y de igual modo extrajimos su contenido, una instantánea de tamaño estándar en la que aparecían un hombre grande con bigote rojizo y una chica un poco más baja, con el mar al fondo. Los dos nos quedamos mirando, anonadados, la que había sido la cara de Irina Kotova.

–Parece un ángel –opinó Chamorro, con un deje de amargura.

–Sí. Un ángel caído –dije.

–Eso es lo que suele pasar con los ángeles, en este mundo.

–Vaya, Chamorro, no te me pongas tan trágica.

–No lo puedo evitar –explicó, con desaliento–. Mírala. Le quedaba toda la vida, y la habría vivido si no hubiera tenido esa cara, seguramente. Pero ahí llevaba escrita su condena. Un irresistible imán para cerdos. Lo que más me pudre es que terminen pagando el pato las pobres chicas como ella, mientras que los cerdos siguen engordando en su pocilga, tan a gusto.

–No sé. Las cosas siempre son un poco más enrevesadas. Yo apostaría que ella prefería ser como era –conjeturé.

–No lo habría pensado lo suficiente.

Durante sus primeras semanas en la unidad, Chamorro había sido objeto de ciertas murmuraciones a causa de su aspecto no muy exageradamente femenino. Se trataba de una maledicencia infundada, como tantas otras que germinan con facilidad en cualquier lugar en el que conviven más de tres personas. Pero sí era cierto que casi nunca se la veía con falda y mucho menos con los ojos resaltados o un poco de color en los labios. Yo, que en el curso de alguna de nuestras investigaciones anteriores había podido comprobar con asombro de lo que a ese respecto era capaz, sólo podía pensar que normalmente se esforzaba por pasar desapercibida. Siempre lo había achacado a una cierta pudibundez, pero al oírle decir aquello, la sobriedad de su estilo aparecía ante mis ojos bajo una nueva luz.

–En fin, tampoco las matan a todas –aduje, por animarla un poco.

–No. A otras les sacan el tuétano y cuando se les gasta las arrumban. Y luego ellas consumen el resto de sus días adorando como estúpidas sus fotos de cuando eran jóvenes, borrachas del odio que le tienen a la vida.

–Qué tremenda vienes hoy. A todo el mundo le resulta entrañable su juventud. Incluso a mí, y eso que tuve una bastante patética.

–No sabes de lo que estoy hablando, mi sargento –reprobó mi frivolidad–. Tú eres un hombre.

–Oh, Dios mío –imploré–. Tarjeta roja. Fin de la conversación.

–Tú lo dices.

–Muy bien, Chamorro. Aprendo mucho contigo, pero te recuerdo que tenemos algo a medias. El trabajo es salud. Física y también mental.

Aquella apesadumbrada charla sobre la fotografía de Irina me había hecho olvidar el optimismo con que había acudido esa mañana al tajo. Siempre he procurado sentir compasión, en el mejor sentido de la palabra, por la desdicha de las personas cuya muerte me ha tocado esclarecer. Eso implica tener presente quiénes fueron, y esforzarse, hasta donde resulta factible, por conocer y comprender la manera en que veían las cosas. También implica, muchas veces, llegar a cobrarles afecto, aunque sea necesariamente póstumo. Todo ello requiere, sin duda, una cierta contención de ánimo. Pero no era ilegítimo estar contento cuando un caso en el que habíamos desperdiciado tantos esfuerzos daba la impresión de encarrilarse. La indagación de sus muertes era el modo de llevar nuestras vidas adelante, y el de vivir es un ejercicio que requiere un mínimo de sensaciones entusiastas.

Por eso, aquella mañana decidí llevar yo el coche y le hice recorrer a buena velocidad los cien kilómetros que nos separaban del motel. Era un luminoso día de verano, la autovía estaba despejada, y aunque Chamorro iba un poco reconcentrada en el asiento del copiloto, cuando pusieron en la radio la canción del verano (una memez olvidable, como casi todas sus predecesoras) subí el volumen del aparato y la tarareé a pleno pulmón.

Fue Chamorro, que la llevaba en el bolsillo de la camisa, quien le tendió a Torija, el recepcionista, la fotografía de Irina Kotova. En los tres meses y pico que habían pasado, Torija se había dejado una barbita fina que no cumplía el presumible objetivo de conferirle un rostro aristocrático. De hecho, le asemejaba más bien a un telepredicador de Miami. Estuvo observando la fotografía durante medio minuto eterno, sin pestañear.

–No me cabe ninguna duda –certificó–. Ésta era la chica.

Capítulo 8
LANCES DEL CAPITÁN TRUENO

El teniente Gamarra, de Málaga, me llamó el miércoles a primera hora de la tarde. No sonaba excesivamente alentador.

–Ni rastro del ruso –anunció, mohíno.

–No me diga eso, mi teniente –supliqué.

–Lo peor es que no tenemos ni una sola pista sobre su paradero. Dio unas señas cuando puso la denuncia. Unos apartamentos. Cuando fuimos, ayer, hacía mes y medio que los había dejado. Puede haberse vuelto a Rusia, puede haberse mudado a Mallorca, o pueden haberle mudado al fondo de la bahía y estar sirviendo ahora mismo de pienso para los chanquetes.

–Tienen que hacer algo más –rogué–. Sin él no puedo conectar a la chica con los huesos de Palencia, y si no cierro ese lado del triángulo lo único que tengo es un batiburrillo de pistas prometedoras.

–Tranquilo, sargento, que haremos lo que podamos –se revolvió Gamarra, un poco molesto por mi tono exigente–. Pero no esperes que ponga controles en todas las carreteras. No sé si te has fijado en las fechas en que nos encontramos y en el lugar con el que estás hablando. Tenemos alguna otra cosa que hacer por aquí. Sin ir más lejos, ahora mismo es la Feria.

–Vaya por Dios –se me escapó.

–Eh, Vila. Prohibido hacer el puto chiste. A nosotros nos toca currar como negros. Los que se ponen ciegos de *pedrito* y de fino son los demás.

–No insinúo lo contrario, mi teniente.

–Lo seguiremos buscando, te lo prometo. Podéis intentar algo por vuestro lado, mientras tanto. Está la foto, ¿no? Llévasela a uno de esos expertos que tenéis allí en Madrid y que la compare con el cráneo que encontrasteis. Seguro que lo mete todo en un ordenador y te da una respuesta.

–Hasta cierto punto, mi teniente –dije, desanimado.

No era cosa de contarle, ya que hablábamos de rusas, que con esa misma técnica habían identificado sin lugar a dudas los restos de una de las hijas del zar Nicolás II, que según los últimos análisis era justo la que faltaba del lote.

–Joder, sargento, me imagino que no es la primera vez que se le tuerce un asunto –dijo Gamarra, con sus dos estrellas bien puestas en la voz–. Las ordenanzas le exigen mantener la moral incluso en los momentos de derrota.

–Sí, mi teniente. Pero tengo que encontrar a ese hombre. Si no, aunque la identifique, mi camino se acaba en esa fosa de Palencia.

–Aparte de mis pocos medios, en lo que me quepa distraerlos, todo lo que puedo ofrecerte es nuestra hospitalidad –concluyó Gamarra–. Si quieres venir tú a tratar de dar con el ruso, serás bienvenido y te apoyaremos.

–Pues no le digo que no, mi teniente.

En este punto, se imponía hablar con Pereira. Lo que me bullía en la cabeza era, claro está, reabrir el caso de Trinidad Soler. Echándole buena voluntad, la identificación de Irina Kotova por Torija era motivo más que suficiente, teniendo en cuenta que se trataba de una persona cuya desaparición, en fechas próximas a la de la muerte de Trinidad, había sido denunciada. Pero me acordaba del juez y me costaba creer que podía importunarle con mi teoría sin tener un paquete bien envuelto y resistente a cualquier objeción. La única manera de montarlo era ser capaz de sostener, sin ningún género de dudas, que la mujer que había llegado al motel con el ingeniero muerto había sido asesinada de un balazo en la nuca poco después.

Llamé al teléfono móvil de mi comandante, un acto que nunca afrontaba sin cierto temor, por razones comprensibles para cualquiera. Sonó cinco veces, y cuando dejó de hacerlo lo que inundó mi auricular no fue la voz de Pereira, sino los acordes de una zafia versión de la *Lambada*. Eso me permitió colegir que mi jefe no paraba en un selecto club náutico.

–¿Quién es? –le oí al fin gritar.

–Mi comandante. Soy Vila.

–¿Quién? ¿Cómo? ¿Vila? Espera, que me aparto de este maldito altavoz.

De fondo se oían berridos de niños y conversaciones a gritos de adultos que trataban de imponerse en diversos idiomas a los niños y al estrépito de la megafonía. Pereira debió de apartarse un buen trecho, porque cuando volvió a surgir su voz en la línea pude oírla con bastante nitidez.

–No sé si le pillo en buen momento –dudé.

–Depende de lo que entiendas por eso –repuso–. Ahora mismo estoy siendo víctima de una estafa y de varios delitos contra la salud pública en un chiringuito de Alicante. Haciendo ganas de volver a trabajar.

–Siento llamarle para abusar de esas ganas por anticipado.

Le referí los últimos acontecimientos, procurando ser breve y a la vez lo bastante exhaustivo como para convencerle. Pereira escuchó mi relato intercalando en cada pausa un marcial *uhum*. Eso me alentó. Era un signo de que estaba logrando persuadirle. Su desinterés, y en el

103

peor de los casos, su recelo, solían venir acompañados por el uso del más parco *hum*.

–Ya veo –dijo al fin–. ¿Y en qué puedo serte útil?

Era una de las astutas fórmulas oblicuas de Pereira, sutil arte que me había propuesto muchas veces, sin éxito, aprender de él.

–Quisiera que nos diera permiso a Chamorro y a mí para volar a Málaga inmediatamente –le pedí–. Hay que encontrar a ese Vassily como sea, y nuestra gente de allí me asegura que no puede darle prioridad.

–Qué bárbaro, Vila. *Volar*. Te estás volviendo muy señorito. ¿Por qué no te coges un coche y conduces un poco?

–El mío lo tengo estropeado y ningún taller me lo admite hasta septiembre. No quiero pelearme con el del parque de automóviles, mi comandante. No sé si lo necesito para un día o para diez, y eso siempre les rompe los moldes.

–¿Y cuando estéis allí?

–Trataremos de tomar algo prestado.

–Róbalo si hace falta –me ordenó–. Vamos excedidos con el presupuesto de gastos y todavía quedan cuatro largos meses por delante.

–Entonces, ¿nos da su permiso?

–Te lo doy. Una semana. Ni un día más.

–Gracias, mi comandante.

–Vila.

–¿Sí, mi comandante?

–La razón del afán con que te estás tomando esto es estrictamente profesional, y no una comezón en las tripas o algo así. ¿Me equivoco?

Al jefe hay que mentirle pocas veces, pero hacerlo con convicción.

–No, mi comandante –confirmé.

–Vale. Era sólo por estar seguro de que estábamos de acuerdo. Ya sabes que yo de las tripas me fío lo justo.

Lo sabía, y por eso me cuidaba mucho de hablarle de

conceptos tales como *intuición*, *pálpito* y demás por el estilo. Pereira era un sujeto de temperamento cartesiano, y si me apuraban, habría dicho que hasta un poco falto de imaginación. Por eso mismo, resultaba inmejorable como piedra de toque en la que probar la consistencia de un razonamiento. A fuerza de ocuparme de prever y tratar de tener resueltos de antemano sus reparos, a veces algo ramplones, pero siempre certeros, me había hecho mucho mejor policía de lo que *a priori* prometían mis precarias dotes naturales.

Una vez obtenida la autorización de Pereira, llamé a Chamorro.

–Prepara la maleta –le dije–. Nos vamos a la playa.

–¿A la playa?

–A buscar a Vassily.

–Pero... ¿No sería mejor que volviéramos a Guadalajara? –preguntó, desconcertada–. Ahora que... Yo creo que deberíamos...

–Vassily, Chamorro –insistí–. Ya iremos a Guadalajara.

Al día siguiente, a primera hora, llegamos al aeropuerto de Barajas con nuestras maletas y la intención de tomar un vuelo que presuntamente despegaba rumbo a Málaga a las ocho y media. A las nueve, aún seguíamos esperando a que se nos asignara una puerta de embarque. Chamorro, sentada a mi izquierda, ojeaba con desgana una revista del corazón. Durante un rato traté de abstraerme en las páginas que iba pasando mi ayudante, donde se daba cuenta de todas y cada una de las zambullidas y singladuras en yate que por aquellas fechas protagonizaban quienes contribuían de forma irremplazable a la erradicación del hambre y la injusticia y a la ardua conquista de un futuro mejor para la humanidad. A las nueve y veinticinco, mi mansedumbre no dio más de sí y me acerqué al mostrador de información.

–Razones operativas, es todo lo que a mí me dice la

pantalla –repetía la mujer que allí daba la cara, en mitad de un enjambre de furiosos pasajeros, o más propiamente, furiosos pasajeros frustrados.

–Sois todos unos inútiles y unos sinvergüenzas –la increpaba con desprecio un bronceado y pulido cuarentón, enfundado en un costoso polo amarillo. Me duele ver maltratar al más débil. Aún más: me altera el carácter. Es una secuela de mi afición juvenil a las leyendas heroicas del Rey Arturo y a los excesivos lances del Capitán Trueno. Me dirigí al del polo amarillo:

–Si quiere dar un escarmiento, asalte el despacho del director del aeropuerto o péguele un tiro a un piloto –le recomendé–. Pero a esta señorita la deja usted en paz. Y para empezar la trata de usted, que no es su criada.

–¿Quién es este lunático?

Saqué la cartera y le puse mi identificación debajo de la nariz.

–Señorita, ¿quiere denunciar a este individuo por injurias? –pregunté a la mujer del mostrador.

–¿Qué? ¿Cómo? –dijo, aturdida.

El del polo amarillo se había quedado paralizado, incapaz quizá de asimilar que el aparato policial naturalmente destinado al azote de *yonquis, okupas* y chorizos acabara de colocarlo a él en el punto de mira.

–No, es igual –rehusó la mujer–. Son los nervios, hay que entenderlo.

Me volví hacia el alborotador.

–Ya ha oído, señor. La señorita le perdona. Circule y aproveche para pensar en qué momento se volvió usted así. Quizá pueda enmendarse aún.

–¿Cómo se...? –se arrancó, rojo de ira.

–¿Cómo me qué? –me encaré con él. Ya que iba a tardar un poco en coger el avión, pedí a los dioses que se atreviera a hacer o decir algo, para matar el rato haciéndoselas pasar todavía más canutas. Las ideas para conseguirlo se agolpaban en mi cerebro y me asomaban a los ojos. Pero el tipo se rajó. Su única especialidad era el combate con *sparring*.

En reconocimiento a mi intervención en su auxilio, la mujer del mostrador me facilitó confidencialmente alguna información no oficial:

–Hay exceso de tráfico, huelga de celo de controladores y de los pilotos de dos compañías y huelga normal del *handling* de tres aeropuertos. Y el avión que tiene que llevarle a Málaga salió con retraso de Barcelona por avería.

–¿Me aconseja que alquile un coche?

–Espere una hora. Entonces se sabrá si el avión estará o no disponible.

Regresé junto a Chamorro.

–¿Por qué te peleabas con ese hombre? –inquirió, curiosa.

–No estoy del todo seguro. En gran parte puedes achacarlo al hecho de que le dejen ir por ahí armado con una Visa oro. Aunque las causas suelen ser más complejas. Hay quien la tiene y no por eso pierde los modales.

–¿Qué?

–Nada, Chamorro. Ha sido una especie de accidente. En fin, parece que dentro de una hora sabremos si podremos despegar.

Embarcamos sobre las once, y cuando entré en el avión ocurrió algo muy extraño. Miré hacia la cabina y durante un instante mis ojos se encontraron con los del piloto. No es que el colectivo al que pertenecía me produjera un arrobo incontenible, pero tampoco fui consciente de observarle con especial animadversión. Sin embargo, las pupilas del aviador echaron fuego y se volvió con brusquedad hacia el frente. Cinco minutos después, se presentó a la altura de mi asiento un hombre de aspecto exquisito.

–Señor. Soy el sobrecargo. Tengo que pedirle que abandone el avión.

–¿Cómo?

–Son instrucciones del comandante. Debe usted abandonar el avión.

–Aquí debe de haber un error.

–En absoluto, señor. Lo siento mucho pero tengo que insistirle. Le ayudaremos a retirar su equipaje de mano.

–No me va a ayudar a retirar nada –me planté, sin poder dar crédito a lo que estaba oyendo–. Dígale al comandante que venga él a levantarme.

Nada podía parecerme más inverosímil que ver venir al comandante hasta donde yo estaba sentado, en la hez de la clase turista, justo donde más se oía el ruido de los dos motores. Habría sido como el capitán del *Titanic* bajando a las sentinas de los emigrantes. El sobrecargo suspiró gravemente, fue hacia la zona de proa y regresó al cabo de poco más de un minuto.

–El comandante me encarga advertirle que él es la máxima autoridad a bordo. Como pasajero, según la normativa aeronáutica, debe usted cumplir sus instrucciones. En caso contrario, avisaremos a la Guardia Civil.

–Eso será estupendo –repuse–. Dígale que si me necesita para algo estaré encantado de ayudarle. Sargento Bevilacqua, de la Guardia Civil.

Saqué mi tarjeta de identificación y se la puse en la mano.

–Llévesela, con mis respetos –propuse–. Venga, hombre, llévesela, que me fío de usted. Seguro que me la devuelve.

El sobrecargo examinó detenidamente el documento. Después me lo entregó y volvió a encaminarse hacia proa. A los dos minutos vino otra vez.

–Le ruego que me disculpe, sargento –balbuceó, azorado–. Me he equivocado de persona. Sé que es intolerable. De veras que...

–Da igual. Puede pasarle a cualquiera.

Cuando el sobrecargo volvió a retirarse, ante el estupor de todos los pasajeros que iban en los asientos próximos, le susurré a Chamorro:

–Eso sí que es haber llegado a algo en la vida. Cuando la cagas tú y puedes mandar a otro para que se eche las culpas y pida perdón.

–¿Se puede saber qué te pasa hoy? –preguntó mi ayudante, atónita.

–Nada, te lo juro –me sumé a su asombro–. Son ellos quienes buscan la bronca. A mí me da demasiada pereza. Tú lo sabes mejor que nadie.

Aterrizamos por fin en Málaga, en cuyo aeropuerto nos recibió un calor sofocante y un ambiente prerrevolucionario, debido a los muchos turistas abrasados que se amontonaban con sus maletas en pasillos y salas de espera, aguardando su vuelo. Al contemplar a toda aquella gente, escarnecida y pisoteada en su supuesto tiempo de disfrute, daba la impresión de estar ante uno de esos refinados infiernos que la cotidianidad ahíta de la vieja Europa ha de organizar de vez en cuando, en expiación de sus pecados.

Después de salvar un tráfico digno de Madrid en hora punta y, a juzgar por las matrículas de los vehículos, parcialmente alimentado por los mismos conductores desconsolados, conseguimos llegar hasta el despacho del teniente Gamarra. Era un hombre flaco, de brazos muy velludos y movimientos un poco sincopados. Nos recibió con gran amabilidad.

–Bienvenidos a la Costa del Sol. Un lugar maravilloso –aseguró–, en cualquier otra época del año.

–Ya nos vamos dando cuenta –dije.

Yo tampoco me encontraba en mi mejor momento. Bajo los efectos del calor y de las absurdas experiencias del viaje, y quizá también a causa de la dispersión y la incertidumbre en que sentía envuelta nuestra investigación, notaba que mi cerebro operaba de un modo francamente defectuoso. Chamorro, en cambio, se valía de la ventaja de su juventud para mostrarse en plenitud de facultades. Por si eso fuera poco, su bronceado y su ropa veraniega de vivos colores le daban una apariencia más magnética de lo usual. Durante los primeros minutos, de hecho, ella fue lo único que vio el teniente.

–Necesitamos que nos indique por dónde empezamos a buscar, mi teniente –pedí a Gamarra, tratando de sobreponerme a mi torpor.

–Bueno –respondió, tratando de sobreponerse al suyo; y es que, si no eran del todo disparatadas ciertas teorías de correlación entre rasgos fisonómicos y temperamento que recordaba haber estudiado en alguna parte, Gamarra resultaba probable poseedor de una extrema fogosidad sexual–. Como es lógico –razonó–, querrás empezar por la zona donde dejó su último domicilio. Aquí tienes la dirección que nos dio cuando presentó la denuncia.

Me tendió un papel. En él leí un rótulo más que predecible para un complejo de apartamentos, *Vistamar*, un número de bloque, un piso y una letra y el nombre de una de tantas poblaciones de mediano tamaño que se soldaban en el farallón de cemento que había arruinado aquella costa.

–¿No dio nada más? Su profesión, o algo así –preguntó Chamorro.

–Sí –le respondió Gamarra, con una mueca tan blanda que hizo tambalearse momentáneamente mis reservas hacia la fisonomía como técnica de exploración psicológica–. Aquí dice que es o era representante.

–¿Representante de qué? –entré al quite.

–Ah, no lo pone. Representante, eso es todo.

En el semblante de Gamarra había una sonrisita sospechosa. Por un momento dudé si se debería a su embeleso ante la visión de Chamorro o a que le divertía mi sufrimiento. Puede que fuera un poco de las dos cosas, porque justo entonces el teniente se echó para atrás y dijo con aire interesante:

–Ya sé que no tienes ninguna fe en nosotros, Vila. No me molesta, no te creas. Suele pasaros a todos los que habéis nacido al norte de aquí.

Por un momento me tentó la posibilidad de sacarle de su error, pero desistí. Qué ganaba largándole a Gamarra el rollo que evitaba con otros.

–Si cree eso me juzga mal, mi teniente –me limité a observar.

–Tú sabrás. A lo que iba, sargento. Te prometí que no me quedaría parado y lo he cumplido. Puedo darte una buena noticia que no esperas.

–No irá a decirme ahora que lo han encontrado.

–Claro que no. Eso te lo habría dicho lo primero. No te voy a ahorrar el trabajo, sólo te lo voy a poner un poco más fácil. Hace menos de una semana ese tal Vassily como se llame fue visto en una discoteca de moda. Y por lo que le contaron a mi gente, ya ha dejado de esperar a su chica.

–Supongo que no me hará suplicarle que me diga cómo se llama esa discoteca, mi teniente.

–Por supuesto que no. Lo tienes escrito al otro lado del papel que acabo de darte. El nombre y la dirección.

Como a cualquiera, me fastidia quedar como un pardillo, pero tuve que reconocer que había subestimado a Gamarra. Di la vuelta al papel y leí:

–*Rasputín*. Vaya. Qué coincidencia.

–No me importa acompañaros, si queréis –sugirió, casual–. Esa zona de la costa es un laberinto. Puede que os cueste encontrar el lugar.

–No hará falta, mi teniente –saltó Chamorro–. Daremos con él.

La miré. Por su expresión, deduje que antes que llevar al teniente de guía habría preferido meterse sola en el laberinto del Minotauro.

Capítulo 9
EL POBRE GRIGORI

Nos alojamos, con ciertas dificultades, en una residencia militar cercana a la ciudad. Por aquellas fechas el establecimiento sufría una insoportable aglomeración de veraneantes, muchos de ellos jubilados, que eran quienes siempre se las arreglaban para coger las mejores habitaciones. Chamorro y yo tuvimos la suerte de que se cancelara una reserva, pero no nos quedó más remedio que compartir una pieza doble. Si eso la contrarió, se cuidó mucho de exteriorizarlo. A mí, desde luego, me contrarió una barbaridad. Como a Simeón Estilita las dulces tentaciones del Maligno. Comimos en la propia residencia, y después del café invité a Chamorro a subir y dormir una siesta, si le apetecía. Sola, por supuesto; mientras tanto, yo me daría un paseo por la residencia o me iría a tragar basura al salón de la televisión. Aceptó agradecida mi oferta y las dos horas siguientes las pasé solo, en compañía de mis pensamientos y mi modorra, con la sola interrupción de un documental muy épico y emotivo sobre el declive y destrucción de una banda de leonas en el cráter del Ngorongoro. No cabía descartar que todo estuviera trucado de principio a fin, pero la historia me pareció sencillamente perfecta. Tengo debilidad por las historias así; de hecho es lo que uno trata de desentrañar, cuando investiga un crimen. Una historia trabada, sólida, en la que todo se justifique y encaje, donde los hechos se sucedan necesariamente. Luego se encuentra lo que se encuentra, porque la vida, capaz de bordar tragedias tan hermosas como la de aquellas leonas del Ngorongoro, también resulta a veces practicante del brochazo más burdo. Chamorro bajó a buscarme a eso de las siete. Se había duchado, se había pintado y se había puesto un vestido corto. Tuve que someter a recia disciplina a mis músculos del cuello para que pudieran desoír la poderosa llamada a relajarse que sobre ellos, a través de mis ojos y de mi veleidoso cerebro, ejercían las piernas morenas de mi ayudante, inéditas hasta entonces. Pero mantener la mirada a la altura de su rostro tampoco era buena solución. Aquel verano Chamorro se había dado más mechas rubias que de costumbre, y he aquí que su pelo algo aplastado volvía a producir cierto efecto que con severo menoscabo de mi voluntad ya había conocido en otra ocasión, meses atrás. Era, me rendí a la turbadora evidencia, la viva imagen de Veronica Lake. Ya sé que Veronica era una pésima actriz, malencarada y fronteriza con el enanismo; pero ni ésos ni otros muchos sarcasmos que he podido recolectar por ahí han podido atenuar la morbosa debilidad que siento por ella. Una debilidad que el destino volvía especialmente peligrosa al depararme una ayudante que tenía el poder de provocar aquel espejismo.

–Pensé que mejor me vestía ya –explicó, ante mi cara de pasmo–. Supuse que no tardaríamos mucho en salir, y he tratado de ponerme algo que encajara con el lugar. No sé si crees que acierto.

–Sí, sí, claro.

–No te parece bien.

–Que sí, de verdad –insistí.

Chamorro se mostraba repentinamente insegura.

–Es que en cosas como ésta siempre me da la impresión de que me examinas –dijo, bajando los ojos–. Y de que nunca acabo de pasar el examen.

Estuve en un tris de confiarle lo que realmente concluía de mi examen, a saber: que yendo con ella tenía muchas más posibilidades de ser admitido en Rasputín que las que el matón que sin duda habría a la puerta me concedería yendo solo o con cualquier otra guardia que pudiera imaginar. Pero Simeón Estilita nunca se habría permitido una claudicación semejante.

–Qué ocurrencia –comenté, tratando de sonar neutro y convincente–. Anda, no le des tanta importancia. Subo a cambiarme.

Emprendimos camino media hora después. Gamarra nos había proporcionado un coche, sin lugar a dudas el que nadie quería en la comandancia: un cascajo ruidoso y maloliente al borde de la subasta de material, donde sólo pujarían por él los compradores de hierro viejo. Era una lástima llevar en él a una chica como Chamorro (yo no desentonaba particularmente), pero procuré recordar que ni ella era una chica ni yo la llevaba, sino que éramos un sargento y su subordinada y que aquél era un vehículo oficial que debía dar por bueno, en acatamiento de las restricciones presupuestarias que con su superior criterio había decidido la autoridad competente.

En la carretera nos cruzamos a la gente que volvía en masa de la playa. Cuando llegamos a la zona donde estaba nuestro objetivo, sin embargo, todavía quedaban algunos bañistas rezagados. Aparcamos nuestra cafetera en el paseo marítimo. El calor y la luz disminuían poco a poco y una brisa muy tenue empezaba a correr. Como aún era bastante pronto, le propuse a Chamorro caminar un rato al borde del mar. Estuvo de acuerdo.

Las imágenes de mi remota infancia, con el Río de la Plata al fondo, tiendo a considerarlas una especie de sueño fabuloso, del que no logro sentirme propietario. Las estampas de mi vida consciente son, más que nada, de tierra adentro. Por eso, la visión del mar siempre me

114

sobrecoge el ánimo. Sobre todo en ese instante del ocaso, cuando las olas suenan más y el aire gana de pronto volumen. Chamorro, en cambio, y aunque no lo delatara su habla, había crecido en Cádiz. Su familia todavía vivía allí, donde estaba destinado su padre, coronel de Infantería de Marina. Ya fuera por efecto de esa ascendencia o por el hábito de verlo, a ella el mar parecía dejarla indiferente. Una indiferencia que prendida a su perfil le daba un toque irresistible. El paisaje que íbamos dejando a nuestra izquierda no podía ser más convencional. Bloques y bloques, todos en colores claros, la mayoría blancos: apartamentos, hoteles, centros comerciales. Una de esas ciudades falsas que sólo muestran su verdadera alma en invierno, cuando transmiten al observador una desolación tan brutal que mejor podrían seguir disimulando. Por allí se movían los veraneantes tratando de creer con ahínco en las vacaciones, como si esos pocos días de solaz los redimieran del año laborable en su ciudad o en la tenebrosa Europa del norte. Pero los únicos que creían en las vacaciones, como en los Reyes Magos, eran los niños. Para ellos sí eran verdad, porque aún podían concebir la holganza continua, pese al intento de los adultos de quebrársela con el fastidio del colegio. La alegría de los niños era ilimitada, sin restricciones. Las caras de los demás, si se buceaba un poco, proclamaban que para muchos de ellos el ocio estival era una ficción insostenible, consumida una y otra vez en un fogonazo decepcionante.

—No puedo evitarlo —dije—. En lugares así, me deprime el verano.

—¿Por qué? —preguntó Chamorro.

—El engaño resulta demasiado visible.

—¿Qué engaño?

—Este de la felicidad en *tetrabrik*. Apilable y reciclable.

—Vaya un negativo que estás hecho. No es para tanto.

—¿A ti te gusta?

–A mí sí –asintió Chamorro, y en la mirada con que recorrió aquel paseo marítimo, tan natural como la de una niña presenciando una cabalgata, tuve la prueba hiriente de otra brecha que se abría entre los dos.

Mientras la noche iba cayendo, nos sentamos a cenar unas porquerías que nos cupieran en las dietas, lo que al nivel de precios de aquel lugar exigía descender bastante hondo en la escala culinaria. Con aquello en el estómago, hicimos una primera incursión exploratoria por los alrededores de Rasputín. El local era una construcción independiente, encalada y de aspecto moruno, a la que algún decorador con el gusto gravemente tullido había sugerido plantarle encima unas cúpulas de colores en forma de bulbo, a la usanza rusa. La palabra *Rasputín* campeaba sobre la fachada en un estridente neón fucsia, aureolado de rojo y rodeado de intermitencias amarillas.

–Madre del amor hermoso –exclamé.

–Sí que echa para atrás –me secundó Chamorro.

–Si viera esto el pobre Grigori...

–¿Quién?

–Grigori Rasputín, el dueño moral de la marca.

–¿Pobre? ¿No era un asesino, o un brujo, o algo parecido?

–Qué va. Era un hombre encantador. Servía el té a las hijas del zar, y las encandilaba con su conversación. Después de que lo mataran, ellas iban muy compungidas a ponerle flores en la tumba, por su santo.

–Te estás riendo de mí.

–No, de verdad.

–¿Y de dónde sabes tú esos detalles?

–Bueno, he leído algún libro sobre el asesinato de la familia Románov. Por puro interés criminológico. La investigación que han hecho los rusos sobre sus restos es muy instructiva, desde el punto de vista técnico...

–Qué cosas tienes –meneó la cabeza, como si me diera por imposible.

–Oye, hay quien lee libros peores –protesté–. Por ejemplo, todas esas novelas de vampiros. Y nadie les compadece.

El local tenía dos porteros, uno de tez casi negra, rapado al dos y teñido de rubio, y otro menos bronceado, con coleta. El grosor de sus brazos superaba ampliamente al de mi cabeza, y calzo un sesenta y uno de tricornio. De momento parecían muy tranquilos. Nadie entraba en el local.

–Aguardaremos a que vayan llegando –decidí–. Será más fácil verle a la entrada, si viene. ¿Trajiste la fotografía?

–Sí.

Habíamos hecho una copia ampliada de la fotografía que teníamos de Vassily Olekminsky, donde aparecía con Irina Kotova. No se le veía mal y debía bastarnos para identificarlo, en caso de que se presentara.

El desfile que a partir de entonces se desarrolló ante nuestros ojos justificó sobradamente el calificativo que a aquella discoteca le había adjudicado el teniente Gamarra. También me hizo intuir alguna razón accesoria para su sorprendente ofrecimiento a acompañarnos, aparte de su posible deseo de confraternizar con Chamorro. Salvo excepciones, que podían achacarse al descapotable en que llegaban o a alguna amistad con los dueños, los ejemplares humanos de características anatómicas corrientes eran repelidos en la misma puerta por los gorilas, sin apelación posible. Con los que pasaban habría podido sostenerse la facturación de una cadena de gimnasios.

Dejamos transcurrir un buen rato, sin que Vassily Olekminsky hiciera acto de presencia. Al filo de la medianoche, le dije a Chamorro:

–Puede que hoy no venga. Tendremos que entrar a fisgar.

–Como quieras.

–Chamorro.

–Qué.

–Échate un poco atrás los tirantes. Y saca las caderas.
–¿Y por qué no las sacas tú? –se rebotó.
–Porque no serviría de nada.
–Vale –acabó por rendirse–. Pero esto es lamentable.
–¿Y qué le vamos a hacer, si funciona?
Funcionó, al menos en parte. Chamorro atravesó como una reina por el pasillo que le abrieron los dos porteros, pero en mi pecho se plantó una manaza oscura que me hizo sentirme como Jessica Lange en el *remake* de *King Kong*. Claro que si yo hubiera sido Jessica Lange, no habría sucedido.
–Club privado –se avino a gruñir el moreno, como gran deferencia.
–Mentira –repliqué–. Ella no es socia.
–Sí lo es. Acabamos de inscribirla –informó el de la coleta, cínicamente.
Chamorro dio media vuelta y volvió a mi lado.
–Dejadle pasar. Viene conmigo –dijo, imperiosa.
–No podemos, princesa –se lamentó el de la coleta–. Órdenes del jefe.
–¿Por qué?
–Lleva ropa de hipermercado.
No lo pude evitar: abrí unos ojos como platos. Era cierto.
–Qué estupidez –reaccionó Chamorro, sin perder el aplomo–. No sabía que esto era un antro tan cateto. Ahora soy yo quien se va.
Y me tiró de la mano. Yo todavía seguía entre impresionado y avergonzado por haber sido descubierto en mis manejos ahorrativos.
–Eh, princesa –gritó King Kong.
Chamorro se volvió, con una mirada despectiva asomada a los ojos. El portero hizo oscilar su cabeza a un lado, sonriendo.
–Podéis pasar –autorizó.
–Gracias por el favor –repuso Chamorro, y tiró de mí hacia adentro.

Mientras cruzaba a su altura, le dije al de la coleta:

–Os habéis librado de un buen lío, colegas. Habría tenido que entrar por las malas. Estamos en misión oficial.

–Qué gracioso, el muñeco –apreció el matón, de buena gana.

El ambiente en el interior de Rasputín estaba bastante viciado, en todos los aspectos. Tenía un número increíble de pistas, luces cegadoras, surtidores de humo, rayos láser, *gogós* epilépticas. Detrás de la barra, en forma de bumerang, se afanaba una multitud de camareras con las costillas inferiores extirpadas. En una cabina elevada sobre la pista principal, un zombi con auriculares se agitaba como si estuviera sufriendo una electrocución.

Nos acercamos a pedir una copa. Tónica para Chamorro y whisky solo para mí. Era una elección que te permitía entablar conversación con quien te atendía. Nada muy profundo, sino cosas como *Es que el hielo lo estropea* o *Qué generoso lo pones*, porque a casi todas las camareras se les iba la mano cuando no tenían cubitos en el vaso. Valía como principio. La camarera de Rasputín, en cambio, fingió de forma muy convincente ser sorda, o lo era de veras. Por si acaso, puse toda la fuerza de mis pulmones en vociferar:

–Busco a un amigo ruso. Vassily. ¿Lo has visto por aquí?

No tuvo mayor efecto. La camarera se alejó, bailando con donaire.

Con las otras camareras con las que lo intenté, lo más que obtuve fue alguna respuesta negativa, estrictamente mímica. No parecían tener instrucciones de decir nada aparte del precio de las copas, para poder cobrarlas. A Chamorro le fue algo mejor. Logró pegar la hebra con una juncal pelirroja, adornada con una trenza que le llegaba hasta la rabadilla.

–Vienen algunos rusos, sí –le informó–. Pero no he visto todavía a ninguno esta noche. Te aseguro que se hacen notar.

Cuando Chamorro me lo contó, dudé cómo lo conseguirían, en un lugar como Rasputín. Tal vez se ayudaban con cohetes, o con unas ráfagas de Kaláshnikov. Buscamos un lugar donde sentarnos. Por lo menos nos tomaríamos lo que habíamos pedido, mientras esperábamos acontecimientos.

De pronto empezó a oírse, a un volumen atronador, una percusión que me resultó lejanamente familiar. Los concurrentes celebraron la irrupción con aplausos y gritos de júbilo, y gran parte de los que no estaban en ese momento en la pista se arrojaron a ella como participantes en una ceremonia vudú. Cuando arrancó la melodía, reconocí lo que sonaba y comprendí lo que estaba sucediendo. Era, claro, *Rasputin*, de Boney M. Algo así como el himno del local. La pieza reservada para momentos culminantes.

Aquel amasijo de ninfas siderales y sus (no siempre) apuestos acompañantes se contoneaban en pleno delirio, mientras los altavoces rugían:

> *He could preach the Bible*
> *Like a preacher,*
> *Full of ecstasy and fire,*
> *But he also was the kind of teacher*
> *Women would desire...*

–Qué exitazo –grité a Chamorro, estupefacto–. Veinte años después.

–¿Tanto? –dudó mi ayudante.

–Por lo menos. Y si ha sobrevivido hasta aquí, hay que inclinarse y descubrirse. Esto ya es un clásico, como Bach.

–Tampoco te pases.

–Desde luego. Ya quisiera el pobre Bach un recibimiento así para cualquier aria de la *Pasión según San Mateo*.

–No había otro ejemplo –me afeó–. Mira que eres hereje.

–Oye, nunca me había llamado eso una chica. Me gusta.

–Bah –espantó mi comentario con un ademán–. Ten cuidado con el whisky, que te pone un poco bobo.

No le faltaba razón, admití. Pero mientras lo mantuviera bajo control, tampoco importaba. Estaba cansado y empezaba a pensar que la noche sería infructuosa, así que nada perdía por relajarme un poco. Los danzantes rozaban ya el clímax, mientras sonaba por última vez el estribillo:

Ra, Ra, Rasputin,
Russia's biggest love machine,
And so they shot him till he was dead.

Justo en el momento en que la melodía cesó, percibí un extraño movimiento al fondo de la sala. Me fijé mejor y entonces descubrí a un grupo de tres hombres y cinco mujeres. Ellos iban vestidos con camisetas de tirantes de chillones colores metalizados. Ellas también, aunque de cintura para abajo sustituían los negros pantalones de ellos por minifaldas del mismo color. Parecían una especie de conjunto. Dos de las mujeres eran morenas y tres rubias. Ninguna bajaba de uno setenta y muchos, y por la forma en que miraban a su alrededor, su olfato debía de registrar algún tipo de pestilencia. En cuanto a ellos, los tres rondarían cómodamente los dos metros. Uno de ellos lucía un bigote de extremos puntiagudos, inconfundible.

–Bingo, Chamorro –exclamé.

–¿Eh?

–Vassily –se lo señalé, con prudencia–. Allí.

Dejamos que se acercaran hasta la barra, en la que se abrió de inmediato hueco para acogerles. También aguardamos a que se proveyeran de bebidas. La camarera que les atendió les hizo entrega de ocho vasos, una cubitera llena de hielo y una botella de vodka cubierta de una fina escarcha. Vassily se hizo cargo de la botella, que pareció aún más blanca al pasar bajo un luminoso ultravioleta. El grupo, ante el que los demás se apartaban como el Mar Rojo ante Moisés, fue a sentarse a un rincón alto y retirado.

–¿Qué hacemos? –consultó Chamorro, ansiosa.

–De momento, dejarles beber –decidí, vaciando mi vaso.

Los estuvimos vigilando a distancia. No parecían un grupo muy animado. Le tiraban al vodka y observaban el panorama como si fuera la jaula de los monos en el zoo. Al cabo de un rato, sin embargo, las dos morenas y una rubia bajaron a bailar. Se pusieron en el centro de la pista y allí siguieron ajenas a cuanto las rodeaba, aunque se chocaran a veces con los otros. Yo calculaba constantemente el nivel de la botella, y la porción de su contenido que iba a parar al estómago de Vassily. No era pequeña.

–¿Vamos a estar mirándolos toda la noche? –me urgió Chamorro.

–No.

–¿Y bien?

–Vamos a ir de frente, sin historias. Por un momento he pensado en tratar de ligarme a la rubia de la pista, a ver cómo reaccionaban. Pero creo que la chica lleva lentillas con un filtro que me hace invisible. Podrías atacarle tú a él. Pero no baila, y tampoco me parece que sea una buena idea. Le abordaremos como guardias, así que nos vendrá bien que se acabe el vodka.

–¿Tú crees?

–Aquí hay que jugársela, Chamorro.

Uno de los hombres bajó a bailar a la pista con una de las rubias que seguían en la mesa. Quedaron solos Vassily, el otro y la última rubia.

–Una oportunidad inmejorable. Vamos –le dije a mi ayudante.

Atravesamos el local y ascendimos hasta donde estaban Vassily y sus acompañantes. Desde varios metros antes de llegar a su altura se nos quedaron mirando: los hombres con una mirada borrosa, como preguntándose qué nos proponíamos yendo allí; la rubia, con una especie de tedio.

–¿Vassily Olekminsky? –interrogué, con mi voz más firme.

–¿Sí? –dijo, sin acabar de comprender. La rubia me contemplaba ahora con curiosidad, y lo mismo hacía el otro con Chamorro, aunque debí suponer que la curiosidad de la rubia tenía un cariz diferente. Como la que habría podido inspirarle un hámster alzado de pronto sobre sus patitas traseras y frunciendo el hociquillo.

–Guardia Civil –anuncié, y le exhibí a Vassily mi identificación–. Si tiene la amabilidad de atendernos, quisiéramos hacerle unas preguntas.

La rubia descruzó de golpe sus piernas kilométricas y palidísimas y se echó para atrás, con un gesto de temor. Era un triunfo mezquino y que bien mirado no me pertenecía del todo, pero me confortó.

–¿Sobre qué quieres preguntarme? –Vassily hablaba con un duro acento.

–Sobre Irina Kotova.

El semblante de Vassily se oscureció de pronto. Gasté una décima de segundo en espiar de reojo la reacción de la rubia, pero siguió igual: completamente paralizada. El otro hombre miró a Vassily, con recelo.

–No tiene nada que temer –aseguré–. Sólo queremos que nos ayude a despejar algunas dudas.

–¿La habéis encontrado? –inquirió Vassily, con una súbita angustia.

–Quizá podríamos hablar mejor en otra parte.

–¿Qué ha pasado a ella? Dime.

En su rostro había una súplica que, si era comedia, estaba más que lograda. Incluso brillaron un par de lágrimas en sus ojos, aunque a eso podía ayudarle el vodka.

En ese instante, noté una presencia a mi lado. Era una de las morenas, sudorosa tras la sesión de baile. Me escrutaba un tanto amoscada, y más allá de sus brazos perlados de gotitas vi venir a las otras tres. Pronto tuve los ojos de las cuatro clavados en mí. Bajo aquellos iris, unos claros como la niebla, otros oscuros como el mar nocturno, el insensato de mi subconsciente dio orden de meter barriga hasta colocarme al borde de la asfixia. Cuando me di cuenta aflojé al instante, maldiciéndole.

–Mejor hablamos en privado, señor Olekminsky –insistí.

Mientras nos alejábamos de allí, acompañados por Vassily, relajé aún más mi abdomen. Para una vez que se le concedía tamaño prodigio, él también merecía gozar a sus anchas de la mirada de las cinco bellezas sorprendidas.

Capítulo 10
TENÍA ALMA

Durante un buen rato, después de salir de Rasputín, mis oídos permanecieron inutilizados por un atroz zumbido. A voces, le sugerí a Vassily que fuéramos a sentarnos en una terraza del paseo marítimo, visible al fondo de la calle. Asintió con aquel aire de fatalidad y derrota que parecía haberse apoderado de su espíritu desde que le había confiado la razón de nuestro interés por él. Caminó hasta la terraza cabizbajo, sin sacarse las manos de los bolsillos. Impresionaba ver andar junto a uno, así, a semejante coloso. La camiseta de color azul metálico adquiría de pronto una ominosa apariencia de adorno grotesco, colgada de sus poderosos hombros.

Cuando estuvimos sentados, Vassily se restregó los ojos con sus manazas y alzó hacia mí una mirada implorante.

–Bueno. ¿Vas a decirme ya? –preguntó.

–Me temo que no tengo buenas noticias para usted –empecé, con precaución–. Pero antes de nada, debo advertirle que lo que le voy a contar a continuación es sólo una posibilidad. Tengo razones para creer que sea cierta. Pero no se lo puedo asegurar. Para eso le necesitamos.

–Está muerta –murmuró, con un hilo de voz.

–Podría ser. Hemos encontrado un cadáver con sus características físicas muy lejos de aquí, en Palencia. La fecha en que estima el forense que pudo ocurrir la muerte es cercana a la fecha de la desaparición de Irina.

Lo que entonces sucedió nos dejó a Chamorro y a mí de una pieza. El gigante se dobló por la mitad, enterró la cara bajo las manos y comenzó a llorar desconsoladamente. Al cabo de medio minuto de sollozos, se separó las manos del rostro y las puso ante sí, como si rogara, mientras elevaba la mirada al cielo y lanzaba un quebrado lamento en su idioma. Las lágrimas empapaban sus mejillas, sus brazos hercúleos temblaban como hojas sacudidas por el viento. No supimos qué hacer, salvo dejar que se consumiera su dolor. Al fin, entre gimoteos y suspiros, acertó a articular:

–Siempre temí esto. Ella no podía haberse ido.

–Existe la posibilidad de que no sea ella –repetí.

–Algo me dice que sí –repuso, meneando la cabeza. Y apretándose el puño contra el pecho añadió–: Algo aquí dentro.

–Ya puede imaginarse lo que queremos de usted –dije–. Necesitamos que nos ayude a identificarla.

–¿Tan mal está? –balbuceó.

Bajé los ojos, busqué las palabras.

–No va a ser fácil. Lleva mucho tiempo muerta.

–Pero... ¿Cómo murió?

–Tiene una herida de bala –respondí, sin especificar más.

–No. Me cago en la puta –estalló, y descargó sobre la mesa un puñetazo que a punto estuvo de partirla en dos.

Observé a Vassily. Pese a su estrafalaria camiseta, era sin duda lo que se suele entender por un hombre atractivo. Tenía además ese desembarazo de los tipos guapos, en la manera de moverse y gesticular, o en el modo en que de vez en cuando se pasaba las manos por los antebrazos y los bíceps. Hay quien lo hace de forma estudiada, y entonces parece un imbécil. Pero en Vassily era espontáneo y movía a simpatizar con él. También daba la impresión de ser un individuo lleno de energía. Sus lágrimas y su congoja, que no se había cuidado de reprimir o atenuar, acreditaban el ímpetu que había en su interior tanto o más que aquel puñetazo furioso. Recordé que tenía veintisiete años, casi diez menos que yo. Encontrarse a alguien así, de aquel tamaño, y calcular la década de diferencia, me producía una sensación extraña. No podía ser. En mi mente yo no era mayor que aquel hombre, así que iba a tener que esforzarme para asumir el papel que me correspondía.

–Hay algo que quisiera saber, señor Olekminsky –dije.

–Pregunta –pidió, todavía con aquel rictus de cólera.

–¿Por qué tardó diez días en denunciar la desaparición de Irina?

La ira se esfumó de sus facciones. Vassily hizo memoria.

–Se lo dije a tu compañero, cuando puse denuncia –afirmó–. Ella salía a veces por días, para cosas de trabajo. Cuando vi que no volvía, creí que podía, yo no sé bien, haberse enfadado conmigo, o algo así. Al final me pareció muy raro que no volviera y fui a poner denuncia.

–¿Era ésa la única razón?

–No entiendo.

–¿En qué trabajaba Irina? ¿En qué trabaja usted?

–Ella, bueno, yo...

Chamorro cruzó conmigo una rápida mirada.

–Está bien, señor Olekminsky –le socorrí–. Más vale que seamos claros desde el principio. Lo que nos preocupa es el cadáver: el homicidio del que creemos que pudo ser víctima su novia. Lo demás, en principio, no nos importa mucho. No voy a preguntarle otra vez a qué se dedica, ni siquiera voy a preguntarle si tiene papeles. Pero a condición de que me cuente usted todo lo que pueda interesarnos para esclarecer este crimen. Vassily me miró de frente, con sus ojos de color acero. Traté de sostener aquella mirada, aunque costaba. Tenía que hacer que se fiara de mí. No estoy seguro de ser un hombre de una pieza, pero debí estarlo de que lo sería para él. Eso exigía su mirada, y no iba a poder embaucarle.

–De acuerdo –aceptó–. ¿Qué necesitas saber?

–Por ejemplo, cuándo fue la última vez que la vio o habló con ella.

–Mismo día que desapareció. Estuve con ella hasta final de tarde. Luego yo tenía cosas que hacer y salí. Ella fue a trabajo. Me llamó desde allí hacia doce noche, más o menos. Y ésa fue última vez que hablé.

–¿Recuerda lo que le dijo ella en esa conversación?

–Que había salido buen negocio. Unos clientes de Madrid. Que tenía que marchar tres o cuatro días. Eso fue todo.

–¿Y no le extrañó?

–Ella había hecho alguna otra vez –reconoció Vassily, con aire abatido–. Con eso podía ganar mucho dinero.

Chamorro se adelantó a preguntar:

–¿Tiene alguna idea de quiénes podían ser esos clientes?

–No. Sólo sé eso, que eran de Madrid. Irina tenía varios clientes fijos de Madrid; gente importante, que pagaba muy bien. Venían por aquí en verano, o para fines de semana, y siempre llamaban a ella. A algunos conocía yo, bueno, de vista sólo. Y a otros nada de nada.

–¿Podría darnos una lista de esos clientes? –inquirí.

–No.

–La manejaríamos con absoluta discreción –le aseguré.

–No es eso, no. Todo que yo sabía de ellos era que uno se llamaba Luis, y otro Pedro y otro Javier. A veces ni siquiera tanto.

–¿Cuánto cree que pudieron ofrecerle, para que decidiera irse esos tres o cuatro días con ellos? –preguntó Chamorro.

–Es difícil calcular –dijo Vassily, encogiéndose de hombros–. Puede que un millón. Irina podía pedir como quisiera.

–Le iba bien el negocio –deduje.

–Le iba como a ninguna. No había otra como ella. Ni aquí ni en ninguna otra parte que yo he conocido.

Pensé que aquélla era una curiosa coincidencia entre Trinidad Soler e Irina Kotova. Si probábamos que los huesos de Palencia eran de ella, los dos habrían muerto en la cima de su éxito económico; cuando la vida más parecía favorecerles, en eso en lo que todo el mundo ansía ser favorecido.

–Hay otras preguntas de rutina que tenemos que hacerle –dije, con tiento–. Si alguien la había amenazado, o si alguno de sus clientes la maltrató alguna vez. En general, si cree que alguien podía querer hacerle daño.

–Habría que ser muy hijo de puta para querer hacer daño a Irina –declaró, con firmeza–. No era sólo chica más bonita de mundo. Te enamoraba de momento, con carácter tan alegre que tenía. No sé que nadie ha pegado nunca a ella, ni tengo idea de que han amenazado tampoco. Si alguno hubiera hecho algo de eso, Vassily habría ido a romperle cabeza.

Procuré sonar lo más decidido y a la vez lo más respetuoso posible cuando hube de abordar la ineludible cuestión:

–¿Y usted, cómo se llevaba con ella?

–¿Yo? –y soltó una risa desolada–. Cómo quieres que cuente eso.

–Se lo dije antes. Si no le importa, sin omitir nada que sea útil para nuestra investigación –avisé, impasible.

–Voy a contar de manera que tú entiendes seguro, sargento –prometió, convencido–. Uno como yo nunca debía haber ido a Guardia Civil. Cuando uno como yo tiene problema, lo arregla solo si puede, y si no, se jode. Pero nunca va a Guardia Civil. A mí no interesa nada hablar con sargento como tú. Ni a mí ni a negocio. Pero Vassily Olekminsky no podía soportar no saber qué había pasado a Irina. Por eso pedí ayuda.

–Pero no fue a preguntar nunca más –objeté–. Y cuando hemos querido localizarle ahora no nos ha sido nada fácil. Para empezar, se cambió de apartamento sin dejar una dirección donde encontrarle.

–No voy a explicar eso porque no importa para tu caso, sargento. Tuve que cambiarme de casa por otro asunto. Y no fui a preguntar porque ya había hecho antes locura bastante. Sólo por ella, por Irina. Te pido que pienses otra vez. Fui yo, Vassily, quien puso denuncia.

–¿Está tratando de decirme que la quería? –apunté, con frialdad.

–Noto como si haces broma con eso –advirtió–. No está bien que hagas broma. Te equivocas y mucho. Claro que quería a Irina. Quería tanto a ella que no sé qué hago todavía vivo, si me dices que ella está muerta.

–Sin embargo, no le falta compañía –insinuó Chamorro.

Vassily hizo brusco ademán de apartar algo. Al tiempo, exigió:

–No compares a Irina con esas chicas, agente. Ellas sirven para negocio, o a veces para un poco más, ya imaginas. Pero sólo eso y punto. Ésas nada más piensan en dinero y tonterías que compras con dinero. Irina no.

–¿No? –dudé.

–No. Irina tenía alma.

Es difícil juzgar a un extranjero que se enfrenta a la desventaja de no expresarse en su idioma. Pero de pronto Vassily, con su camiseta metalizada y sus brazos de granito, me parecía inocente como un cachorrillo. Claro que yo no había conocido a Irina. Quizá debía abstenerme de opinar.

–Está bien, Vassily. Necesito un lugar donde pueda localizarle, para intentar la identificación. Un lugar del que no vaya a irse –precisé.

–Ahora paro cerca, pero no sé por cuánto tiempo. Cosas cambian rápido, a veces. Mejor te doy número de teléfono móvil.

–Lo apunto si me juras que lo vas a llevar encima, y que cuando te llame vas a venir –dije, apeándole el tratamiento que ya le había mantenido el rato suficiente, sin reciprocidad, como para que se me pudiera considerar indelicado–. Si no, no tenemos más remedio que pedirte que nos acompañes.

Esta vez fui yo quien me quedé mirándole a los ojos, exigiéndole un compromiso. En condiciones normales, Vassily se habría echado a reír de la insolencia de aquel piojo_que le desafiaba. Pero aquella noche, yo era quien guardaba los huesos de Irina y quien iba a averiguar cómo habían llegado a perder su adorado envoltorio. Asumió el deber de persuadirme.

–Te juro que estaré siempre para ti, sargento –dijo, extendiendo su mano sobre el tórax–. Tú no preocupas. Quiero saber como tú quién fue hijo de puta que mató a Irina. Aunque sea última cosa que sé en vida.

Analicé sin piedad su gesto, sabiendo lo que hacía para ganarse el sustento y temiendo que sólo era una pequeña parte de lo que podía hacer. Pero la palabra de un hombre no vale menos por eso. Le creí.

–Está bien. Dame ese número. Y mientras te llamamos me vas a hacer un favor. Me buscas todas las fotografías que tengas de ella. Sobre todo las fotografías en las que esté sonriendo. Cuanto más sonría, mejor.

–Como tú mandas, sargento.

Esa noche, mientras conducía de vuelta hacia la residencia, Chamorro me recriminó mi ligereza:

–A partir de mañana, ese número está comunicando. Ya lo verás.

–No lo creo –repuse, sin muchas ganas de polémica.

De pronto, el cansancio me pesaba diez toneladas en cada párpado.

–¿Y con eso es suficiente?

–Trata de ser práctica, Chamorro –le rogué–. Por la fuerza no habríamos podido reducirle. Se habría ido, después de rompernos los morros, y vete a saber cuándo le habríamos vuelto a encontrar, suponiendo que pudiéramos. Es una apuesta, ya lo sé, pero la lotería es una apuesta mucho peor y juega todo el mundo. No soy tan gilipollas, me parece. Él puso la denuncia, eso no puedes negárselo, y si como ahora creemos su novia era tanto la mujer que llegó al motel con Trinidad como la que enterraron en Palencia, resulta muy poco probable que ese tipo la matara. Lo que yo intuyo es que por primera vez en toda esta historia damos con alguien que puede y que va a querer ayudarnos. Y si me equivoco, yo me comeré la bronca.

La noche en nuestra compartida habitación doble tuvo su aquél, debo consignarlo. Chamorro llevaba en la maleta un pijamita corto, de flores. Yo, sin suponer que iba a tener que exhibirlos, unos raídos *shorts* de boxeador. La intendencia en el servicio resultó algo embarazosa, y mentiría si dijera que dormí a pierna suelta. Pero me niego a dar más detalles.

Organizamos el reconocimiento del cadáver en el anatómico forense de Madrid. Llamé a Vassily al número que me había dejado. Cumpliendo su promesa, surgió al otro lado de la línea y consintió en desplazarse a donde le requeríamos. Llegó muy puntual a la cita, con un sobre naranja bajo el brazo y discretamente vestido, con camisa y pantalones oscuros. Lo que no resultaba nada discreto era el deportivo blanco del que se bajó. Por los kilos de insectos muertos que traía adheridos el frontal del vehículo, no había debido tardar mucho más de tres horas en llegar desde Málaga.

–Las fotos –dijo, tendiéndome el sobre.

Confieso que no acababa de estar seguro de que debiéramos enfrentarle a la visión del cadáver, pero para eso le habíamos llamado y él insistió en que se lo mostráramos. Cuando apartaron la tela que lo cubría, Vassily se quedó blanco, y por un momento temí que aquellos dos metros de hombre iban a dar en el suelo. Aguantó con entereza, no obstante, y cuando volvieron a tapar los restos y le pregunté si los reconocía, respondió, ausente:

–Puede ser, sí. Pero es tan poco lo que queda...

–Tenemos que saber si está seguro.

–Creo que... Yo... No. Seguro, no.

Quedó mudo y desanimado, como si no hubiera estado a la altura.

–Un momento. ¿Y su ropa? –preguntó, con una luz de esperanza iluminando de repente sus ojos.

–Sólo había esto –dije. Y le tendí ceremoniosamente las bragas, envueltas en la bolsa de plástico protectora. Vassily cogió la prenda, desconcertado. Luego se la acercó a los ojos y empezó a darle vueltas con ansia, tratando de estirarla a través del plástico. A todos nos chocó aquel trajín, pero nadie hizo por detenerlo. Al fin, Vassily dejó el plástico quieto y se quedó como hipnotizado. Después, levantó los ojos, se volvió hacia mí, y señalando la prenda, anunció:

–Ahora sí estoy seguro. Es ella.

Las lágrimas caían por su rostro, mientras Chamorro y yo nos inclinábamos a ver lo que estaba señalando. Era una raya vertical de unos dos centímetros de largo, bordada sobre el tejido de algodón con un fino hilo rosa. Debió de percatarse de que no entendíamos, y se apresuró a explicar:

–Irina tenía manía para eso. Marcaba toda su ropa interior. Con ese hilo rosa, y siempre en mismo sitio.

Una I. Nadie la había visto hasta entonces. Miré a Chamorro. Por su mente debía de estar pasando lo mismo que por la mía: lo mal que lo íbamos a tener para dar por identificado un cadáver por un hilo rosa en unas bragas. La cara del empleado del anatómico forense parecía apuntar en la misma dirección. Pero si no había más remedio, con eso habría que tirar. Le dimos las gracias a Vassily y le pedimos que siguiera localizable. El bielorruso parecía alucinado. Tan pronto lloraba como sonreía, porque había sido capaz de hacer su parte. Antes de subir a su deportivo, me pidió:

–Encuentra a ese hijo de puta, sargento. Y llama para decirme. Acuérdate –blandió el teléfono móvil–. Para ti estaré siempre.

Asentí, pensando todavía en los problemas que una identificación tan endeble iba a traerme. Pero me estaba precipitando. Mi barrunto de que aquel hombre iba a resucitar la investigación estaba muy cerca de cumplirse. La señal definitiva la tenía bajo mi axila, en aquel sobre naranja que había traído Vassily. La clave ya nos la había dado durante nuestra primera conversación: Irina había sido una chica muy alegre. Así se confirmó.

Gracias a ese carácter, y a la forma en que se plasmaba en aquellas fotografías, logramos tener una buena imagen de siete de sus piezas dentales, y aproximada de otras tres. Los forenses certificaron, de forma terminante, que se correspondían exactamente con las piezas que seguían bien sujetas al cráneo y la mandíbula inferior que habían aparecido en Palencia.

Cuando Chamorro y yo leímos aquel informe, tardamos en reaccionar. Al fin, mi ayudante me dio una palmada en la espalda y dijo:

–Bravo, jefe. Ha costado, pero te has salido con la tuya.

–Nos hemos, Virginia –la corregí.

–Yo me equivoqué con Vassily.

–Y yo anduve torpe con los archivos.

–Eso es verdad.

–En todo caso, volvemos al principio –advertí–, y tenemos un montón de trabajo por delante. La diferencia es que esta vez no nos la van a dar.

Pereira volvió de vacaciones el lunes siguiente. Sobre la mesa le aguardaba el expediente que Chamorro y yo habíamos preparado sobre el caso que ahora llamábamos *Trinidad Soler/Irina Kotova*. Antes de las diez, el comandante me llamó a su despacho. Me recibió con gesto serio.

–Ya tenía miedo de que sólo te apeteciera ir a la playa –dijo.

–No sé qué he podido hacer en el pasado para que tenga ese concepto de mí. Pero sea lo que sea, me arrepiento, mi comandante.

Una sonrisa de oreja a oreja se abrió en el rostro de mi jefe.

–De acuerdo. Pide lo que quieras, Vila. Hoy tienes barra libre.

–Hable usted con el juez de Palencia. Yo, si me da su permiso, me iré a ver al de Guadalajara y se lo contaré todo con pelos y señales.

–¿Algo más?

–Que nos libere a Chamorro y a mí para este asunto.

–Cuidado. Estás picado, y eso no es nada profesional.

–Me la han pegado, mi comandante. Y lo peor es que todo el rato me daba en la nariz que me la estaban pegando. Usted también estaría cabreado.

–Ahí te doy la razón. Concedido. Llamaré también a su señoría de Guadalajara para decirle que vas a ir a verle. No se nos vaya a ofender.

Ése era el tipo de cosas que a veces a mí se me escapaban, y en las que Pereira no se resbalaba nunca. Un señor magistrado podía considerar un insulto que en lugar de los jefes y oficiales se enviara a tratar con él a un mísero suboficial. A otro podía haberle escocido el comentario, pero imaginé lo que Pereira iba a contarle de mí al juez de Guadalajara.

Fuera cual fuera, la embajada de Pereira bastó para que su señoría nos diera cita a Chamorro y a mí al día siguiente de llamarle. Nos recibió en su despacho, que no era nada suntuoso y estaba atestado de autos y sumarios, algunos de ellos tirados por el piso. Todo el juzgado ofrecía parecido aspecto. Según nos había contado uno de los oficiales, mientras esperábamos, las razones eran sobre todo dos: el pésimo local, en el que llevaban provisionalmente una pila de años, y el atasco endémico de asuntos.

–Ya ven cómo estoy –dijo el juez, apenas nos hubimos sentado–. No se enfadarán si les digo que agradeceré mucho que se ciñan a los hechos.

Así lo intenté. Mientras le iba dando cuenta de nuestros descubrimientos, el juez me observaba con aquella expresión somnolienta y amarga que ya había paseado por la escena del crimen. Pero me escuchó. Al terminar mi relato, echó la cabeza hacia atrás, inspiró profundamente y opinó:

–Un trabajo impresionante, sargento. Desde luego que hay que reabrir el caso. Hablen con el fiscal y que me lo pida en seguida.

–Aparte de eso, señoría, quisiéramos solicitarle algunas diligencias –añadí.

–Muy bien –repuso el juez, un poco impaciente–. Las que quieran. Se van a hablar con el fiscal y se lo cuentan a él en detalle. No se preocupen, que todo lo que me pida, salvo que haya algún disparate, lo acordaré.

Después de eso, había poco más que decir. El juez debió de notar de pronto el desaire que su brusquedad nos producía, o tal vez sospechó algo en lo que no estaba del todo descaminado, que Chamorro y yo censurábamos la prisa que parecía tener por desentenderse de la cuestión.

–No crea que no le doy a esto la importancia que merece, sargento –aclaró, con la mirada velada por una brumosa tristeza–. Si le digo la verdad, preferiría poder meterme a fondo, y hacer lo que se supone que tengo que hacer. Pero llevo un juzgado civil y otro penal con jurisdicción en toda la provincia. ¿Ha visto usted lo grande que es Guadalajara? Pues todo lo que pase en ella puede tocarme, desde un homicidio hasta un desahucio. Todavía no he conseguido sacar del todo el atasco que me encontré al llegar. En esas condiciones, comprenderá que tengo que encomendarme a ustedes.

–Estamos a sus órdenes, señoría.

–No piense que no me importa que se sepa quién mató a esa gente –agregó, con sentimiento–. Claro que me importa. Espero con interés sus noticias. Pero no puedo recrearme. Eso es todo.

Hablamos con el fiscal, y el juez cumplió lo prometido. Tras reabrir el caso, ordenó todas las diligencias. Volvíamos a la caza con la moral alta. Ahora sabíamos que el zorro se ocultaba ahí, en algún lugar del bosque.

Capítulo 11
SUMAS Y RESTAS

Si algo tenía claro era que esta vez íbamos a tomarnos todo el tiempo que hiciera falta. En mi segunda oportunidad con Trinidad Soler, estaba dispuesto a pecar de cualquier cosa menos de apresuramiento. Las diligencias que el juez había ordenado requerían un cierto plazo para arrojar resultados, y dejamos que transcurriera antes de iniciar nuevas maniobras.

Lo que desde el principio resultó poco fructífero fue la intervención de la línea telefónica de Blanca Díez. La viuda de Trinidad sólo hablaba de forma regular con su familia más cercana y con sus clientes para las traducciones. Esporádicamente llamaron una ex vecina, una amiga de juventud y un primo lejano. Por el tono y el contenido de las conversaciones, todos ellos se limitaban a efectuar una comprobación rutinaria de la moral con que Blanca trataba de sobreponerse al trauma y a animarla a que rehiciera su vida. En cuanto a la viuda, su voz sonaba en aquellas cintas como yo la había oído por primera vez, cuatro meses atrás: clara y resuelta.

Tampoco nos ilustraron mucho, pese a su volumen y al ostentoso (e innecesario) sello que los marcaba como confidenciales, los documentos que remitieron las autoridades de seguridad nuclear en relación con los incidentes que les habían sido notificados a lo largo de la vida de la central. En gran medida eran ininteligibles para nosotros, pero lo que pudimos deducir con ayuda de un perito designado por el juez fue que ninguno de aquellos episodios había afectado al área de protección radiológica. En aquella información confidencial no había, por lo demás, nada que se apartara de lo que en su día se había hecho público y había recogido puntualmente la prensa.

Donde las redes sacaron pescado, al fin, fue en la investigación sobre la situación patrimonial de Trinidad Soler que el juez requirió a la Agencia Tributaria. En su día habíamos dado por buenas las explicaciones que tanto los jefes como la mujer de Trinidad nos habían dado para justificar su holgura económica, pero ahora que sabíamos que nos enfrentábamos a un homicidio debíamos profundizar más. Dejando aparte accidentes, casualidades y otras causas que resultan tan minoritarias como pintorescas, la gente suele matar por dos razones principales: por resentimiento y por dinero. Podría decirse que las dos razones se resumen en una: por orgullo, ya que es éste el que por lo común alimenta tanto la obcecación del resentido como la codicia del que no se conforma con la riqueza que pacíficamente posee. Pero es cierto que la mecánica del homicidio económico resulta distinta de la del pasional, y también que las víctimas de uno y otro tienden a presentar características diferenciadas. Puestos a elegir, no parecía demasiado plausible que Trinidad hubiera caído como consecuencia de un arrebato de nadie. Investigar sus bienes se convertía pues en una tarea ineludible.

La primera pista apareció en la declaración de la renta. En los últimos tres ejercicios, además de los ingresos derivados de su sueldo en la central nuclear, Trinidad declaraba honorarios profesionales y rendimientos del trabajo satisfechos por cuatro o cinco empresas de nombres crípticos, siempre rematados por las siglas S.L. No eran cantidades astronómicas, pero tampoco desdeñables. Y había una sospechosa coincidencia: en esos mismos ejercicios, los ingresos de su mujer como traductora se habían nada menos que triplicado, respecto del nivel de los años anteriores. Profundizando un poco más, pudo advertirse que entre sus supuestos clientes se encontraban algunas de las sociedades que satisfacían rendimientos a su marido.

La investigación patrimonial permitió averiguar que Trinidad y su esposa, pese a haber afrontado el cuantioso desembolso que les habría supuesto la construcción de su casa, poseían participaciones en fondos de inversión por importe de muchas decenas de millones de pesetas; todas ellas adquiridas en los últimos tres años. Habían procedido a una cuidadosa dispersión, con la que evitaban concentrar en un solo fondo cantidades que se acercaran a la mínima para tener que declarar impuesto sobre el patrimonio. Pero el conjunto de sus activos multiplicaba varias veces dicha cifra, lo que les obligaba a formular la declaración. La Agencia Tributaria confirmó que Trinidad y su esposa se habían abstenido de hacerlo, por lo que tenían una primera deuda pendiente. A ella habría que sumar la que correspondiera por la renta que sin duda habían ocultado, ya que los ingresos reconocidos no bastaban para justificar su potencia inversora. De todo ello se desprendían dos conclusiones: primera, que los números de Trinidad Soler habían dejado de cuadrar; y segunda, que el dinero lo había ganado demasiado deprisa y no había tenido el tiempo o la picardía de elaborar una estrategia inteligente de ocultación. Cualquiera medianamente avezado habría evitado ser titular directo de todos aquellos bienes, una torpeza que le exponía a ser cazado tan pronto como la inspección decidiera comprobar su situación fiscal.

Fuimos juntando los datos con paciencia y aplicación. Chamorro no protestaba apenas, pero a mí me aburría un poco aquel trabajo para contables, en el que había aprendido más o menos a desenvolverme por la única razón de su utilidad. En el fondo, preferiría creer que el crimen tiene que ver con los insondables conflictos del espíritu, antes que con sumas y restas de números sin alma. Para confesar del todo mi atraso mental, me cuesta arreglarme con las nociones, infaliblemente financieras, que esta época ha inventado para sustituir al pundonor, la lealtad y todas esas ingenuidades con que se consolaban los antiguos. Pero uno ha de hacerse a vivir donde vive, de modo que encomendé a Chamorro que se dejara caer por el Registro Mercantil para pedir una certificación de todas aquellas sociedades que habían estado engrosando la cuenta corriente de Trinidad Soler.

El empleado del Registro anunció a Chamorro que tardaría tres días en emitir las certificaciones que le había pedido. Mi ayudante, con buen criterio, renunció a acreditarse como guardia para tratar de abreviar el trámite. Nos interesaba el sigilo más que la celeridad.

Ante el compás de espera que eso nos planteaba, debatí con Chamorro acerca de nuestro siguiente paso. Se mostró de acuerdo en que, aun sin las certificaciones, teníamos material suficiente para efectuar el movimiento que llevábamos demorando desde hacía un par de semanas.

El paisaje alcarreño que aquella mañana de septiembre divisamos desde nuestro coche patrulla era bien distinto del que nos habíamos encontrado meses atrás, en el fragor de la primavera. Ahora predominaban los campos amarillos, secos y desolados tras la siega del cereal. Los cerros cubiertos de encinas y matorral sobresalían como islotes de colores rojizos y parduscos, con sus contornos delimitados por aquel mar de oro gastado por el sol. De pronto parecía una tierra árida y arrasada, en espera de la siembra y las lluvias que habían de renovar su esplendor y su vitalidad.

Había dudado si llamar a Blanca Díez para avisarla de nuestra visita. Pero al final había preferido correr el riesgo de no encontrarla, para preservar el factor sorpresa. Quería que abriera la puerta y viera el coche patrulla junto a la valla, y a los dos guardias civiles esperando al otro lado de la cancela. Y eso sólo iba a ser el principio de una sucesión de sensaciones que, si yo no me equivocaba mucho, habían de ponerla en algún aprieto.

Blanca estaba en casa, y en la cara con que se acercó a abrirnos pudimos leer que no esperaba la visita. Incluso se hizo un lío con las llaves, solventado con un esfuerzo que Chamorro y yo presenciamos sin pestañear.

–Ah, son ustedes –dijo, un poco artificiosa, mientras probaba la segunda llave en la cerradura–. No les había reconocido.

–Buenos días, señora Díez –la saludé militarmente–. Tenemos algunas novedades sobre el caso de su marido. ¿Podemos pasar?

–Sí, naturalmente –respondió, dando al fin con la llave correcta.

Volvimos a ser conducidos hasta el gran salón inundado de luz. Mientras nos sentábamos, oímos voces infantiles afuera. Blanca Díez explicó:

–Son los niños. Todavía no han terminado las vacaciones. Pero no se preocupen, están con los abuelos. ¿Qué novedades son ésas?

Blanca había conseguido rehacerse. Preguntaba por el motivo de nuestra visita como quien preguntara por el pronóstico del tiempo. Mejor. Era hora de poner a prueba aquella naturalidad tan admirable.

–Hemos encontrado a la mujer que llegó aquella noche al motel con su marido. A la rubia alta –recalqué el detalle, con maldad.

Blanca perdió visiblemente la compostura. Se quedó boquiabierta, como un pez fuera del agua.

–¿Cómo? –balbuceó al fin.

–Pues verá, eso es lo peliagudo del asunto, cómo la hemos encontrado. Muerta –revelé, sin apiadarme–. Y hay que añadir que de una forma nada natural. Con un balazo en la nuca, para ser más exactos.

La viuda tenía la mirada perdida ante sí. O le impresionaba aquella forma de morir o no había sido muy sincera cuando en el pasado nos había asegurado que no le importaba si dábamos o no con la rubia.

–¿Quién era? –preguntó, apenas con un hilo de voz.

–Puede decirse que nadie –repuse, procurando sonar desentendido y un tanto brutal–. Una puta bielorrusa de veintidós años que se llamaba Irina Kotova. La reclutaron en Málaga y luego dejaron su cadáver tirado en Palencia. Bueno, tirado no. Lo cierto es que la enterraron, aunque no lo bastante bien como para evitar que los lobos la desenterraran y se comieran una parte. Lo que ellos no quisieron es lo que hemos encontrado nosotros.

–Por favor –suplicó Blanca, llevándose una mano a la boca.

–Lo siento –mentí.

Se veía que no sabía cómo reaccionar. Uno puede estar preparado para muchas cosas, pero es más raro que lo esté para los detalles. Mi obligación, sin embargo, es fijarme en ellos, y en aquel instante me servía deliberadamente de su crudeza para tratar de pulverizar las defensas de mi oponente.

–Comprenderá, señora Díez, que a la vista de estas circunstancias el juez ha tomado la decisión de reabrir el caso de su marido. La fecha de su defunción coincide más o menos con la fecha en que murió esa mujer.

–¿Más o menos?

–No es fácil determinar con exactitud la fecha de una muerte a partir de un puñado de huesos –aclaré, recalcando a propósito la última palabra.

Blanca adoptó un aire pensativo.

–¿Y no existe la posibilidad de que esa mujer muriera por razones ajenas a su, cómo lo diría, relación con Trinidad? –inquirió, cautelosa.

–Existe, desde luego –admití, admirado por su sangre fría–. Pero la coincidencia exige que investiguemos antes de descartar la conexión.

–Es que por más que lo pienso, sargento, no puedo imaginarme quién podía querer hacerle daño a mi marido.

Me había mirado bien dentro de los ojos, para formular tan inconveniente apreciación. Aquella mujer tenía algo que me desconcertaba, porque sabía que no era una estúpida. Quizá le sucedía lo que les sucede a las personas demasiado fuertes, que acaban aficionándose al riesgo.

–Fuera quien fuera –dije, midiendo cada una de mis palabras–, debía de ser alguien bastante pudiente, si como parece se sirvió de esa mujer para tenderle una trampa a su marido. Irina era una prostituta muy cara, mucho más cara de lo que quizá sea usted capaz de suponer.

–No tengo especial interés en suponer nada al respecto –dijo, despectiva.

–En caso contrario –proseguí–, si fue su marido quien sufragó sus servicios, debía de sentirse especialmente espléndido. Según hemos podido averiguar, Irina Kotova podía llegar a cobrar un millón de pesetas, dependiendo de la intensidad y la variedad de los servicios que se le solicitaran.

Blanca Díez me observó con una mezcla de reprobación y desconfianza.

–Me pregunto por qué parece estar hoy tan empeñado en hacer observaciones de mal gusto –me recriminó, con gesto altivo–. En mi trato anterior con usted me dio la impresión de ser un hombre bastante correcto. Pero ahora he de reconocerle que se las está arreglando para arruinar la buena imagen que me había formado de la Guardia Civil.

–Lamento que piense eso –me encogí de hombros–. Ni el homicidio ni la prostitución son quizá cuestiones de buen gusto, pero no he elegido yo que sean nuestros temas de conversación con usted. Si quiere, otro día nos reunimos a hablar de ópera. Prometo ser mucho más refinado.

Sacudió la cabeza, lentamente.

–No estoy segura de entenderle demasiado bien, sargento. ¿A qué ha venido, a torturarme o algo por el estilo?

–En absoluto, señora Díez. Sólo me molesta un poco que no haya sido honesta con nosotros. Acudimos a usted con las mejores intenciones.

–¿A qué se refiere?

–Le voy a hacer una pregunta, que a lo mejor sirve para que todos salgamos de dudas. Supongamos por un momento que Irina le pidiera a su marido la mitad de su tarifa máxima, esto es, quinientas mil pesetas.

–Insisto en que no le veo la gracia a esta conversación.

–Déjeme terminar, por favor. Supongamos quinientas mil. Dudo que su marido llegara a ganar tanto en un mes. ¿Por qué cree que no le temblaría la mano antes de pagar semejante suma por un polvo?

Blanca se puso en pie.

–Creo que éste es el momento en que le exijo que salga de mi casa.

–Como quiera, señora Díez –repuse, levantándome–. Pero antes de irme, dejo que escoja. Nos cuenta usted lo que sabe del lucrativo pluriempleo de su marido o aguarda a que terminemos de averiguar por nuestra cuenta lo poco que nos falta por saber. Es mi deber advertirle que si elige la opción B nuestras relaciones van a terminar de deteriorarse.

Blanca enmudeció de repente, y por primera vez desde que nos conocíamos, en sus profundos ojos oscuros vi algo semejante a una imploración. Me costaba hacer lo que estaba haciendo, me dolía ser despiadado mientras los ojos de Juana de Arco me elevaban una súplica tan desesperanzada y llena de angustia. Pero tenía que cumplir con mi obligación, que no era con ella, aunque algún pedazo veleidoso de mi corazón tal vez lo habría preferido, sino con un hombre muerto y vejado sobre la cama de un motel.

–Por el bien de todos, señora Díez –le rogué–. Empiece a contarnos la verdad y no nos condene al mal trago de arrancársela.

La viuda se dejó caer pesadamente sobre su asiento, apoyó su brazo izquierdo sobre las rodillas y comenzó a frotarse la frente con la mano derecha. Su máscara se había desmoronado por completo.

–Ahórreme algo –pidió, con amargura–. Dígame lo que ya sabe.

Le resumí a grandes rasgos, sin darle todos los pormenores, lo que habíamos averiguado sobre sus finanzas, y la dejé sospechar, sin entrar tampoco en gran detalle, cómo lo habíamos averiguado. Blanca me escuchó algo aturdida, con la barbilla apoyada en su mano y la boca oculta tras los dedos. Cuando hube terminado mi somera relación, agregué:

–Por supuesto, nos interesa cualquier información complementaria que usted pueda facilitarnos. Pero personalmente hay un punto que quisiera que me aclarase antes de nada. ¿Por qué nos mintió?

–¿Tanto le cuesta adivinarlo? –preguntó, con una sonrisa triste.

–No me resulta nada fácil –dije, sin ocultar mi desazón.

–Tendré que afrontar la vergüenza de confesarlo, entonces. Como quizá sepa ya, mi marido no pagó todos los impuestos que debía. Bueno, el caso es que yo tampoco los pagué, ya que la mitad de todo era mía, se supone.

–¿Y eso era razón suficiente?

–Verá, sargento, ahora soy una viuda que tiene que mirar por el futuro de sus hijos. Hacienda se llevará más

146

de la mitad de ese dinero. Puede parecerle mucho, pero si piensa que mis hijos son pequeños y que tiene que durar hasta que puedan ganarse la vida, ya no le parecerá tanto.

–No puedo creer que por ahorrarse problemas con Hacienda aceptara que el homicidio de su marido quedase impune –protesté.

–Ni siquiera usted puede jurarme aquí y ahora que le mataron. Mi marido está muerto, sargento, y por mucho que haga, usted no va a resucitarle. Mis hijos están vivos. Si un barco naufraga, hay que ocuparse de salvar a los que chapotean, antes que de hacerles la autopsia a los ahogados.

Blanca, además de la aptitud para exhibir aquella lógica implacable, había recobrado la frialdad. Cualquier otro habría sucumbido, se habría entregado. La viuda de Trinidad Soler era más dura que todo eso. Y yo no acertaba a decidir si su capacidad de resistirme se debía a su inocencia o a una férrea astucia aliada a la más escalofriante ausencia de escrúpulos.

–Está bien –aparqué la discusión–. Ahora cuéntenos por favor todo lo que crea que puede tener trascendencia para nosotros.

–Tendré que ordenarme un poco –dijo, con expresión de cansancio.

–Ordénese cuanto necesite. Pero no se ordene tanto que tengamos que volver mañana o pasado a echarle en cara alguna otra falsedad –le recomendé.

–Deduzco que van a comprobar lo que les diga.

–Deduce bien. Ya no podemos fiarnos de usted.

–Está bien –aceptó–. Son las reglas del juego, supongo. De todos modos, y aun a riesgo de que eso aumente su falta de fe en mí, lo primero que tengo que decirles es que yo no estaba ni mucho menos al corriente de todas las actividades extraordinarias de mi marido. En realidad, ni siquiera puedo proporcionarles datos demasiado precisos sobre ellas.

–Entenderá que nos cueste creerla –la interrumpí–. Sabemos lo que usted facturó en los últimos tres años, presumo que por traducciones, a algunas de las empresas con las que al parecer trabajaba su marido.

–Veo que han profundizado –dijo, con resignación–. Pero no se dejen engañar por las apariencias. Mi marido procuró blanquear una parte de lo que ganaba, y yo le serví ocasionalmente a esos efectos. Todo lo que hacía era emitir las facturas al nombre, la dirección y el código que él me indicaba. Luego me transferían el importe a mi nombre y ahí acababa mi intervención. Ni siquiera sabía cuál era la razón real del pago.

–¿Nunca preguntó?

–Claro que sí. Y él me respondía que eran comisiones, pagos que no le convenía recibir directamente. No explicaba mucho más.

–¿Y a usted le parecía bien?

–Era dinero, sargento. A todo el mundo le viene bien el dinero. Si mi marido emprendía negocios que le salían bien y me pedía ayuda para cobrar de la manera más ventajosa las ganancias, yo se la daba y punto. El dinero era para los dos. Para esta casa, para nuestros hijos. No iba a ser yo quien le afeara a mi marido que no pagase el porcentaje que debía al Estado. Tampoco el Estado hizo nunca gran cosa por nosotros.

En tanto que el Estado es el que me paga el sueldo que me protege del hambre y de algunas otras adversidades, no me era posible compartir aquella filosofía. Quizá habría podido esgrimir contra su insolidario raciocinio algún otro argumento, aparte de mi propio egoísmo, pero no me pareció apropiado entrar en semejante polémica con Blanca Díez.

–De acuerdo –dije–. Su marido traía dinero y a usted le parecía bien. Pero era *mucho* dinero, y muy rápido. ¿De dónde le contaba que venía? ¿Nunca sospechó que podía estarlo ganando de alguna manera poco honrada?

–Acaba de introducir usted un concepto un poco espinoso –advirtió Blanca Díez, con una mirada maléfica que subrayaba la sutileza de su discurso, acaso imputable a la experiencia acumulada en las múltiples traducciones de tantas lenguas–. Cada cual tiene su propia idea de la honradez, y por lo que le llevo escuchado me temo que la suya es un poco más estrecha que la mía. Pero no debe creer que por eso es mejor.

–Le agradezco el consejo, señora Díez. ¿Podría decirnos cuáles eran esas actividades, según usted honradas, a las que se dedicaba su marido?

Blanca Díez tomó aire y alzando la vista al techo, explicó:

–Aunque trabajara en una central nuclear, mi marido era ingeniero de caminos. Si le parece raro, acérquese por la central y haga una encuesta, y verá que allí más de la mitad lo son. Por alguna razón, casi todos los ingenieros de caminos acaban dedicándose a hacer cualquier cosa menos carreteras, puentes y esas cosas que se supone que les enseñan a hacer en la carrera. Sin embargo, mi marido era un experto en construcción civil, y además le gustaba. Digamos que se metió en negocios que le permitieron rentabilizar considerablemente sus conocimientos desaprovechados.

–¿Qué clase de negocios?

–Obras públicas, urbanizaciones, operaciones urbanísticas en general.

–¿No podría ser un poco más explícita?

–Las empresas con las que trabajaba hacían carreteras para la Diputación y la Comunidad, y otras obras para muchos ayuntamientos. También construían chalés, bloques de viviendas, polígonos industriales, centros comerciales. Supongo que no ignora que eso mueve mucho dinero.

–Y no siempre limpio.

–Eso lo dice usted –anotó, sin arredrarse–. Y no crea que soy idiota o que no sé de qué me está hablando. Lo sé. Me habla, por ejemplo, de comprar por dos duros te-

149

rrenos rústicos que después se recalifican y pueden venderse, una vez urbanizados, por muchos millones. ¿No?

–Por ejemplo.

–¿Ah, sí? ¿Es que tienen más derecho a cobrar la plusvalía los herederos, que apenas les ofrecieron cuatro perras por los sembrados del abuelo los vendieron echando virutas? No estoy de acuerdo, sargento. El dinero debe ser para quien se las ingenia para ganarlo. Y el que lo quiera, que espabile. Como hizo mi marido, que no era un delincuente por eso.

Era la primera vez que veía a Blanca Díez defendiendo al difunto Trinidad. Desde luego, era innegable que podía hacerlo con pasión, y con una contundencia que ni siquiera renunciaba al cinismo.

–Ya –dije, sin negar ni conceder nada–. ¿Y conocía o conoce usted a quienes llevan o llevaban esas empresas?

–No. Mi marido procuraba separar la familia y el trabajo. Y yo se lo agradecía. No tenía ningún interés en tratar a esas personas.

–Lo siento, señora Díez –intervino Chamorro–, pero nos resulta un poco increíble que no conociera absolutamente a nadie. Le recuerdo que tarde o temprano averiguaremos quiénes eran los dueños de esas empresas, y que luego iremos a verlos y los interrogaremos a ellos.

Blanca Díez se tomó unos segundos para meditar lo que iba a decir.

–No crea que me asusta con eso, agente –aseveró–. Hace unos meses me quisieron sacar algo de lo que no me interesaba hablar y me lo callé. Pero hoy ya no tengo nada que proteger con mi silencio. No conozco a la gente con la que trabajaba mi marido, con una excepción. Y si antes no les di su nombre es porque no le conozco por los negocios que tuviera con mi marido, sino al revés. Fue mi marido quien lo conoció a través de mí.

–¿De quién se trata?

–De Rodrigo Egea, que no es dueño, sino gerente de algunas de esas empresas. Pero también, y antes, primo segundo mío. Para que vean que no les oculto nada, fue él quien le facilitó sus primeros contactos en el mundillo a Trinidad. Pero para saber más detalles, tendrán que acudir a él.

–¿Podría decirnos dónde encontrarle?

–Debo de tener alguna tarjeta suya por ahí. Esperen.

Blanca volvió al cabo de un minuto con la tarjeta. En ella aparecía un nombre comercial, un logotipo naranja y una dirección de Madrid.

–¿Me permite una pregunta indiscreta, señora Díez?

–A estas alturas de nuestra forzada relación, ya no creo que me queden secretos para usted, sargento –declaró, fatigada.

–¿No preguntó a su primo si alguien podía desearle algún mal a su marido? Como consecuencia de esos negocios que tenían a medias.

–Sí, le pregunté.

–¿Y?

–Me dijo lo que supongo que me diría en cualquier caso. Que en alguna ocasión habían rozado un poco la raya, pero que no la habían cruzado nunca. Que sólo eran negocios y que no se le ocurría nadie.

–Y usted se conformó con eso.

–No iba a contratar a un detective –dijo, y agregó, irónica–: Para eso le tengo a usted, ahora. Parece despejado, además de tenaz.

No era aquélla la forma en la que había previsto que terminaría la entrevista: con Blanca Díez recordándome mi obligación, entera y desafiante. Pero uno ha de aceptar con deportividad que se incumplan sus expectativas, porque en el fondo eso es lo único que le da chispa a la existencia.

–Muy bien, señora Díez –concluí–. Sólo una pregunta más, por ahora. Es algo que me intriga, lo reconozco. ¿Cuándo demonios se ocupaba su marido de sus negocios? ¿Y cómo lo hacía para que nadie se enterase?

Blanca sonrió, complacida.

–La gente sólo se entera de lo que uno quiere que se entere –repuso–. Trinidad hacía sus negocios lejos de aquí. Cuándo, quiere saber. Bueno, no tiene mucho truco. Mi marido trabajaba a turnos, y cuando necesitaba las mañanas procuraba coger el de tarde o el de noche y sacrificaba su sueño. Le aseguro que ese dinero lo sudó. Por si creía que se lo habían regalado.

–No lo dudo –dije–. Sé que tomaba pastillas.

Blanca acogió con perceptible rencor mi comentario. Pero no respondió. Poco después nos acompañó a la puerta. Antes de irnos, le advertí:

–Le ruego que esté localizable. En caso contrario, no sería nada improbable que se dictara una orden de detención contra usted.

–¿Quiere decir eso que soy sospechosa? –consultó, con aire ingenuo.

–Nos mintió –recordé–. Y ahora administra toda la fortuna de su marido. Creo que no le falta inteligencia para sacar sus propias conclusiones.

Blanca bajó los ojos. En un tono desconsolado, afirmó:

–Le comprendo, sargento. Pero se equivoca. Yo no he ganado nada con esto. Sólo he perdido, y sigo perdiendo. Algún día se dará cuenta.

Capítulo 12
LA CORBATA, SEGÚN FREUD

–¿No te has pasado un poco? –me preguntó Chamorro, tan pronto como estuvimos los dos aposentados en el interior del coche patrulla, con las puertas cerradas y el motor en marcha.

–Ya has visto que no –respondí, sin ocultar mi desánimo–. A esa mujer no se la derrumba ni a morterazos.

–Tampoco te ha ido tan mal. A lo mejor es que no había más que sacarle.

–No lo sé, Chamorro. Es verdad que nos ha dado información; para empezar, un nombre y una dirección por donde seguir. También es verdad que la otra vez pudo mentirnos para no desvelar sus pecadillos fiscales. Pero no sé si las piezas le encajan porque ahora es sincera o porque tiene la maldita habilidad de reconstruir su puzzle según se lo movemos.

–Creo que tardaremos un poco en resolver esa duda –vaticinó mi ayudante.

–Ya me fastidia. Si cometiera alguna imprudencia... Qué sé yo, esfumarse, o llamar ahora mismo a su primo.

Chamorro sonrió con una malicia infrecuente en ella.

–Si es inocente, no hará ninguna de las dos cosas –calculó–. Y si es una bruja taimada, tampoco. Acéptalo, vamos a tener que sudar un poco más. Tampoco es tan vergonzoso que una mujer te supere. De momento.

–Ésa es una observación un poquito ruin, Virginia –me quejé–. Por no mencionar el hecho de que también es a ti a quien está burlando. Ya sé que todos los hombres somos unos cabrones y que siempre os hemos tenido explotadas y etcétera, pero yo me plancho mis camisas y además soy tu sargento. Así que confío en que en esto estés de mi lado, y no del suyo.

–Absolutamente, mi sargento –aseguró Chamorro.

–Por cierto, te sonará ese tal Rodrigo, espero.

–Sí –contestó Chamorro, con la presteza de una buena alumna–. Debe de ser el mismo que la llamó hace seis o siete días.

–Pues ya sabes lo primero que nos toca. Revisar palabra por palabra la transcripción de la cinta, a ver si encontramos algo que dé tufo.

Hicimos el ejercicio, sin gran provecho. La conversación entre Blanca y su primo era un modelo de charla banal, en la que ambos exhibían una cortesía desganada y hasta un poco distante. Cualquiera que sólo tuviera aquella grabación para juzgar podía llegar a la conclusión de que la relación entre ambos era más protocolaria que de parentesco. Tampoco se produjo ninguna llamada de Blanca a Egea en las horas siguientes a nuestra visita, ni la discreta vigilancia a que la gente de Marchena sometía a la viuda registró indicio alguno de que se dispusiera a abandonar su residencia. En esas circunstancias, y sin tener aún novedades del Registro, todo lo que podíamos hacer era ir a interrogar al primo. Le visitamos a la mañana siguiente.

Rodrigo Egea tenía su oficina en un moderno edificio del madrileño remedo de Manhattan que algún bromista o desaprensivo dio en autorizar que se levantara a la izquierda de la Castellana. Siempre que pasaba por allí sacaba una desalentadora sensación. Las torres formaban un marasmo inconexo, y el espacio que abarcaban reproducía toda la inhumanidad de una ciudad de rascacielos sin alcanzar ni un ápice de su posible belleza. Si a eso se unía que entre la gente normal solía circular por allí cierto ganado inquietante (personas mustias de tez amarillenta o, en el otro extremo, optimistas hueros con bronceados fulgurantes y excesivos), la zona no podía resultar menos atractiva para ir en busca de esparcimiento.

En cualquier caso, lo que aquella mañana nos llevaba allí no era diversión, sino trabajo, y aunque no íbamos de uniforme (habría llamado demasiado la atención en un edificio lleno de gente respetable), procuré sonar lo más oficial posible cuando me dirigí a la recepcionista y anuncié:

–Soy el sargento Bevilacqua, de la Guardia Civil. Quisiéramos hablar con el señor Egea, si puede recibirnos.

–¿El sargento qué?

–Bevilacqua –casi deletreé–. Con be, uve y ce qu antes de la u.

–¿El motivo por el que quiere hablar con el señor Egea?

–Es una investigación reservada, señorita –repelí su curiosidad.

Al cabo de unos minutos y de otra señorita, igualmente curiosa e igualmente repelida, nos encontramos frente a Rodrigo Egea. No es algo de lo que me enorgullezca, porque infringe mi deber de imparcialidad, pero he de confesar que aquel individuo me desagradó profundamente al primer vistazo. Llevaba una de esas camisas de rayas azules con el cuello y los puños blancos, aparatosos gemelos de oro y una corbata cuya marca, que se esforzaba en dejar a la vista, permitía tasarla en una buena fortuna. También llevaba el pelo demasiado largo, con las greñas pegadas a la nuca con fijador. Algo que nunca me ha costado de ser militar es llevar el pelo corto. Salvo por razones profesionales, como las que tiene el bajista de Iron Maiden o cualquier actor que interprete a Jesucristo o a Sansón, mi sentido de la higiene desaprueba la melena varonil. Alguna vez que me he tenido que dejar el pelo largo, para pasar por quinqui, he corrido a rapármelo en cuanto se acabó la necesidad del incógnito. Admito que se trata de un prejuicio arbitrario, pero sin duda influyó para que Egea me disgustara. A veces son estas cosas nimias las que tuercen el juicio que uno se hace de alguien.

–Buenos días –nos saludó Egea, mostrando un gran entusiasmo vital–. Pasen, por favor. Me tienen en ascuas. Es la primera vez que viene a verme la Guardia Civil. ¿Acaso he hecho algo malo?

Si me pudren los pijos, los ostentosos y los hombres con pelo largo, no es menos lo que me exasperan los tipos que hablan demasiado y demasiado pronto. Hice un gran esfuerzo mental para no responder sobre la marcha a la pregunta de Egea. En su lugar, una vez que su secretaria hubo cerrado la puerta, le ametrallé con una escueta presentación:

–Ésta es la guardia Chamorro. Los dos trabajamos en homicidios y estamos investigando la muerte de Trinidad Soler.

–Ah –dijo Egea, pero no me pareció que le descolocara lo bastante.

–Según nuestras informaciones, el señor Soler era su socio en algunos negocios inmobiliarios. Si es tan amable, querríamos hacerle unas preguntas.

Rodrigo Egea pareció perder el hilo durante una décima de segundo. Al punto lo recobró, se irguió sobre su sillón de cuero y respondió:

–Bueno, eso no es del todo exacto. Socio, lo que se dice socio, no lo era. Colaboró con nosotros en algunas promociones, eso sí.

–Entiendo. ¿Le importa a usted atendernos, entonces? –pregunté, con mi tono más comedido, para poner a prueba su temple.

Rodrigo Egea volvió a quedarse en blanco.

–No, no, en absoluto –se rehízo, con un respingo–. ¿Qué quieren saber?

–Pues verá, señor Egea, sospecho que es usted un hombre ocupado –dije–, y nosotros también tenemos otros asuntos que atender esta mañana, así que si no tiene inconveniente me ahorro los preámbulos y voy directo al grano. ¿Tiene usted conocimiento, en particular, de algún motivo por el que alguien pudiera desear asesinar a Trinidad Soler?

Egea me miró con una especie de espanto.

–Vaya –repuso–. Desde luego nadie les acusará de perder el tiempo. ¿Eso es lo que creen, que le asesinaron?

–¿Qué cree usted? –le devolví la pregunta.

–Dios, y yo qué sé –alzó las manos–. Creí que el caso estaba archivado. Que había sido un ataque al corazón, una desgracia. Por culpa de una emoción demasiado fuerte, ya me entiende.

–Ajá. Que usted supiera, ¿solía el señor Soler salir con prostitutas?

–Menuda pregunta. Hice algunos negocios con él, sargento. No me iba con él de juerga ni nada por el estilo.

–¿Diría que el difunto era un juerguista? –sondeó Chamorro, algo monjil.

–Pues no, no lo diría –replicó Egea, mirando fijamente a mi ayudante.

–Está bien, señor Egea –dije–. Vamos a ir más despacio, y empezaremos por el principio. ¿Desde cuando tenía negocios con el señor Soler?

–Hará unos tres años, cuatro quizá –hizo memoria Egea–. Trinidad estaba casado con una prima segunda mía. No es que tuviéramos una gran relación, pero nos veíamos de vez en cuando. Más que nada en entierros y bodas, ya sabe, las ocasiones en que se encuentran los parientes lejanos. Un verano coincidimos durante las vacaciones y empezamos a hablar del asunto. Él era in-

157

geniero de caminos, y bastante bueno. Le hablé de las oportunidades que había y le interesó. Empezó poco a poco, asesorando, firmando proyectos. Luego se fue metiendo más. Hicimos algunas cosas juntos, con las sociedades que yo gestiono, y de ahí pasó a trabajar también con otras empresas. Trinidad no sólo era competente, sino una bestia para el trabajo. Impresionaba la cantidad de cosas que podía echarse a la espalda.

–¿Puede contarnos un poco más en concreto qué hizo usted con él?

Egea se encogió de hombros.

–No sé si el detalle tiene mucho interés para ustedes. Un par de urbanizaciones en Guadalajara, un polígono en las afueras de Madrid. Una carretera comarcal para la Diputación, también en Guadalajara. Cosas así.

–¿Y ganaron mucho dinero?

–No les enviará Hacienda, ¿no? –consultó, buscando complicidad.

–No –contesté, negándosela.

–En fin, sargento, los negocios se emprenden para ganar dinero. Y Trinidad valía y yo también valgo. No nos fue mal.

–Y a quienes trataron con ustedes, ¿tampoco les fue mal?

Egea me miró aviesamente, como para dar a entender que no se le escapaba la intención de mi pregunta. Después, sin titubear, dijo:

–Tampoco. El secreto de los buenos negocios es que todos ganen.

–Todos salvo el fisco, claro.

–Eh, me acaba de decir que no vienen de parte de Hacienda –recordó–. Si les mandan ellos, tendré que remitirles a mi asesor fiscal.

–Hacienda tiene sus medios para proteger sus intereses, señor Egea –aclaré–. Nosotros tenemos nuestros propios problemas. Lo que nos importa es si sólo se ahorraron impuestos o si distrajeron dinero de alguien más.

En el rostro de Egea apareció una expresión grave.

–Bueno, bueno, ésas son palabras muy feas, sargento –juzgó, con suficiencia–. Si tiene algo que imputarme, le ruego que lo haga, y a partir de ahí me negaré a contestar cualquier pregunta en ausencia de mi abogado.

–No le estoy imputando nada, ni lo haré salvo que aparezcan motivos. Sólo le pregunto, y usted puede responderme lo que quiera. Si en algo se siente imputado, me miente y en paz. Está en su derecho.

–Ya lo sé, sargento. Estudié Derecho, entre otras cosas –se jactó–. Pero no hay ninguna razón para que discuta con usted, ni tampoco para mentirle. Nunca le quitamos nada a nadie. Puede que otros quisieran ganar el dinero que ganamos, pero si lo hicimos nosotros fue porque anduvimos más vivos. La libre competencia, que se llama. El cimiento de nuestra sociedad.

Egea parecía poseer el don de levantarme el estómago. Sólo faltaba, para que terminara de aborrecerle, la desfachatez con que aludía a aquella pamema. Por mi parte, desisto de creer en la libre competencia hasta el día en que los niños de Liberia puedan aspirar a viajar a Disneylandia, en lugar de tener que defender su vida con un M-16. Pero Egea recibía por la parte ancha del embudo, y seguramente le gustaba pensar que lo merecía.

–De acuerdo, señor Egea –dije, tras respirar hondo–, no insistiré más en esa cuestión. Me gustaría saber, si lo recuerda, cuáles fueron sus últimas colaboraciones. Pongamos en el último año.

Egea arrugó la frente y alzó la vista al techo.

–Si le digo la verdad, no muchas, en el campo inmobiliario –respondió–. Se va a reír. Sobre todo, anduvimos dedicados a los concursos de basuras.

–¿Concursos de basuras?

–De los ayuntamientos. Pagan un buen canon por la recogida. Se compran unos pocos camiones, se contrata gente barata y se recicla lo útil. A nada que haya un mínimo de toneladas, las cuentas pueden salir muy bien.

–Ya veo –dije, procurando hacer como que no había oído lo de la *gente barata*–. ¿Y qué aportaba en eso el señor Soler?

–Su buena cabeza. Y su virtuosismo para preparar ofertas. A los de los ayuntamientos los dejaba literalmente deslumbrados. Ganábamos los concursos de calle. Bueno, casi todos. A veces el pescado está vendido, ya sabe.

–No, no sé –repuse, sin poder aguantarme.

Egea me observó con una sonrisita sardónica.

–Pues nada, que a veces el concejal es amigo de alguien –explicó–, o le acaban de hacer un chalé en la sierra.

–Ustedes no hacían chalés a nadie –aventuré, en tono inocente.

La sonrisa de Egea se ensanchó por completo.

–Me niego a contestar esa pregunta. Es decir, no.

Para mi gusto, Egea se había relajado demasiado en el curso de la conversación. Era un signo evidente de que nos habíamos desviado a su terreno, donde se sentía sobrado y en posesión de una capacidad dialéctica superior. Tal vez la tuviera, aunque yo no fuera libre de expresar mis pensamientos. En cualquier caso, debía regresar a donde pudiera apretarle.

–Muy bien, señor Egea. Creo que con esto nos hacemos una idea del tipo de actividades a que se dedicaban usted y el señor Soler.

–Lo dice como si se tratara de pornografía infantil –observó, con dudoso humorismo–. Son actividades que contribuyen al bienestar de la comunidad, y en las que se obtiene un legítimo beneficio.

–No lo discuto. Lo que me preocupa, y quizá me hace parecer un poco más desabrido de lo que yo querría –me excusé, con fingida contrición–, es que alguien ha muerto en circunstancias poco claras. Y para serle completamente sincero, sólo en el mundo en que se movía con usted acierto a atisbar razones para que le matasen.

160

El resto de su vida, su trabajo, su familia, era completamente anodino –mentí, pensando en Blanca.

–No negaré que los negocios son emocionantes, a veces –declaró Egea, con notorio placer–, pero tampoco crea que son como en las películas. Sobre todo se trata de trabajar muchas horas al día y de andar atento.

–Escúcheme con atención, señor Egea –dije, buscándole los ojos–, porque le voy a repetir la pregunta que le hice al principio. Sólo una vez, y le aconsejo que medite la respuesta. En el Código Penal, un homicidio es algo mucho más serio que un soborno a un concejal de pueblo. Espero que sea consciente de hasta qué punto puede comprometerle su respuesta.

–¿Trata de impresionarme? –se revolvió, un poco indeciso.

–No. Sólo trato de darle una oportunidad de que recuerde si Trinidad Soler, que usted sepa, pudo ganarse algún enemigo con sus negocios.

Rodrigo Egea tardó esta vez más que nunca en responder. Al menos había conseguido hacerle perder el desparpajo.

–Si me lo pregunta así, blandiendo el Código Penal y poniéndome en la cabeza la pistola de estar encubriendo algo que desconozco –dijo, como quien hablara a un histérico–, me viene a la memoria algo que sucedió el año pasado. Yo no le daría mayor importancia, pero me curaré en salud.

–Adelante –invité.

–Fue precisamente en la apertura de ofertas de uno de los concursos de basuras. Un pueblo de mediano tamaño, un pastel apetecible. Lo ganamos y a alguien no le sentó bien. Era el cuarto o el quinto concurso que le ganábamos. Tanto él como Trinidad estaban en el acto. Tuvieron una discusión un poco violenta. El otro llegó a zarandear a Trinidad y le insultó con malos modos. Según me contaron, también le amenazó.

–¿Qué clase de amenaza?

–No estoy muy seguro. *Vas a desear no haberte llevado esta mierda*, o algo similar. Desde luego, no creo que le dijera que iba a matarlo.

–¿Y qué pasó después?

–Nada. Que seguimos compitiendo por otras concesiones. Y que unas las ganamos y otras las ganó él. Sólo fue un episodio desagradable.

–En todo caso, le estaríamos muy reconocidos si nos proporcionara el nombre del pueblo y el de ese competidor.

–El pueblo ahora me baila, dudo entre dos. Si me deja comprobar mis archivos, se lo confirmo. El competidor es alguien muy conocido en ése y otros negocios, especialmente en la zona de Guadalajara: Críspulo Ochaita. Prohibido reírse de su nombre –bromeó–. Le pone a cien.

–No solemos reírnos del nombre de nadie –dije, mientras lo apuntaba.

No me quedaba mucho que preguntarle a Egea, y ardía en deseos de perderle de vista. Pero aún me exigí un último esfuerzo.

–Antes dijo que Trinidad trabajaba con otras empresas, aparte de las que usted lleva. Supongo que podrá darnos razón de alguna.

–Sí. La mayoría pertenecen a mi jefe, el dueño de todo esto. Por si les había dado otra impresión –dijo, con una humildad súbita y que apenas le iba con la corbata–, yo sólo soy un empleado. Alquilo mi cerebro a quien tiene la pasta, y a cambio recibo una pequeña parte.

Si trataba de darme lástima, perdía su tiempo. Secamente, inquirí:

–¿Y quién es su jefe?

Egea disfrutó de la expectación que acababa de crear.

–Todo un personaje –afirmó–. León Zaldívar. Quizá le suena.

–No –confesé.

–Rico hasta aburrirse –dijo, con orgullo–. Tiene inmo-

biliarias, constructoras, canteras, supermercados, gaso-
lineras, concesiones de agua y de electricidad. Para empezar. Yo le llevo lo de las basuras y una parte del negocio inmobiliario. El resto apenas lo imagino, y tampoco
me esmero mucho. Uno sólo debe meterse dónde le llaman, y siempre con cuidado.

–¿Y qué hizo el señor Soler para él?

–Ya les he dicho bastante –se replegó Egea–. Si quieren saber más, se van a verle y se lo preguntan directamente.

Me sorprendió el comportamiento de Egea. Siempre
creí que los millonarios pagaban a sus ejecutores para
que les mantuvieran alejados de los problemas, no para
que se los remitieran, desentendiéndose de ellos. Aun
sin conocerle, no creía que aquel Zaldívar fuera a felici-
tar a Egea por haberle mandado a una pareja de guardias en investigación de un homicidio. De todos modos,
lo último que me preocupaba en aquel momento era
comprender la psicología de aquel fantoche. Ya trataría
de sacar conclusiones.

Egea nos acompañó hasta la puerta misma de su oficina. Allí nos despidió con un apretón de manos desafo-
rado, esa fastidiosa gimnasia que practican tantos inci-
viles que no respetan la tibieza o la desidia de los
demás. Para terminar, se ofreció con una amabilidad
también exagerada:

–Si necesitan otra vez de mí, ya saben dónde me tienen a su disposición.

–Gracias. Es posible que volvamos –dije.

–Si fue un asesinato, espero que cojan al responsable
–aseveró, solemne–. Trinidad era un hombre incapaz de
hacer daño a una mosca. Sería muy injusto que alguien
hubiera tenido la crueldad de matarle de esa manera.

–El asesinato siempre es injusto –opiné.

–Desde luego –asintió Egea, súbitamente cariaconte-
cido.

Cuando salimos a la calle aspiré el aire contaminado

163

de Madrid con toda la fuerza de mis pulmones. Notaba que me faltaba el oxígeno. Sin poder contenerme más, solté la mala sangre que había estado acumulando:

—La madre que lo parió.

—Un encanto, desde luego —me apoyó Chamorro.

—También tú podías haber metido más baza. Me he tenido que comer el marrón yo solo —la reprendí.

—No lo pagues conmigo —protestó—. Creí que querías llevarlo tú.

—Está bien. Tratemos de ser constructivos. ¿Qué te parece?

Chamorro alzó la barbilla y se mordió el labio inferior.

—Tan indeseable como para suponer lo peor de él.

—Ya. Pero, ¿qué supones tú?

—Que un culpable sería menos descuidado —dijo—. Largaría menos, procuraría dar mejor imagen, no sería tan impertinente.

—Coincidimos, en parte.

—¿Sí? ¿Qué te parece a ti?

De pronto me acordé de algo. Después de todo el rato que llevaba refrenando la lengua, me apeteció soltarla. No me privé.

—Pues en primer lugar, me parece que está descontento con su pene.

—¿Con qué? —preguntó Chamorro, desorientada.

—Con su pene. No sé si te has fijado en cómo Egea juguetea todo el rato con la corbata, enseñando siempre que puede la marca tan cara que gasta. Es una de esas teorías extravagantes de Freud. A veces tienen su gracia, hay que admitirlo. La corbata, según Freud, es un símbolo del pene. Los hombres muy aficionados a ellas valoran en su variedad o en su calidad todo lo que en su pene echan a faltar. Un hombre sólo puede tener el pene que tiene, pero puede ponerse un número ilimitado de corbatas. Con lo que emula el grosor, la forma o la longitud que su otro pinganillo no alcanza.

–¿Y ésas eran las cosas que os enseñaban en la facultad? –interrogó Chamorro, sobreponiéndose al embarazo que le causaba la materia.

–Bueno, no siempre. Pero sí.

–No me extraña que te pasaras dos años en el paro.

–Me resulta difícil rebatirte eso –dije, juzgando inelegante mencionar en aquel contexto su debilidad por la astronomía–. Volviendo a lo que nos ocupa, creo que algo bueno tiene haber conocido a Egea.

–¿El qué?

–Ahora estamos en un camino que lleva a alguna parte, no cabe duda. Aquí, en el delicioso y edificante mundo de Egea y sus compadres, pueden vivir quienes fueron a Málaga a contratar los servicios de Irina Kotova. Y de paso, hemos descubierto al otro Trinidad, a alguien a quien nadie conocía allí donde habíamos estado mirando antes. Incluso más, juraría que hacía por esconderse. Me estoy acordando ahora de algo que nos contó Dávila, el jefe de operación de la central nuclear: que Trinidad era bueno, pero no demasiado brillante; *ningún supermán*, llegó a decir. Si te fijas, el Trinidad Soler del que acaba de hablarnos este Egea era todo lo contrario.

–Cierto –apreció Chamorro.

–Es como si de pronto se le hubieran ofrecido las oportunidades que antes no había tenido, y como si las hubiera peleado con una especie de rabia.

–Quizá estaba aburrido de su empleo –conjeturó mi ayudante–. Seguro, bien pagado, pero insuficiente para sus ambiciones.

–Hasta ahora no hemos hecho muy bien nuestro trabajo, Virginia –reconocí–. Casi no sabemos quién y cómo era el hombre cuya muerte tratamos de esclarecer. Nos ha engañado, como engañó a los demás.

–Bueno, como dices, ahora estamos en el camino.

–Lo malo –constaté, repasando mis notas– es que el camino tiene bifurcaciones. Egea, Ochaita, Zaldívar... Y sólo hemos empezado a escarbar.

Al día siguiente, Chamorro trajo una gruesa pila de documentos del Registro Mercantil. En los papeles de aquellas opacas sociedades aparecían como socios los nombres de otras sociedades no menos opacas, algunas de ellas gibraltareñas, panameñas o de Liechtenstein. Pero los administradores y apoderados eran personas y entre los nombres para nosotros desconocidos encontramos otros que no lo eran: León Zaldívar, en una sola ocasión; Rodrigo Egea, que aparecía una y otra vez; Trinidad Soler, siete nombramientos en los últimos dos años. Ordenamos como pudimos aquella telaraña, en la que había participaciones cruzadas y también circulares, esto es, sociedades que eran socios de sus socios. Acabamos la jornada con dolor de cabeza y con la sensación de tener por delante una tarea inabarcable.

Cuando Chamorro se fue, volví al expediente y recuperé la fotografía de Trinidad Soler, aquel muerto al que no conocía. Miré sus ojos, su sonrisa tenue y siempre benevolente. Y me forcé a recordar que él era el perdedor de la historia, y que por eso, pese a todo, yo debía seguir de su lado.

Capítulo 13
EL TOCAYO DE TOLSTÓI

Durante aproximadamente una semana, estuvimos recolectando aquí y allá diversa información sobre las pistas que se desprendían del interrogatorio de Rodrigo Egea y de la documentación que habíamos obtenido en el Registro Mercantil. En primer lugar, nos ocupamos de contrastar el incidente que Egea nos había relatado entre Trinidad y aquel tal Críspulo Ochaita. Para ello pedimos ayuda al puesto del pueblo donde habían sucedido los hechos. Nuestra gente no necesitó hacer ninguna indagación. El altercado, según nos contó el brigada que estaba al frente del puesto, había sido la comidilla del pueblo durante semanas. Al parecer, aquel Ochaita, un hombretón corpulento y, conforme había demostrado, con cierta propensión a la violencia, había sacudido como un pelele a Trinidad, de complexión más bien delgada y menor estatura. Había sido necesaria la intervención de media plantilla de la policía municipal para separarlos, y numerosos testigos respaldaban que Ochaita había proferido graves amenazas contra Trinidad. Pero nadie había presentado denuncia y el asunto había quedado en una anécdota un poco agitada para los anales del pueblo. La empresa a la que Trinidad representaba en aquel concurso seguía explotando pacíficamente y a plena satisfacción de la población la concesión de la recogida de basuras.

Sobre la trama empresarial de León Zaldívar, para quien Trinidad había estado trabajando, pedimos orientación a un par de expertos en delincuencia económica. Uno de ellos nos remitió al teniente Valenzuela, que cumplía funciones de enlace con la Fiscalía Anticorrupción. El teniente, un atildado oficial de academia de veintiocho o veintinueve años, nos recibió en su despacho impoluto, como sus zapatos diariamente lustrados con betún.

–¿León Zaldívar? –dijo, con gesto adusto–. Menudo pájaro.

–¿Por qué? ¿Qué hay contra él?

El teniente Valenzuela me observó con cierto recelo. Tal vez no me juzgaba merecedor de compartir la información que poseía sobre Zaldívar, o tal vez echaba de menos el *mi teniente* al final de la pregunta que le había formulado. A algunos oficiales de academia les excitan esas cosas.

–De momento, nada –dijo, tras un carraspeo quizá absolutorio–. Quiero decir que algunos tenemos la convicción de que está pringado en más de un asunto, pero ninguna prueba concluyente. Tiene abiertos varios procesos, algunos desde hace años. Diligencias interminables, recursos y más recursos, montañas de papel, pruebas periciales, humo que se va cubriendo de polvo en las estanterías de los juzgados correspondientes.

Me impresionó aquella metáfora casi conceptista de Valenzuela. Su tupé un poco rojizo estaba demasiado bien peinado, y siempre me cuesta prever que un hombre demasiado bien peinado pueda ser ingenioso.

–¿Y qué tipo de asuntos son ésos que se le investigan, mi teniente?

–Cohechos, estafas, delitos contra la Hacienda Pública. También tiene algunas denuncias por coacciones y otro par de causas exóticas.

168

–¿Causas exóticas?

–Injurias y calumnias. Es dueño de varios periódicos –el teniente recordó un par de nombres–. Los usa a discreción contra quienes se le atraviesan.

Valenzuela no era un tipo locuaz. Tampoco parecía demasiado inclinado a darme pormenores, y los pormenores eran lo que yo necesitaba. Comprendí que tendría que intentar implicarle en nuestra guerra.

–Verá, mi teniente –le confié–, si nos interesamos por León Zaldívar es porque alguien que trabajaba para él apareció muerto hace algo más de cuatro meses. Y tenemos buenas razones para pensar que fue un homicidio.

–¿Cómo se llamaba el muerto? –preguntó el teniente, con curiosidad.

–Trinidad Soler.

Valenzuela meneó la cabeza.

–No me suena –dijo–. Desde luego no consta en ninguno de los sumarios que están abiertos, salvo que me falle ahora la memoria.

–Y un tal Rodrigo Egea, mi teniente, ¿le suena?

–Ése sí. Está imputado en un par de cohechos. Relacionados con revisiones de planes urbanísticos. Pero son procedimientos que tienen muy poco futuro. Los archivarán un día de éstos, si no lo han hecho ya.

–Entiendo –dije–. El caso, mi teniente, es que en este momento de la investigación, aunque carecemos de indicios inculpatorios concretos, no podemos descartar a Zaldívar como sospechoso. Por lo que usted sabe de él, ¿podría ese hombre estar implicado en un caso de homicidio?

Valenzuela volvió a mirarme con poca fe, o eso se me figuró.

–Lo que sé, sargento, es que hasta la fecha no está procesado por nada de eso. Y tampoco tengo ninguna información que me permita creerle implicado en algo semejante. Por mis noticias, Zaldívar es un individuo muy listo, que no tiene demasiados escrúpulos y que siempre se cubre bien. Por un lado, puede que sea capaz de organizar un asesinato, quién sabe. Por otro, me parece que es demasiado astuto para verse enredado en algo así.

–¿Qué quiere decir, mi teniente?

–Que buscaría otra manera más sofisticada de librarse de quien le estorbase. Empezó hace poco más de veinte años, casi de la nada. Ahora andará por los cincuenta y pocos y ya ha hecho miles de millones. Siempre a fuerza de darle al magín, y buscándole las vueltas a la ley, sí, pero sin pillarse nunca los dedos. Tiene quince o veinte abogados que sólo trabajan para él y una red impresionante de contactos en los sitios más inimaginables. Le sobran recursos para hundir a un hombre, sin necesidad de matarlo.

–Por lo que cuenta, no parece una presa fácil –observé.

–Desde luego, si vas a ir por él, ya puedes atarte los machos –advirtió el teniente–. Ni siquiera descartes que tu jefe reciba una llamada.

–¿Le ha pasado eso a usted, mi teniente?

–No –dijo Valenzuela, distante–. Hasta ahora, todo lo que hacemos nosotros es acumular información. Con lo que tenemos, es prematuro atacarle. Los procesos que están en curso los impulsan otros.

–¿Quiénes?

–Algún fiscal inexperto, y sus enemigos. Sobre todo uno: Críspulo Ochaita, un constructor de Guadalajara. Entre los dos tienen todo un fuego cruzado de querellas, denuncias y pleitos. Dan de comer a muchas togas.

–¿Y eso? –indagué, haciéndome de nuevas.

–Son tal para cual. Ochaita se le parece, en parte, aunque es más tosco y su ámbito de actuación es más reducido. Han chocado en concursos municipales, obras, promociones. Ochaita se creía dueño de un cortijo en el que Zaldívar se le ha metido hasta la cocina. Y no es de extrañar que le haya mojado la oreja. Mi teoría personal es que los políticos corruptos prefieren a Zaldívar. Es más elegante, menos obvio que el otro. Para que te hagas una idea, Ochaita se pasea en un Lamborghini Diablo amarillo y organiza sin pudor comilonas y fiestorros bien surtidos de putas. A Zaldívar nos costará empapelarle, pero Ochaita caerá un día de éstos. Está bastante jodido en un par de procesos que tiene pendientes. Tanta chulería se paga.

Al teniente se le había ido soltando la lengua. Parecía bien enterado, y quizá le tentaba exhibir sus teorías. A veces sucede que a los sujetos más estirados los hace asequibles su vanidad intelectual.

–En fin, mi teniente –resumí–. Que por lo que veo estamos a punto de meter la mano en un encantador nido de avispas.

–No sé qué va a hacer, sargento –se inhibió, con cierta frialdad–, pero le recomiendo que mire muy bien dónde pone el pie.

–Bueno, algún punto débil tendrá el gran hombre –bromeé.

–¿Zaldívar? Sólo uno conocido. Las mujeres –dijo, mirando mecánicamente a Chamorro–. Pero no le gustan las prostitutas, como a Ochaita. Él es un seductor. Regala flores, joyas, organiza viajes románticos para engatusar a su amada. Aunque ninguna le dure más de tres o cuatro meses.

–Ya me habría extrañado –opinó Chamorro, rompiendo el precavido silencio al que ante el teniente la inclinaba su baja graduación.

Con los informes que nos suministró Valenzuela, los papeles que habíamos reunido por nuestra cuenta y los testimonios de que disponíamos, Chamorro y yo nos encontramos en el centro de un bonito galimatías. Si cuatro meses atrás el problema era la falta de indicios que permitieran explicar aquella muerte, ahora la dificultad venía dada por la sobreabundancia. Por desgracia para el investigador y en beneficio del sospechoso, no puede acusarse a nadie en función de presunciones de verosimilitud, sino trazando una línea precisa que lleve de un hecho a otro y soportando debidamente cada uno de los puntos intermedios. A esos efectos, parecía más fácil ir por Ochaita, y bastante más dificultoso apuntar a Zaldívar. Por eso mismo, creí que era por este último por donde debíamos empezar. Elegido Zaldívar, se abrían dos posibilidades: una, rastrear minuciosamente todos los procesos que tenía abiertos, tratar de hacer el inventario de todos los negocios en los que había recurrido a los servicios de Trinidad y buscar elementos que sirvieran para imputarle algún conflicto con el difunto; y dos, tirar por la calle del medio. No oculto que la naturaleza indolente y antojadiza de mi proceso mental se veía poderosamente atraída hacia la segunda vía, pero también tenía alguna razón para escogerla. La primera habría exigido muchas semanas y un equipo de gente que ni siquiera podía soñar que se asignara al caso. Bastante era que se me permitiera tener todas mis horas y las de Chamorro a disposición de la investigación.

Durante un tiempo, el que tardé en convencerme de la limitación de mi cerebro y sobre todo de mi deplorable falta de concentración, me interesó mucho el ajedrez. Ante todo me atraían esos problemas de finales con pocas piezas, en los que hay que administrar al máximo los escasos recursos. Al diseñar mi táctica frente a Zaldívar, me acordé de aquellos ejercicios.

El teléfono de su oficina lo conseguí a través de Rodrigo Egea, quien me lo facilitó sin ofrecer la más mínima resistencia. Supuse que a un hombre como Zaldívar era imposible acceder sin haber concertado cita previa, incluso anunciándose como agente de la autoridad. Para empezar, su secretaria (o la secretaria de su secretaria) me despejó diciéndome que el señor Zaldívar estaba de viaje. Eso sí, tomó muy amablemente mi número y mi nombre (del que sólo hube de deletrearle la última sílaba) y me aseguró que se pondrían en contacto conmigo a la máxima brevedad. Tres horas más tarde, cuando ya me disponía a irme a comer, sonó mi teléfono.

–¿El sargento Bevilacqua? –indagó una bien modulada voz viril.

–Soy yo –respondí.

–León Zaldívar –anunció–. Me han dicho que quiere hablar conmigo.

–Sí, le llamé esta mañana.

–Es en relación con Trinidad Soler, supongo.

–Supone bien –confirmé, un poco sorprendido.

–¿Le encaja esta misma tarde?

–Cuando usted pueda, tampoco quiero molestarle más de lo necesario –dije, dudando si era yo quien le buscaba a él o viceversa.

–Esta tarde entonces. ¿A las cuatro?

–De acuerdo. Pasaré por su oficina.

–No –se opuso, con un tono de autoridad del que deduje que no podía desprenderse, habituado como estaría a tratar todo el día con subordinados genuflexos–. Venga a casa. Hablaremos más cómodamente.

Apunté su dirección, una calle con el inevitable nombre de árbol en una de las inevitables urbanizaciones de la franja septentrional de Madrid.

–Hasta las cuatro –dijo, y colgó sin darme tiempo a responder.

A eso de las cuatro menos diez rodaba ya por las silenciosas y desiertas calles de la urbanización, jalonadas de gigantescas chinchetas rompeamortiguadores para que el estricto límite de 20 por hora, que en cualquier otro sitio se habría incumplido con tanta holgura como impunidad, mantuviera su vigencia. Mientras sorteaba los temibles obstáculos del único modo posible, humillándome ante ellos, pensé que resulta bastante instructivo tomar nota de las prohibiciones que se revelan plenamente efectivas. Sirve para discernir, entre toda la retórica interesada y la vana hojarasca que circula al respecto, qué es lo que realmente goza de protección en una sociedad.

A la residencia de Zaldívar, cuyo jardín abarcaba un frente de no menos de cien metros, se accedía por una ancha puerta negra y maciza que encontré cerrada. Bajé del coche y llamé al portero automático, provisto de una cámara que pude advertir que seguía suavemente mis movimientos. En el altavoz sonó una voz masculina ante la que me identifiqué. Apenas un par de décimas de segundo después de que diera mi nombre, sonó un zumbido y la puerta negra empezó a resbalar sobre su riel. Pregunté si podía pasar con el coche. La voz me dijo que por supuesto que podía hacerlo.

Apenas entré en el recinto, un hombre joven que había a la puerta de una confortable garita me indicó que siguiera hacia la entrada. Recorrí un largo sendero de gravilla flanqueado por un jardín cuyo césped debían de repasarlo cada mañana con cuchillas de afeitar. Al llegar a la entrada de la casa, otro hombre joven me indicó que aparcara el coche en unas plazas para visitantes que había bajo unos árboles. Así lo hice. Luego me encaminé hacia la entrada principal y cuando estuve lo bastante cerca como para dirigirle la palabra al segundo hombre, éste se apartó e indicó con el rostro hacia la puerta, donde me esperaba un tercer hombre que ya no era tan joven.

–¿El sargento Bevilacqua? –preguntó, y antes de que yo dijera nada, me pidió con gentileza–: Pase, por favor.

Atravesamos la mansión, luminosa y repleta de objetos costosos, muchos de ellos de utilidad o inutilidad para mí desconocida, y acabamos desembocando en el jardín posterior. Allí, el taciturno mayordomo (eso deduje que era, aunque no iba ataviado como tal) me indicó que tomara asiento a una mesa que había bajo un porche, ante una gigantesca piscina. Aunque nos acercábamos al final de septiembre, la tarde era todavía calurosa.

174

–El señor Zaldívar vendrá en seguida –prometió persuasivamente el mayordomo, y se retiró sin hacer el menor ruido.

Entonces me percaté de que en la piscina había una mujer. Iba enfundada en un bañador negro y braceaba con buen estilo. Cuando terminó el largo que estaba haciendo, y quizá para no nadar hasta la escalera, salió del agua alzándose a pulso sobre el bordillo. Corrió expeditiva hacia una hamaca donde había un albornoz y unas zapatillas y se colocó uno y otras sin aguardar a escurrirse. Después vino derecha hacia la casa. A medida que se acercaba, pude distinguirla con más detalle. Aparentaba algo menos de treinta años, tenía una estatura mediana, la tez bastante blanca (por lo que acababa de ver, no perdía su tiempo tomando el sol) y el cabello, aunque había que tener en cuenta que estaba mojado, no muy largo y casi negro. Me recordó a Blanca Díez. Era, más joven, el mismo tipo de mujer.

Tal vez me quedé mirándola más intensamente de lo debido. Pero cómo podía evitarlo, en aquel plácido jardín estival en el que los dos estábamos solos. La mujer se detuvo al llegar a mi altura y me observó a su vez.

–Hola, ¿quién eres? –preguntó al fin, trocando en una tenue sonrisa su inquisitivo gesto del principio. También tenía una voz grave, como Blanca.

–Rubén Bevilacqua –dije, un poco fuera de lugar.

–Patricia Zaldívar –se presentó, alisándose hacia atrás el pelo con la mano izquierda y tendiéndome la derecha. Mientras yo estrechaba sin mucha fuerza aquellos dedos fríos y húmedos, ella agregó–: Tú debes de ser el guardia civil que viene a hablar con mi padre.

–Sí –no vi para qué iba a servirme esconderlo.

–Pensé que traerías el tricornio y el uniforme y todo eso.

–La verdad es que el tricornio da bastante calor –me justifiqué.

–¿Vienes a hablar de lo de Trinidad?

–Así es –dije, tras un instante de vacilación.

–¿De verdad crees que le mataron? –me interrogó con súbita ansiedad, clavándome sus brillantes ojos oscuros.

–Eso es lo que investigo. Es pronto para decir nada.

–Qué triste es todo –declaró, con un gesto ausente–. Una persona tan buena como Trinidad. Qué asco de mundo. Bueno, adiós. Y encantada.

Y así, sin más, desapareció en el interior de la casa, dejándome allí, de pie y desconcertado. Volví a sentarme, pero no tuve tiempo de reflexionar sobre aquel inesperado encuentro. Al minuto apareció ante mí un hombre alto, bronceado y vestido impecablemente de *sport*. Pasaba de los cincuenta, lo denunciaban sus sienes y las arrugas en torno a sus ojos. Pero iba tieso como un poste y tenía el vientre como una tabla.

–Buenas tardes, sargento –dijo, con calidez–. Soy León Zaldívar. Le ruego que me disculpe por la espera.

–No se preocupe –repuse.

–¿Quiere tomar algo?

–No. Si acaso, agua del grifo –dije, por parecer lo más estoico posible.

–¿Irá contra su religión si es mineral? –me consultó, con ironía.

–No –declaré–. Pero no quiero obligarle a hacer gasto.

Zaldívar me analizó en silencio, con su impenetrable amabilidad.

–Soy su anfitrión y debo procurar que esté a gusto –afirmó–. Además le trae un asunto delicado. Por eso preferí que viniera a casa. También por poder hablar aquí, al aire libre, y no en un despacho. Si le digo la verdad me agobian los despachos. Me deprimen, por grandes que sean.

Podía entenderle, pero me preguntaba por qué se mostraba tan deferente conmigo. Los poderosos sólo muestran deferencia hacia los destripaterrones cuando esperan sacarles algo. Lo que me tocaba dilucidar era si ese algo que Zaldívar esperaba sacarme era la garantía de quedar al margen de la investigación, como podía parecer, o sólo una pequeña distracción que le ayudara a matar el aburrimiento aquella tarde. Un destripaterrones debe contar siempre con esa posibilidad, para no sobrevalorar la atención del poderoso.

Zaldívar hizo una seña y en voz no muy alta pidió agua mineral para los dos. Otra muestra de su meticulosa cortesía, interpreté.

–Rodrigo me ha contado que investiga usted la muerte de Trinidad –me espetó a renglón seguido, sin demorarse en circunloquios.

–En efecto.

–Y que cree que puede tratarse de un homicidio.

–Sí.

–¿Por qué?

Zaldívar parecía habituado a ir derecho, sin pedir permiso. Aguanté la autoritaria mirada de sus pequeños ojos de color almendra.

–El juez ha decretado secreto sumarial –dije–. No puedo dar detalles.

–Me importa mucho saber si Trinidad fue asesinado, sargento –advirtió, como si debiera hacerme cargo de la relevancia del dato–. Era un buen colaborador y un magnífico ser humano, y hasta hace unos días creí que había muerto víctima de un desdichado accidente. Estoy muy preocupado y le confieso que me enfurece pensar que alguien haya podido matarle. Sobre todo por las circunstancias de las que estuvo rodeado el hecho.

–Comprendo sus sentimientos –mentí–. Pero no he venido aquí a rendirle cuentas, sino a tratar de ser el que hace las preguntas.

Encajó sin inmutarse mi deliberada grosería. Se echó hacia atrás y en ese momento vino el mayordomo con la botella de agua y los vasos. Zaldívar observó sin decir palabra cómo los dejaba sobre la mesa. Tan pronto como el mayordomo se hubo retirado, me dio su augusta autorización:

–Muy bien. Pregunte lo que quiera. Soy todo suyo.

Me abrumó un poco, gozar de la repentina y completa posesión de alguien como Zaldívar. Pero no me pagaban para abrumarme. Empecé fuerte:

–¿Tuvo alguna vez usted, señor Zaldívar, algún problema, discrepancia o disputa con el difunto Trinidad Soler?

Zaldívar se tomó apenas un segundo para pensar la respuesta.

–Supongo que tiene que plantearse esa posibilidad –dijo, alzando la barbilla–. Yo también me la plantearía, en su lugar. Trinidad trabajaba para mí. Mis negocios mueven mucho dinero. Un día, Trinidad me engaña. Y yo me cabreo como Marlon Brando y le mascullo a un hombre siniestro que le enseñe que con el padrino no se juega. Pero en su hipótesis hay tres fallos. Uno, yo no soy Marlon Brando; dos, no tengo hombres siniestros en nómina; y tres, por si le queda alguna duda, Trinidad Soler era incapaz de robar a nadie. Aun si hubiera podido, le aseguro que no habría empezado por mí. Me apreciaba, como yo a él. El dinero no le hacía falta quitármelo. Yo se lo daba a ganar. Y pensaba darle a ganar mucho más en el futuro. No es fácil encontrar gente de la que puedas fiarte con los ojos cerrados.

Uno sabe, casi en seguida, cuándo se las ve con un irreflexivo o con alguien que mira y sopesa cada palabra que pronuncia. Por si me quedaba alguna duda, Zaldívar acababa de certificarme a qué grupo pertenecía.

–Cuénteme, por favor, cómo conoció al señor Soler –le pedí, más cauteloso–, y cómo llegó a tener esa confianza en él.

–Si ha hablado con Rodrigo, debe de haberle dicho ya que él fue quien me lo presentó –razonó, como para hacerme ver que no se chupaba el dedo–. Él lo contrató como asesor para algunos proyectos que dieron unos resultados extraordinarios. Un día quise conocerle y Rodrigo lo trajo aquí. Estuvimos charlando durante toda la tarde, hasta bien entrada la noche. Con él tuve una sensación que le confieso que he tenido pocas veces y con muy pocas personas. Me gustó en seguida. Era un hombre serio, decente. Alguien que hacía las cosas bien porque creía en el rigor, y no para ostentar sus méritos. No tenía mucha soltura para relacionarse con extraños, eso se notaba, y sin embargo se conducía con un ardor inusual. Supongo que otro habría visto en él a un hombre algo vacilante, o sin mucho control de sí mismo. Yo le adiviné una fuerza fuera de lo común. Y los hechos me dieron la razón.

—¿A qué clase de fuerza se refiere?

—A la de un hombre que podía empeñar su mente y su voluntad en algo y perseguirlo sin tregua. Sobre todo, sin darse tregua a sí mismo. Eso es lo más difícil. Todos nos queremos demasiado, y tendemos a condescender con nuestras flaquezas al primer contratiempo. Trinidad no. Era implacable consigo mismo. Tanto que quizá se le iba la mano, a veces.

Medité las palabras de Zaldívar. Desde luego, no podía acusarle de tener una conversación trivial. Traté de volar algo más bajo:

—Si no entiendo mal, esa tarde vio que el señor Soler podría ser un buen auxiliar para sus negocios, y pensó en utilizarle más a fondo.

—Ésos son términos demasiado vulgares —reprobó Zaldívar.

—Es por simplificar —me excusé—. ¿Qué fue lo que le encargó?

—En gran parte, creo que ya lo sabe, por su conversación con Rodrigo. Aparte de los trabajos que hizo con las empresas que él lleva, me ayudó con algunas concesiones de abastecimiento de aguas y un par de proyectos más. Le nombré apoderado en varias de mis empresas, y administrador de otras dos o tres. Pero hablar de esto es bajar a una minucia sin mayor trascendencia. Al menos sin mayor trascendencia para mí. Durante el último año y medio, Trinidad fue el consejero al que consultaba los problemas que me preocupaban de verdad. No sólo me ayudaba a enfocar los negocios desde el punto de vista técnico. Para eso sobran las personas capacitadas. Sobre todo, me interesaba algo que escasea mucho: su criterio moral.

Creí haber oído mal. Zaldívar se dio cuenta de mi extrañeza.

–No se asombre tanto. Creo que un hombre de negocios debe moverse por algo más que por el dinero. Hay que desarrollar una sensibilidad de lo que se puede y no se puede hacer. De lo contrario, uno puede meterse en caminos indeseables, en los que a la larga, con independencia de lo que parezca a corto plazo, sólo puede perder. Trinidad me ayudaba a evitarlos.

Me paré un instante a organizar mis ideas. Temí estar dejando que Zaldívar levantara una estudiada cortina de humo.

–No crea que no percibo la importancia de lo que dice –aclaré, por no resultar demasiado desconsiderado–, pero los hechos puros y simples, y a eso debo ceñirme, sólo me hablan de una colaboración profesional que permitió al señor Soler aumentar espectacularmente su fortuna en muy poco tiempo, en gran medida a través de actividades especulativas y, por lo que hemos podido averiguar, hurtando al fisco gran parte de sus ganancias. Disculpe si le ofendo, pero no acabo de ver el lado moral del asunto.

Zaldívar no se conmovió en absoluto ante aquella observación. Casi pareció celebrar que hubiera cometido la zafiedad de formularla.

–Voy a hacerle una pregunta un poco peculiar, sargento, si me permite que invierta por un momento los papeles –dijo, dejando bien claro que el permiso se lo daba por concedido–. ¿Ha leído usted *Guerra y Paz*?

–¿Cómo dice?

–*Guerra y Paz*, de mi tocayo León Tolstói.

–No –repuse, sin comprender a qué venía aquello–. Lo empecé, pero lo dejé a la cuarta batalla o a la cuarta fiesta, no recuerdo bien.

–Una lástima –opinó–. Siempre pregunto esto, porque tengo la pequeña manía de dividir a la gente entre quienes han leído y quienes no han leído ese libro. Hay una raya divisoria entre quienes soportan mil quinientas páginas de sabiduría continua y quienes se rinden a medio camino. Esperaba sinceramente que usted estuviera del otro lado de la raya.

–Lamento defraudarle. Sólo termino los libros que me mantienen la curiosidad. Y con eso no digo que *Guerra y Paz* sea malo.

–Sería muy osado por su parte –ponderó–. En cualquier caso, la frase que quería citarle debe de estar por la página veinte, así que seguramente la leyó, aunque acaso no la recuerde. La pronuncia el príncipe Andréi: *Querido, no puede decirse en cualquier parte lo que uno piensa.*

–Perdone, pero no entiendo a dónde quiere ir a parar.

–Tiene que ver con su comentario acerca de la moral. Le digo lo que usted antes, espero que no se ofenda, pero ya que me releva con su propia franqueza de la hipocresía que normalmente mantendría, le responderé que nunca esperé que un guardia civil tuviera la sutileza que se requiere para procurarse un sentido moral de los negocios. Naturalmente, es fácil ser un quijote y perder hasta la camisa. Lo difícil es tener una ética y ganar dinero. Para eso nadie le dará un código. Se trata de un camino personal.

En aquel momento traté de acordarme de la imagen que me había forjado de Zaldívar, antes de conocerle. Quizá me había representado a un fatuo, encantado de haberse conocido, algo embotado por su exceso de posesiones y enredado en una maraña de ideas fútiles. No estaba descontento de vivir en su pellejo, eso saltaba a la vista, pero pocos hombres me había tropezado con una mordacidad tan afilada. Lo malo era que se me escurría una y otra vez, y ése no era el objetivo. Tenía que reaccionar, y pronto.

–Todo eso que dice es muy interesante –admití–, y veo que debo intentar leer otra vez *Guerra y Paz*. Pero verá, señor Zaldívar, un guardia civil como yo, un hombre poco sutil, como bien dice, para penetrar en la dimensión ética de la actividad empresarial, siente por el contrario una insoportable comezón cuando reúne indicios que le sugieren que se las ve con un crimen y se encuentra de repente con un cotarro como el suyo. Dinero abundante, rápido, y al lado un muerto. No es muy complicada, pero es la ecuación que se repite una y otra vez. La vida tiende a imitarse en la sencillez.

Zaldívar reflexionó brevemente, con los índices unidos bajo la punta de su nariz. Luego tomó aire y dijo, con gesto incrédulo:

–¿Espera que me autoinculpe de algo, sargento?

–Desde luego que no.

–Mejor. Porque en ese caso estaría perdiendo el tiempo de ambos.

–Lo que espero –repliqué–, a lo mejor, es que inculpe a otro. Alguien con quien el señor Soler, actuando en su nombre, tuviera problemas. O alguien que pudiera desearle a usted mal y que no pudiendo llegar hasta este jardín tan protegido, resolviera pegarle una patada en las indefensas partes del pobre Trinidad, un asesor de su confianza, como acaba de decirme.

Zaldívar se hizo el sorprendido.

–¿Habla en serio? –dudó.

–Seamos claros, señor Zaldívar –propuse–. No puedo descartarle como sospechoso, porque todavía no sé lo suficiente del caso. Se hace cargo, supongo. Ya le he preguntado directamente por sus problemas con el señor Soler, y he podido observar su reacción; y le he preguntado indirectamente por lo que el difunto hacía para usted, y puedo contrastar su versión con lo que he averiguado por otras fuentes. Con eso tengo hecha la mitad del trabajo que me traía esta tarde aquí. Ahora tengo que hacer la otra mitad. Comprobar si se aviene a contarme si alguien más, aparte de Críspulo Ochaita, amenazó a Trinidad por hacerle ganar dinero a usted.

–Le agradezco la claridad, sargento –dijo, mientras me atravesaba con una mirada gélida–. Pero no creerá que soy tan imbécil o tan frívolo como para acusar a alguien de asesinato sin tener pruebas.

–Sólo por curiosidad, sin ninguna trascendencia oficial –traté de relajarle–. ¿Cree usted que Ochaita pudo organizarlo?

–Imagino que no desconoce las malas relaciones que hay entre esa persona y yo, cuando pregunta lo que me acaba de preguntar –contestó, sin precipitarse–. También sabe que hubo unas amenazas y un incidente desagradable con Trinidad. Y si se ha informado sobre esa persona, sabrá además que es algo impulsiva. Yo diría que un poco elemental, en más de un sentido. Quizá sea la clase de individuo que puede planear matar a un hombre, sin darse cuenta de lo que eso entraña. Pero me sorprendería mucho que se hubiera atrevido a tanto. Sólo es un cacique provincial en apuros.

No se me escapó su desprecio, probablemente cargado de intención.

–¿Y pudo ser alguien más, aparte de Ochaita? –le insistí.

–No he acusado a Ochaita, ni lo haré con nadie más –advirtió–. Si supiera de alguien, habría ido a denunciarlo. O habría presentado una querella y habría puesto a mis mejores abogados a trabajar en el asunto.

Toda la campechanía de Zaldívar se había esfumado. Yo había acabado mi vaso de agua (él apenas le había robado un par de sorbos al suyo) y también sentía que no me quedaba nada imprescindible que preguntar. Me sentía un poco cansado, por la tensión de enfrentarle. Di por concluido el interrogatorio y Zaldívar se puso al instante en pie. Me acompañó a través de su formidable vi-

vienda, hasta la gravilla donde seguía, avergonzado, mi mísero utilitario. Antes de separarnos, mientras recobraba por un momento su estudiada urbanidad, se permitió no obstante dirigirme un aviso:

–Espero que no tardarán mucho en aclarar todo esto. Si no, pondré a gente cualificada a trabajar en el asunto. No es que no me fíe de su competencia, pero no pienso quedarme sin saber la verdad.

A diferencia de él, yo no tenía el prurito de decir la última palabra. Asentí y me fui hacia mi coche. Al pasar junto a la entrada, camino de la salida, vi a Zaldívar, ya de espaldas, entrando en la casa muy derecho y con las manos en los bolsillos. Y dudé si aquel hombre era, hasta la fecha, quien más descaradamente me había mentido o quien más me había revelado acerca de la misteriosa personalidad oculta de Trinidad Soler.

Capítulo 14
UNA PIZCA DE POLVO DE ESTRELLAS

Tenía una razón para haber dejado a Chamorro al margen de mi entrevista con Zaldívar, y después de ésta, me pareció que la razón quedaba sobradamente ratificada. Aquella misma tarde me reuní con mi ayudante y le conté tan meticulosamente como pude lo que había hablado con el gran hombre. También le referí mi breve e imprevisto coloquio con su hija.

–Así que ella conocía a Trinidad –anotó Chamorro.

–Sí, pero no podría decirte cuánto. Por la manera en que habló de él, tampoco parecía que hubiera sufrido una pérdida irreparable.

–Pero respalda la versión de Zaldívar. Me refiero a que Soler debió de alcanzar efectivamente cierta confianza con él, cuando conocía a su familia.

–Si es que Zaldívar no le dio instrucciones a su hija para que estuviera nadando en la piscina y me endosara aquello –fantaseé–. Con él, yo no lo descartaría. Sea como sea, el hecho de que Zaldívar conociera o incluso apreciara a Trinidad no le excluye de nuestra quiniela. Debo reconocerle la solvencia con que ha superado el primer asalto, pero insistiremos.

–En todo caso –reflexionó Chamorro–, no tiró por el

camino fácil. Cualquier otro habría tratado de arrojar sospechas sobre Ochaita.

–Lo que me habría hecho sospechar a su vez de él. Y lo sabe.

Mi ayudante adoptó una expresión cavilosa. Luego dijo:

–La que queda en mal lugar es la viuda, ¿no te parece? Es muy chocante que Trinidad llegara a alcanzar tanta intimidad con Zaldívar y que su mujer negara conocer a nadie aparte de su primo. Puedo creer que sus compañeros de la central nuclear estuvieran al margen de esa hiperactividad suya como negociante. Si utilizaba lo de los turnos y no era un bocazas, pudo arreglárselas para ocultarlo, aunque tuviera que esforzarse. Pero ¿cómo puedes impedir que se entere de ciertos pormenores la persona con la que vives? Algún día tuvo que sentirse eufórico, y hablarle a Blanca de los contactos que estaba haciendo. Esas cosas uno no puede evitar compartirlas.

Sopesé la conjetura de Chamorro. Era juiciosa y denotaba su sentido del detalle común, una habilidad insustituible para quien trata de avistar señales sospechosas. Observaciones como aquélla me hacían tenerle fe como investigadora y como ayudante, pero debíamos proceder con orden.

–No sabemos cómo era su relación –objeté–. Quizá no hablaban. Por lo pronto, nos consta que Trinidad pasaba muchas horas fuera de casa y que podía ser muy reservado. Tendremos tu reparo en cuenta, cuando volvamos por Blanca, si volvemos. Ahora toca Zaldívar, y más vale que le tengamos el respeto de no distraernos mientras nos ocupamos de él.

Fue relativamente difícil seguir los movimientos de Zaldívar sin que nos detectara el espeso aparato de seguridad que llevaba siempre alrededor. En más de una ocasión optamos pura y simplemente por perderle, antes que delatarnos. Sus jornadas eran por lo demás bastante iguales. Salía de casa muy temprano y llegaba a su oficina a las siete. A las diez iba a jugar al tenis, dos horas, o al golf, cuatro. En el primer caso volvía a la oficina y estaba allí hasta las tres. En el segundo iba directamente a su casa a almorzar. Por la tarde volvía a la oficina y trabajaba de seis y media a nueve y media, algún día hasta las diez. Por la noche iba a cenar siempre solo al mismo restaurante, en el centro. Era un restaurante pequeño y monstruosamente caro. A las doce o doce y media estaba en casa. Y a la mañana siguiente, vuelta a empezar otra vez. Como mucho, debía de dormir unas seis horas durante la noche, aunque quizá se echara siesta en la sobremesa.

Durante los tres o cuatro días que mantuvimos el seguimiento, sólo hubo un hecho digno de reseñarse: una visita que Egea hizo a su casa. De todas formas, no resultaba anormal que después de hablar conmigo Zaldívar cambiara impresiones con su empleado. Por un momento consideramos la posibilidad de solicitarle al juez escuchas telefónicas, pero al final lo descartamos. En definitiva, no teníamos nada contundente para respaldar nuestra petición, y aun en el dudoso supuesto de que lográramos intervenir todas las líneas que pudieran interesarnos, habría sido muy raro que Egea o Zaldívar se fueran de la lengua por teléfono. Las escuchas valen sólo para los pardillos, o para los que se sienten absolutamente seguros.

Aguardamos hasta el viernes para pasar a la siguiente maniobra. Hicimos la reserva en el restaurante el jueves a mediodía, para no quedarnos sin sitio. Me ocupé de pedir yo la mesa, a nombre de Álvaro Ruiz-Castresana. Coló sin problemas, pero a Chamorro la asaltó en seguida un temor:

–Y si falla, ¿quién lo paga?

–Tú pide al sentarte una botella de agua –le aconsejé–. Si falla porque no viene, pasado un tiempo prudencial pides la cuenta, te levantas y te largas. Por una botella de agua tampoco pueden pedirte mil duros. Si falla porque viene y nada, pues te levantas igual. Te cagas en los muertos de Álvaro y el *maître* te compadecerá. O a lo mejor con eso entra el palomo.

–Para ti es fácil.

–No lo creas, Virginia –aseguré, y lo sentía.

El viernes a mediodía, al pasar por la oficina para terminar de preparar la función de la noche, me dijeron que tenía una llamada. El secretario del juzgado de Guadalajara que llevaba el caso de Trinidad Soler. Había dejado su número de teléfono. Me extrañó porque era la primera vez que el juzgado tomaba la iniciativa de llamarme. Marqué de inmediato aquel número.

–No se preocupe, es una consulta puramente rutinaria –me dijo el secretario, cuya voz transmitía una extraordinaria cordialidad–. Estamos haciendo alarde de asuntos en el juzgado, y su señoría me encarga que le llame para saber en qué estado están las investigaciones del caso Soler.

Superada mi sorpresa inicial, reaccioné como la situación requería. A fin de cuentas se trataba de la actuación lógica de un juzgado que instruía un caso de homicidio, aunque ésa no hubiera sido la tónica hasta entonces. Mi orgullo habría preferido que hubiera llamado el propio juez, pero me hice cargo de la distancia jerárquica y de lo muy ocupado que seguiría estando. Así que le referí al secretario cuáles habían sido nuestros avances y cuáles eran las pistas que estábamos siguiendo. Para que tuviera las últimas noticias, le anuncié que pensábamos acercarnos de incógnito a León Zaldívar, con intención de averiguar algo más y contrastar sus declaraciones.

–De acuerdo, muchas gracias, sargento –dijo el secretario, cuando hube terminado–. Pondré a su señoría al corriente. Si tiene alguna duda les llamará él, supongo. Buena suerte y buen fin de semana.

No era frecuente encontrarse en los juzgados gente

tan atenta. Los funcionarios judiciales tienden a ser personas frías, cuando no ásperas. Será porque les toca ejercer poder sobre los demás, o porque tienen una actividad laboral un tanto repetitiva, o porque siempre van mal de tiempo. Quién sabe.

Tras atender disciplinadamente las demandas de la autoridad judicial, me centré en los preparativos de nuestra operación nocturna. Había que alquilarle a Chamorro una indumentaria apropiada, para lo que me habían facilitado una dirección idónea, el lugar al que recurrían los pretenciosos de Madrid cuando necesitaban galas de ocasión. Además de una ropa cara, creí que sería útil que llevara un micrófono, para poder seguir y grabar su conversación con Zaldívar. Nunca se sabía, aunque no esperaba nada excepcional. Ante todo, se trataba de verle sin careta, o con otra distinta.

Pasamos a recoger el vestido de Chamorro sobre las siete. Podía haberme inmiscuido, ya que era su jefe y tendría que gestionar que se nos reembolsara el gasto correspondiente, pero dejé que se dejara guiar por su gusto. Sobre el muestrario de su talla que nos ofreció la mujer que atendía el establecimiento, Chamorro escogió un vaporoso vestido malva, ni demasiado largo ni demasiado corto, con los hombros al aire y un escote palabra de honor. Me pareció recatado, pero me cuidé de decírselo. Aquella tarde debía encomendarme a ella, y confiar en alguien es confiar sin reservas.

Todas las que hubiera podido concebir, en cualquier caso, se disiparon cuando fui a recogerla a su casa, a eso de las nueve. La manera más breve en que puedo describir mi impresión es que me hirió indeciblemente no ser yo el hombre al que aquello estaba destinado. Chamorro se había recogido el pelo, una decisión aventurada, ya que sus facciones no eran quizá la clave de su atractivo. Pero el modo en que se había maquillado contribuía a hacer de aquel recogido un acierto. Dos sencillos pendientes y una mínima gargantilla de oro sobre su piel algo anaranjada, más la leve caída con que aquella tela malva colgaba de sus hombros, terminaban de convertirla en un cebo al que Zaldívar no iba a poder resistirse (ni tampoco, y esto era lo crucial, relacionarlo con la seca guardia de la que le habría hablado Egea).

–Portentoso, Virginia –capitulé.

–Gracias –dijo, esquivando mis ojos, pero sin poder hurtarme una sonrisa satisfecha–. Le pedí consejo a Nadia, la amiga del inspector Zavala.

–¿En serio?

–Claro que no. ¿Tan poca fe tienes en mi propio criterio? –se quejó.

La dejé, consternado, en una esquina a unos cincuenta metros del restaurante. Era una de las primeras noches de octubre, y mientras la veía alejarse en aquella atmósfera ligeramente otoñal, me asaltó una nostalgia indefinida, como la que se siente por todo lo que uno ha deseado una y otra vez, sin llegar a poseerlo nunca. Por algún mecanismo perverso, eso es lo que termina añorándose, más que lo que de verdad se tuvo. El aire de Madrid, en otoño, tendía a producirme trastornos de aquella índole. Quizá porque es la estación en la que la ciudad se muestra más sugeridora, o quizá porque era entonces, en esa época indecisa entre la luz del verano y la desolación del invierno, cuando el adolescente que fui solía imaginar mujeres solitarias que caminaban por calles oscuras, como Chamorro aquella noche. Mujeres a las que, de haber existido y haberme atendido, probablemente no habría sabido qué pedir. Pero ahí estaba el secreto. Vi una película polaca que lo explicaba perfectamente. En ella, una mujer le preguntaba al chaval al que había descubierto espiándola qué era lo que quería de ella: si darle un beso, si acostarse con ella, si qué. El chaval respondía que no quería nada.

–¿Me oyes bien? Si dejas de oírme, pita –irrumpió la voz de Chamorro en mis auriculares, sacándome de mi ensoñación. La oía, así que dejé que desapareciera tras la puerta del restaurante sin darle al claxon.

A partir de ahí, iba a ser difícil para los dos. Para ella porque le tocaba llevar el peso de la representación, y para mí porque sólo podría oír y no vería nada. Lo primero que me llegó a los auriculares fue una voz obsequiosa que la saludaba y que, tras revelar Chamorro que estaba citada con Álvaro Ruiz-Castresana, a cuyo nombre debía haber una reserva, confirmó al punto que en efecto la reserva existía, y le rogó que le acompañase. Después de eso, Chamorro pidió agua, y susurró al micrófono:

–Despejado, por ahora. Esto está muy mono. Ocho mesas; no, nueve.

Estaba preparado para que los minutos pasaran y nuestra ansiedad fuera creciendo con ellos, pero Zaldívar dio en presentarse aquella noche antes que ninguna otra. A las diez menos cuarto, su coche se detuvo ante el restaurante y nuestro objetivo, tras bajar del vehículo con un fino olimpismo (sólo accesible a quienes poseen un lacayo que ya se ocupará de aparcar donde pueda), entró en el local. Pocos segundos después, oí a Chamorro:

–Dentro. Paso a desempeñar las funciones propias de mi sexo.

Era una pulla malintencionada y ventajista, porque yo no podía replicar. Todo lo que estaba a mi alcance era aguzar el oído, al que sólo me llegaba un confuso rumor de voces, ruido de cubiertos y algún tintinear de copas. Durante muchos minutos, quince o veinte, eso fue todo. Sólo regresó una vez la voz obsequiosa del principio, para preguntar si Chamorro deseaba otra cosa, o si iba pidiendo, o si continuaba esperando.

–Espero, gracias –dijo mi ayudante–. Debe de haberle retrasado algo.

Al fin, como un torrente caluroso que se desparramó por los auriculares y me inundó los oídos con su potencia, oí lo que temía y deseaba:

–Disculpe, señorita.

–¿Sí? –repuso una Chamorro diferente de la Chamorro de siempre.

–Veo que va usted a cenar sola.

–Me temo que sí. Si no decido volver a casa. Cuarenta y cinco minutos esperando son un plantón, ¿no? –consultó, con deliciosa candidez.

–Eso parece –confirmó Zaldívar, sin apremio–. Me preguntaba si consideraría desproporcionadamente impertinente, en esta circunstancia, que un anciano se brindara a impedir la intolerable posibilidad de que una dama como usted sea abandonada al rigor de una velada solitaria.

Ante semejante aluvión de almíbar revenido, tuve que hurgarme con el meñique en ambos oídos, para desatascarlos. Así que aquél era el estilo de Zaldívar; más que antiguo, silúrico. A las palabras del galán sucedió un silencio demasiado prolongado. ¿En qué andaba Chamorro? A lo mejor se le había cortocircuitado el cerebro, o estaba todavía descifrando los ampulosos circunloquios de Zaldívar. Pero terminó por responder:

–¿Y dónde está ese anciano tan caritativo del que me habla?

Simple, pero brillante. Directo al punto flaco. Zaldívar se derramó:

–¿Puedo permitirme deducir que no le parece espantoso cenar conmigo?

–¿Por qué no? –dijo Chamorro, tras los segundos justos de espera.

Tras eso vinieron una serie de arrastrares de sillas, que me sirvieron para interpretar que Chamorro se desplazaba a la mesa del potentado, sin duda mejor que la que le habían adjudicado al inexistente Álvaro Ruiz-Castresana. Tras el último arrastrar, oí un encantador *gracias* de Chamorro. León era de los que empujaba la silla bajo las posaderas de las señoras.

–¿Cómo es que cena solo? –abrió la conversación mi

ayudante, con una hábil mezcla de descaro e ingenuidad en la voz.

–Quien cena solo es que está solo –dijo León, amargo–. No crea, a veces la prefiero, la soledad. Aunque es mejor romperla por una buena causa.

Chamorro no contestó al cumplido. Por los ruidos que llegaron a mis auriculares, debió de coger la carta y dijo:

–Espero que no me tome por una maleducada. Pero llevo un buen rato en esa mesa. Me estoy muriendo de hambre.

Zaldívar soltó una risita y se apresuró a llamar al *maître*, a quien pidió que recitara las sugerencias. Tanto él como Chamorro escogieron entre ellas; Chamorro un pescado, él algo que no entendí, pero que estaba hecho de venado. Para beber, León pidió el mejor vino. Así, sin pestañear, un lujo que allí debía de significar un fajo de billetes. Yo miré con resignación mi bocadillo de tortilla y la lata de cerveza con que iba a acompañarlo.

–Perdone mi torpeza –rió forzadamente él–. Me doy cuenta de que aún no me he presentado. Me llamo León. León Zaldívar.

–Yo me llamo Laura –inventó Chamorro–. Laura Sentís.

Un apellido original, aprecié. Estaba bien, siempre que luego no se le olvidara. Parece una tontería y habrá a quien le parezca imposible, pero a mí me ha sucedido una vez, y las pasé verdaderamente canutas.

–¿Te importa que nos tuteemos, Laura? –atacó Zaldívar, intrépido.

–Para nada –concedió ella–. La verdad, más me importaría tener que llamar todo el rato de usted a la persona con la que estoy cenando.

Tras eso vino un silencio, unas miradas (adiviné) y auguré que tras ellas Zaldívar escupiría una frase ingeniosa. Pero erré.

–Ese vino te va a costar un dinero –avisó Chamorro.

–¿Y qué es el dinero? –cuestionó León, rumboso.

–Bueno, depende del que tengas. ¿Tú tienes mucho? Me encantó. El aire casi infantil, entre desconsiderado y dulce, que imprimía a sus palabras. Y a Zaldívar también le encantaba.

–¿Qué quieres que te conteste? –titubeó, risueño–. No es elegante decir que sí. Pero digamos que tengo el suficiente como para que no me preocupe.

–Qué suerte.

–Ahora en serio –Zaldívar cambió su tono; sonaba formal, como un locutor retransmitiendo un desfile–. Me gusta que hables así del dinero, sin remilgos, pero con naturalidad. La mayoría de la gente habla de él de una manera deprimente: o bien como si fuera de mal gusto o bien consiguiendo que efectivamente lo sea. El dinero es importante. Es quizá la cosa sobre la que resulta más necesario tener las ideas claras. Y nadie las tiene.

–¿Cuáles son tus ideas, León? –inquirió Chamorro, casual.

En momentos como aquél, siempre he envidiado a las mujeres. Si uno le hace una pregunta así a una mujer, la mujer, suponiendo que no le mande a uno a freír espárragos, la sortea y en paz. Pero si a uno le hace la pregunta una mujer, suda tinta para responderla. León también:

–Para empezar, creo que el noventa y nueve por ciento de nuestros problemas se resuelven con dinero. Los que no se resuelven con él, o son muy retorcidos o no tienen solución. Y como preocuparse por el dinero resulta manifiestamente sórdido, hay que arreglárselas para escapar de esa preocupación como sea. Lo paradójico es que el único modo de conseguirlo es pasar un tiempo sin pensar en otra cosa que en ganar dinero. Mientras no hayas juntado el suficiente, no podrás ser libre. Es curioso. Salvo que lo heredes, sólo puedes librarte de él a fuerza de esclavizarte antes.

–Resulta contradictorio, desde luego –subrayó Chamorro.

–Si te fijas, Laura –se animó Zaldívar; de pronto intentaba sonar más incisivo, más convincente–, la mayoría de la gente quiere hacerlo todo a la vez: seguir su vocación, cultivar sus placeres, estar con su familia, y ganar dinero. Por eso se condenan a ser siempre siervos de él. Los que se liberan, aparte de algunos inconscientes con chiripa, son los que durante una época no piensan nada más que en la pasta. Olvidan sus aficiones, lo que esperan de la vida, a sus hijos, y se concentran en enriquecerse. Siempre te puede ir mal, de hecho no todos lo consiguen, pero si uno es tenaz y un poco despierto, puede lograrse. Yo no me considero un fenómeno, ni especialmente afortunado, y lo he conseguido. Ahora sólo hago lo que quiero.

–Pero algo habrás dejado por el camino –dudó Chamorro.

A eso sucedió un breve silencio. Luego, Zaldívar dijo:

–Todos dejan mucho por el camino. Pero a mí el sacrificio me ha valido la pena. Por lo menos no soy como tantos que veo por ahí. Lo lamentable, Laura, es que hoy la gente no se corrompe por el poco dinero que hace falta para comer, ni tampoco por el mucho que hace falta para ser libre. Lo hacen siempre por sumas intermedias: las que sirven para comprarse un coche más grande, o una casa, o una lancha motora, o cualquier otra de las mierdas a las que la publicidad reduce el horizonte vital de tantos cretinos.

–Eres muy duro.

–Tengo que serlo –declaró Zaldívar, afectando disgusto–. Dos o tres de los intelectuales que pontifican en la radio sobre lo divino y lo humano, de esos que denuncian el hambre del Tercer Mundo y siempre están del lado de los justicieros, se pliegan como servilletas ante un empleado mío, el director del periódico en el que escriben una columna idiota que les vale doscientas mil pesetas extra al mes. ¿Y para qué las quieren? Ninguno las necesita para no pasar hambre, o para que sus hijos tengan techo y ropa. Son para vicios. Los vicios que halagan su vanidad, pero no les salvarán nunca. Me sorprendía mucho que Zaldívar fuera un moralista, aunque ya hubiera intentado venderme a mí esa imagen. Me sorprendía menos que ostentara su poder de un modo tan obsceno. Chamorro no le dejó ir:

–¿Tienes un periódico?

–Tengo cinco –confesó Zaldívar, un poco avergonzado.

–¿Cuáles?

–Qué más da. Mañana podría venderlos, o comprar otros. Cada cosa, como cada persona, tiene su precio, y siempre hay quien puede pagarlo. Eso es lo que les quita el aliciente. ¿Sabes lo único que no tiene precio?

–No –dijo Chamorro, con interés.

–Quien ha aprendido a no necesitar nada. Ésa es la única gente a la que un hombre como yo se siente capaz de admirar. Si es que existe.

Tras aquella reflexión de filósofo, con la que Zaldívar redondeaba su insólito cortejo, escuché unos ruidos que sólo podían significar que acababan de llegar las primeras viandas. Durante diez minutos, el coloquio quedó interrumpido y fue sustituido principalmente por la masticación. La que mejor oía era la de Chamorro, que tenía encima el micrófono. También intercambiaron algunos comentarios sobre la comida, sin mayor trascendencia. Cuando cesó la ingesta, Zaldívar retomó la conversación.

–Me has hecho hablar demasiado de mí –dijo–. Háblame de ti.

Era un momento delicado. El quid de un buen camuflaje está en la patraña que uno ingenia para sustentarlo. Chamorro improvisó con agilidad, sobre algunas pautas que habíamos acordado antes. Fabuló un pasado simple y feliz, con viajes y bádminton, un colegio de monjas hasta los dieciocho (aquí supo ser detallista y veraz) y una carrera de ciencias empresariales iniciada y abandonada. Para el presente inventó una tienda puesta con unas amigas y dinero paterno, y unos estudios por puro placer. Ahí enlazó con la astronomía y acabó hablando de Alfa Centauro, enanas marrones y antimateria, lo que debió de sumir a Zaldívar en un desconcierto semejante al mío. Si tenía que calificar su actuación, le daba un ocho y medio sobre diez.

–Me parece apasionante –juzgó Zaldívar–. Escudriñar el infinito. Aunque un poco pavoroso. A qué quedamos reducidos nosotros.

–A nada. No somos más que una pizca de polvo de estrellas que se junta y se separa sin que dé casi tiempo a verla –dijo Chamorro–. Y eso que el universo no es en realidad infinito, sino sólo muy grande.

Los dos quedaron en silencio. Admití que estaba bastante impresionado. Con la colaboración de Chamorro, Zaldívar estaba convirtiendo aquel flirteo en una experiencia de una hondura inaudita. Nada que ver con esas tonterías de las comedias de situación. Sólo faltaba que alguien empezara a hablar de la muerte. Y fue un solemne León quien asumió la tarea:

–Perdona que me haya distraído un poco –murmuró–. Es que me has recordado algo. En estos días pienso mucho en alguien que murió hace poco. Alguien que trabajaba conmigo. Un hombre joven, una desgracia terrible.

–Vaya, lo siento –se dolió mi ayudante.

–No podías saberlo –le quitó importancia Zaldívar–. De todas formas, en estos días me he convencido de que deberíamos tenerla más presente, a la muerte. A fin de cuentas, es la que justifica o invalida todo lo que somos y hacemos. Todos nuestros actos nos acercan a ella, y a la vez sólo valemos lo que acertamos a robarle. Ella está ya ahí, segura, inamovible. Nosotros apenas somos lo que tengamos tiempo de sentir y ver antes de que nos

coja y se nos lleve. No es que pueda ser mañana, es que
será mañana. Mi amigo murió de un ataque al corazón,
con cuarenta y dos años.

–Qué pena –juzgó Chamorro.

No se me escapó lo que Zaldívar acababa de llamarle a Trinidad, *mi amigo*, ni tampoco que conocía su edad
exacta.

–Hace quince o veinte años, cuando aún no había disfrutado mucho, me obsesionaba esa idea –prosiguió
Zaldívar–. Que pudiera morirme de repente, a medio
camino. Pero creí que tenía que correr el riesgo, y los
dioses se apiadaron de mí. Justo lo que no hicieron con
mi amigo. ¿Por qué? Yo no era mejor que él. Ni más listo, ni más noble, ni más fuerte. Misterio.

Cuando uno se encuentra a alguien que habla tanto y
con tanta facilidad de su fuero íntimo, cabe pensar dos
cosas: que el sujeto en cuestión tiene en tan poca estima
a todos sus semejantes (y en tanta a sí mismo) que no le
importa exhibirse; o que miente más que habla. Las dos
me parecían verosímiles tratándose de Zaldívar, y más
en un contexto en el que se trataba de deslumbrar a una
apetitosa muchacha de veinticinco años. Debía de pensar que le venía bien dar aquella imagen de hombre he-
rido por la vida. Y no tenía empacho en tirar de Trinidad, el difunto que tenía más a mano.

Cuando Zaldívar cambió de tema, Chamorro renunció sabiamente a tratar de hacer regresar la conversación
al amigo muerto. Le siguió la corriente, procurando dejarle hablar. Su interlocutor iba y venía de una cuestión
a otra, pontificando siempre, como aquellos empleados
de sus empleados los directores de periódico. Tras los
postres, Zaldívar pidió champán.

–¿Qué celebramos? –preguntó Chamorro.

–Tu existencia, aquí y ahora, sobre esta pizca de polvo de estrellas.

–Gracias. Tampoco es para tanto.

–Me gustaría ser capaz de explicarte hasta qué punto

es para tanto –aseguró León, galante, y supuse que en ese momento sus diminutos y calculadores ojos de color almendra estarían clavándose en los de Chamorro–. Pero como sé que no lo soy, me limito a los gestos. Por favor.

La última frase no parecía dirigida a ella. Hubo una pausa y se aproximó al micrófono algo que crujía. Poco después oí decir a Chamorro:

–Muchas gracias. Son preciosas. ¿Cuándo las has pedido?

–Antes de invitarte. Si me hubieras dicho que no, habría ido a tirarlas al Manzanares, junto con los trozos de mis sueños rotos. Como me dijiste que sí, te las doy a ti, y alguno de mis sueños también.

Los hombres cursis me producen una mezcla de bochorno y admiración. A veces, la verdad, uno quisiera tener el cuajo preciso para pronunciar memeces de ese calibre sin que se le descompongan los músculos faciales. Denota un gran autodominio. Chamorro estuvo bastante prudente:

–Gracias otra vez. Muy halagada.

Oí a Zaldívar pedir la cuenta, y despedirse del *maître*, y llamar colegí que por el teléfono móvil a su chófer para que se plantara en la puerta del restaurante antes de que él llegara a la acera. Luego le ofreció a Chamorro:

–Si me permites, te acerco a tu casa.

–No hace falta –dijo mi ayudante–. Acércame a una parada de taxis. Ya sabes. A lo mejor no quiero que sepas dónde vivo.

–¿Por qué?

–A lo mejor tampoco quiero que sepas por qué.

–¿Ni siquiera puedo tener un número de teléfono?

–No –denegó Chamorro, inflexible–. Pero dame tú uno, si quieres.

–Para que lo tires.

–Para tirarlo no te lo pediría.

Zaldívar hubo de rendirse. Otra cosa habría estro-

199

peado seriamente su personaje. Durante el paréntesis que siguió debió de buscar una tarjeta, garrapatear sobre ella su número privado y tendérsela a Chamorro.

–Toma. Pero más te vale tener en cuenta que si no llamas, no descarto poner un detective tras tu pista –amenazó.

–Sabría esconderme –aseveró Chamorro, con adorable desparpajo.

Por si acaso, seguí al coche. Pero Zaldívar la dejó en la parada de taxis más cercana y luego su resplandeciente Mercedes azul puso rumbo a su casa. Chamorro aguardó cauta a que se hubiera alejado, y sólo entonces subió a un taxi. Fui tras él durante el tiempo necesario para cerciorarme de que no había moros en la costa. Después di una ráfaga con las luces y le adelanté. En el siguiente semáforo, Chamorro se bajó del taxi y entró en mi coche. Tiró el ramo de rosas sobre el asiento de atrás y se abrochó el cinturón.

–Bueno. ¿Qué? –preguntó, impaciente.

–Qué quieres que diga –repuse.

–Te diré yo algo –anunció, quitándose los pendientes–. Si ese tío hubiera tenido veinticinco años menos y yo, no sé, diez menos, quizá me habría enamorado locamente de él. Pero no es el caso, así que espero que recuerdes que me debes una. Y no se te ocurra reírte, cabrón.

No se lo tuve en cuenta, naturalmente. Creo que aquélla fue la primera vez que oí una palabrota en boca de Chamorro.

Capítulo 15
UN HOMBRE CABAL

El lunes siguiente, antes de que Chamorro y yo hubiéramos podido sentarnos a analizar la situación y decidir cómo explotábamos nuestras bazas, Pereira nos llamó a su despacho. Durante el último mes había tenido buen cuidado de mantenerle al corriente de nuestros movimientos, porque era muy consciente de lo que significaba que me hubiera permitido concentrarme en un solo caso. No sólo seguíamos teniendo una buena lista de asuntos pendientes, sino que en el ínterin habían surgido algunos otros. Entre ellos destacaba un horrendo crimen doble en la provincia de Murcia, que merced a su truculencia llevaba ya seis días sin caerse de los periódicos. Pereira me distinguía con su confianza y creía en lo que le decía, que en aquel caso que tan mal habíamos empezado se nos abrían al fin perspectivas prometedoras. Gracias a ello se había mostrado comprensivo, pero yo sabía que ése no era un estado en el que mi comandante se pudiera mantener eternamente. De hecho, llevaba algunos días notándole algo en la mirada.

Pereira no era dado a los rodeos, y aquella mañana no fue una excepción.

–Bueno, Vila, se os acabó el chollo –dijo–. Siento presionarte, pero quiero resultados inmediatos. Si vas a ne-

201

cesitar otro mes, te vas a Murcia cagando leches y ya lo iremos encajando todo como se pueda.

–Sería una lástima dejarlo ahora, mi comandante –me opuse, hasta donde podía hacerlo–. Estamos muy cerca.

–Convénceme.

Hice acopio mental de toda la información que habíamos ido reuniendo y me esforcé en elaborar con ella una síntesis lo más apañada posible. Gran parte ya la conocía el comandante, pero traté de ensamblarla y darle la coherencia que quizá él no había percibido hasta entonces. Uno no siempre está igual de lúcido y aquella mañana, por añadidura, aún no había tomado nada de cafeína. Mientras hablaba, noté que mi rendimiento estaba siendo mediocre y que las reservas de Pereira no menguaban, sino más bien al revés. Un poco a la desesperada, pasé a contarle lo que habíamos obtenido de nuestro asedio a Zaldívar. Sobre todo, la posición privilegiada hasta la que había logrado acercarse Chamorro la noche anterior.

–De todos modos –dijo Pereira, sin dejarse impresionar–, en eso que me cuentas me cuesta ver que tengas algún indicio medianamente preciso contra nadie. En cuanto a León Zaldívar, casi me parece lo contrario. No ha hecho ni dicho nada que le señale. Puede que sea un sinvergüenza, eso no lo niego, pero buscamos a un asesino, y todo lo que se desprende hasta ahora es que de veras apreciaba al difunto Trinidad Soler.

–No digo que Zaldívar sea nuestro sospechoso –expliqué–, aunque tampoco lo descartaría. Por un lado es verdad que parece carecer de móvil y que sus modos no son los de un matón. Pero por otra parte tiene demasiado dinero y demasiada voluntad de seguirlo teniendo como para andarse con contemplaciones, llegado el caso de quitarse de encima a alguien.

Pereira arrugó el ceño.

–No podemos pedir a un juez que procese a alguien por ser millonario.

202

–Lo que quiero decir es que de una o de otra forma, Zaldívar tiene la clave de este embrollo. Y lo que hemos averiguado sobre él puede ser nada, comparado con lo que ahora estamos en disposición de averiguar.

–¿A corto plazo? –insistió Pereira.

En aquel momento podría haber tratado de ser entusiasta y haber prometido lo que no pensaba que estuviera a mi alcance conseguir. Pero ésa era una temeridad que no podía permitirme con Pereira.

–A corto plazo, no. Él es correoso, y su tinglado, complejo.

–No creas que no comparto tu punto de vista –me aseguró el comandante–. Puede que estés en lo cierto. La lástima es que no puedo dejarte una pizarra y parar el reloj hasta que acabes de demostrarlo. Podría, si tuviera un batallón de sesenta investigadores sesudos y minuciosos, licenciados en Harvard y dispuestos a trabajar venticuatro horas sobre veinticuatro, como los que tiene el FBI, si hay que creerse su propaganda. Pero yo tengo lo que tengo. Y ahora lo que me quema es un par de cadáveres con las tripas fuera y las manos cortadas que algún psicópata decidió fabricar en Murcia.

–Ya hay alguien encargándose de ello –alegué, tímidamente.

–No es sólo eso –me reconvino Pereira–. No quiero desautorizar tu criterio, ni tampoco condicionarte más de lo debido, pero en mi opinión deberías tratar de explorar sin más demora la pista de ese otro constructor, Críspulo lo que sea. Ahí tienes un móvil, indicios, etcétera.

–Sé que ése es el camino tieso, mi comandante –admití–. Pero me parece que aquí hay que dar algún rodeo, para no marrar el golpe.

–No vamos a discutir más, Vila. Ahora me toca sacar la estrella, y perdona por el detalle de mal gusto. Te doy hasta el viernes. Te organizas como quieras: investigas a Críspulo o que Chamorro llame a Zaldívar y le proponga que la lleve al cine. De verdad que me da igual, no te coarto en absoluto. Pero el lunes que viene hay algo o se acabó la exclusividad.

Una de las principales ventajas de ser comandante y no sargento es que se tiene mucha más ocasión de mostrarse sarcástico. A pesar de todo, concedí que Pereira cumplía con su deber, y por mi parte, no tenía más remedio que hacer aquello a lo que me comprometí al jurar bandera.

–A sus órdenes, mi comandante –dije, vencido.

A la salida del despacho del comandante, Chamorro se me dirigió amistosa y confidencialmente:

–Por si te sirve de algo, creo que tienes razón.

–Gracias, Virginia, pero la verdad es que no me sirve de mucho –le repliqué, todavía algo mosqueado–. Vamos a recopilar todo lo que haya sobre Críspulo Ochaita y hoy mismo nos vamos a verle.

Un vistazo a los archivos, una conversación telefónica con el siempre remoto teniente Valenzuela y algunas otras pesquisas nos permitieron completar el retrato, hasta entonces algo somero, que teníamos de Críspulo Ochaita. Era uno de esos tipos que se jactan de haber salido de la miseria y de haber ido subiendo peldaños sin ayuda de nadie, de un modo estrictamente autodidacta. El que se enseña a sí mismo carece de términos de comparación, y corre por ello el peligro de valorar demasiado lo que es y piensa. Al parecer, Ochaita había sucumbido a ese riesgo. A los que cuestionaban sus actitudes o sus procedimientos los despachaba sin más como idiotas o cagados, cuando no con ambas etiquetas. Tenía cuatro o cinco procesos por desobediencia y desacato, por incomparecencias en juzgados o por adjudicar epítetos menospreciativos a algún juez que le investigaba. Su incontinencia verbal corría pareja con las demás. Aparte del célebre Lamborghini amarillo, en el que iba a todas partes (despreciando la alternativa, cómoda y para él asequible, de ser conducido en otro tipo de vehículo por

204

un chófer), se había hecho en un cerro próximo a Guadalajara una casa que ocupaba el cerro entero. Para ello había pasado por encima de protestas vecinales y de grupos ecologistas. Sobre el asunto había unas diligencias por delito urbanístico y ecológico, a las que se refería jocosamente siempre que tenía ocasión.

Como cualquier sujeto notable, porque Ochaita lo era, no estaba falto de cualidades. A decir de los que le conocían, incluidos sus enemigos, poseía una astucia natural fuera de lo común, un gran olfato para los negocios y una audacia a prueba de bomba. Y al contrario que otros nuevos ricos, era generoso. Las gratificaciones que distribuía entre los destinatarios más variopintos, desde colaboradores hasta aparcacoches, se habían hecho legendarias. Tampoco olvidaba dar fondos para iglesias que se caían a pedazos, hospitales o asilos de ancianos. A veces donaba sumas espectaculares. Ochaita era uno de esos hombres capaces de excederse en todo, sin distinción.

Almorzamos en Madrid y con la comida recién aterrizada en el estómago nos pusimos rumbo a Guadalajara. Los cincuenta kilómetros que separan ambas ciudades transcurrieron en un suspiro, sin que nos diera casi tiempo a enterarnos. A eso de las cuatro y cuarto andábamos ya buscando el famoso cerro que Ochaita había desmochado en beneficio de su residencia y de una privilegiada vista sobre la llanura, y a las cuatro y media enfilábamos la carretera cuasiparticular que el constructor se había hecho para acceder a su mansión. Poco después nos cerró el paso una muralla digna de una fortaleza, tras la que oímos el ladrido de una jauría de perros presumiblemente homicidas. Aparcamos el coche y llamamos al portero automático.

–¿Quién es? –gritó una voz desabrida, al cabo de un rato.

–Guardia Civil –dije, lacónicamente.

Pasaron varios segundos.

–¿Y qué se les ofrece? –preguntó la voz, contrariada.
–Queremos hablar con don Críspulo Ochaita.
–¿Sobre qué?
–Disculpe, pero no puedo decirle más. Es un asunto oficial.
–Espere.
Esta vez debimos aguardar cerca de un minuto. Volvió la voz:
–Don Críspulo no se encuentra.
Una respuesta hábil, y diplomática, sobre todo.
–Le ruego que le diga que es un asunto importante –insistí.
–Le repito que no se encuentra.
–Dígale que si no nos abre, vendremos con una orden judicial. Una orden de detención –me eché el farol, ya puestos a quemar aquel cartucho.
Se cortó la comunicación, esta vez durante dos o tres minutos. Ya estábamos a punto de rendirnos y de dar media vuelta cuando la voz resurgió como un estampido en el aparato, haciéndolo chirriar:
–*Quédesen* ahí. Tengo que atar a los perros.
Al cabo de un rato se abrió la puerta y tras ella apareció un individuo escalofriante. Medía más de uno noventa, tenía unas orejas enormes y los ojos hundidos en unas cuevas oscuras. Vestía una ropa gastada y sucia y a la hora de buscar en mi memoria alguien a quien asemejarle sólo se me ocurrió el monstruo de Frankenstein en la versión de Boris Karloff. Pero el guarda de Ochaita era mucho más horripilante, y bastante más maduro.
–A ver la identificación –gruñó.
–Por supuesto.
Chamorro y yo le tendimos nuestras tarjetas, que examinó con gran atención, guiñando un poco los ojos.
–Sargento nada más –dijo, con suficiencia.
–Otro día vendrá el general –respondí–. Hoy tenía un compromiso.
–Mucha guasa tienes, Bevacula, o como sea –opinó,

mientras leía mi apellido en la tarjeta–. Yo sólo llegué a cabo, pero entonces el asunto iba en serio. Entonces uno era *autoridá*. Hoy no habéis más que maricas, incluidos los generales. Por eso el Cuerpo ya no es lo que era.

Le miré despacio. Tenía coraje, y la fuerza suficiente para quebrarme el espinazo sin emplearse mucho. Pero no iba a callarme por eso.

–Es verdad, ya no nos ocupamos de meter en cintura a los gitanos y a los ladrones de gallinas –admití–. Mientras usted sigue recordando esos tiempos heroicos, ¿podría indicarnos cómo llegar hasta don Críspulo?

El guarda tardó en responder. Carraspeó con fuerza y dijo:

–Yo os llevo, pichones.

Seguimos al guarda a través del enorme jardín. No estaba nada mal, aunque no pude evitar compararlo con el de Zaldívar y en esa confrontación resultaba netamente derrotado en los apartados de organización, estética de detalle y estética de conjunto. La casa era un aborto faraónico, en el que se combinaban sin la menor ligazón todos los estilos arquitectónicos, desde el dórico hasta el futurista. Pero como no era el corresponsal de una revista de decoración y paisajismo, procuré sólo que me hiciera el menor daño posible. Una vez dentro del inmueble nos cruzamos con un par de mujeres lúgubres, con pinta de sirvientas, que ni siquiera alzaron la vista. Subimos al primer piso por una escalinata fastuosa, digna de que en cualquier momento cayera rodando por ella Escarlata O'Hara. Luego atravesamos un par de corredores flanqueados por cuadros inenarrables y acabamos desembocando en una sala que daba a un gran balcón. El balcón estaba abierto. Ante él, junto a una mesa con un vaso y una botella de whisky, había un hombre sentado de espaldas a la puerta. Llevaba un fino batín de seda, con dibujos de cachemir, y permanecía inmóvil. Vi que era un sujeto de buen tamaño, aunque tenía los hombros algo hundidos y encorvado el cuello. El cráneo, que era todo lo que le sobresalía del batín, aparecía bastante despoblado.

Cuando llegamos a su altura, el hombre que debía de ser Críspulo Ochaita alzó hacia nosotros una mirada furiosa. Lo que más me impresionó fue que los ojos que la sostenían parecían consumidos, como su rostro y su cuerpo todo. Rondaba los cincuenta años, pero aparentaba quince más. Tenía la tez amarillenta y los huesos le asomaban bajo la carne.

–¿Tú eres el gilipollas que me quiere detener? –preguntó, con un vozarrón que casi habría podido decirse que le sobrevivía.

No consideré prioritario ofenderme, sino comprender por qué estaba así y de dónde sacaba las energías para arrojarme aquel venablo.

–Soy el sargento Bevilacqua y ésta es mi compañera, la guardia Chamorro –expliqué, como si respondiera a otra pregunta, formulada con más urbanidad–. Estamos investigando un homicidio y queremos hacerle unas preguntas, si no le incomoda demasiado.

–Joder, claro que me incomoda –respondió–. ¿Tú que te has creído, que se puede llamar a la casa de la gente y amenazarla con que la vas a detener así como si nada? ¿En qué tómbola te ha tocado el tricornio, *pringao*?

Así me iba a resultar un poco difícil. No dije nada, para darle la oportunidad de sosegarse. Fue una esperanza vana.

–Le he dicho a Eutimio que os dejara pasar para cagarme en la leche que os dieron y echaros luego a patadas –prosiguió–. Uno de los principales problemas de este país es que está lleno de incompetentes que no tienen ni puta idea de nada, pero como ahora todos somos simpáticos y *láit* y no queremos dar mala imagen, no hay quien tenga huevos de llamar inútil a quien lo es. Así vamos, cada vez peor, con todo lleno de sinvergüenzas y de chupones y de niños de papá. Todos viviendo como obispos, tocándose los cojones y lo que es peor, tocándoselos a los demás. Así que ya lo habéis oído: a asustar os vais a la guardería, y ahora largo de aquí, soplagaitas.

Durante una fracción de segundo, dudé entre dos estrategias completamente opuestas. Al final elegí la más arriesgada:

–Muy bien, señor Ochaita –dije, impasible–. Nos vamos. Pero usted se viene con nosotros. Queda detenido. Tiene derecho a una serie de cosas que supongo que ya sabe y que ahora le recordaré con tanto detalle como quiera, pero la primera de todas es a saber por qué se le detiene. Se le acusa de la muerte de Trinidad Soler, acaecida el 8 de abril de este año.

Ochaita abrió mucho los ojos, y Eutimio también. El dueño de la casa se apoyó a continuación sobre los brazos de su butaca e hizo ademán de levantarse. No completó el movimiento que había iniciado. A la mitad, su cara se torció en un rictus de dolor y volvió a caer sobre el asiento.

–Me cago en todo –barbotó–. Eutimio, las putas pastillas.

Eutimio se abalanzó con velocidad impropia de su edad y su envergadura hacia un mueble. De uno de los cajones sacó un frasco y un segundo después le tendió a su jefe una píldora que el otro se empujó adentro con lo que tenía más a mano, es decir, un trago de whisky. Durante medio minuto, Ochaita permaneció con los ojos cerrados y la boca apretada, mientras Eutimio nos observaba sin disimular sus instintos asesinos. Confieso que no acerté a reaccionar antes de que lo hiciera el disminuido Críspulo.

–Ya lo ves, sargentito como te llames –dijo, con un hilo de voz–. Me estoy muriendo a chorros. Así que contigo se va a ir tu puta madre. Yo me quedo aquí. Y si me queréis levantar y llevar en brazos, allá vosotros. Como a mí ya no me dará tiempo, le dejaré en mi testamento dinero a un abogado para que se lo gaste en que os echen a los dos de la Guardia Civil.

Aquél era uno de los atolladeros más incómodos en que me había metido jamás. Chamorro no paraba de mirarme de reojo.

–Siento que esté usted enfermo, pero si se niega a hablar con nosotros no tenemos otra solución que llevárnoslo –porfié, pese a mis dudas–. Si necesita cuidados médicos, llamaremos a una ambulancia.

–No te pongas borrico, sargento –me aconsejó, exhausto–. Para empezar porque sería una detención ilegal, y para terminar porque vas a perder el tiempo. Si me he zafado de cosas de las que soy más culpable que Satanás, cómo coño vas a colgarme esa mierda de la que no sé nada.

–¿Niega conocer a Trinidad Soler?

Ochaita meneó la cabeza.

–No sé si eres retrasado o si te lo haces, chico. ¿Quién ha dicho eso? He dicho que no sé nada de su muerte. Por supuesto que le conozco. Hasta una vez le solté un par de hostias. Un momento –se detuvo, y me preguntó–: ¿Es por aquella tontería? Anda, que menudo sabueso estás tú hecho.

La pastilla debía de estar surtiendo al fin sus efectos sedativos. Por lo pronto, parecía que conseguía establecer un diálogo con él, claro que al precio de aguantar mansamente que me cubriera de toda clase de improperios. Decidí estirarlo cuanto fuera posible, aunque tuviera que seguir allí de pie, bajo la despreciativa vigilancia de Eutimio y sosteniendo la torpe amenaza de una detención que muy improbablemente iba a practicar.

–No es sólo por ese incidente –dije, tratando de mostrar aplomo–, aunque ya que lo menciona, disponemos de numerosos testigos que aseguran que aquel día usted profirió graves amenazas contra la víctima.

–¿Cómo de graves? –preguntó Ochaita, dibujando a duras penas una torva sonrisa–. ¿Acaso dije que le iba a matar?

–Usted sabe que hay muchas maneras de decir las cosas.

–No para Críspulo Ochaita, sargentito –aseguró, prepotente–. Yo digo las cosas como me salen de las tripas. A ti te he amenazado con que voy a conseguir que te echen, y eso es lo que voy a hacer. Si hubiera querido amenazar de muerte a ese marisabidillo, pues lo habría hecho y en paz. Y luego habría salido el sol por Antequera, y yo me habría quedado tan fresco.

Ochaita me miraba desde abajo con una expresión entre asqueada y colérica. Su perro de presa, desde arriba, le imitaba fielmente.

–Pero no me negará su rivalidad con ese hombre –alegué–. Nos consta que en más de una ocasión se disputaron concesiones y obras. Y también nos consta que él le ganó a menudo, y que no siempre compitieron con buenas artes. No le voy a descubrir mucho más mis cartas. Lo que quiero que entienda es que no hemos venido aquí sin más, señor Ochaita.

Críspulo Ochaita lanzó una carcajada. Para cualquier otro hombre, habría sido una simple expansión, pertinente o no. Para Críspulo Ochaita, a aquellas alturas, era como escupir un pedazo de alma por la boca.

–Yo nunca he sido rival de ese mamporrero de chichinabo –rechazó–. Si acaso de su jefe o del jefe de su jefe, y más bien diría que al revés, que fue su jefe quien vino a tocarme las pelotas a mí.

Ochaita se paró a tomar aire. Debía de seguirle doliendo, pero se impuso a su sufrimiento y continuó, en el mismo tono de soberbia:

–Y si me ganaban, pues no te voy a negar que me jodía, pero también yo les ganaba a ellos y nunca he dejado de tener de sobra para hacer todo lo que me saliera del culo. Lo que no he entendido es eso que dices de que no peleábamos con buenas artes. Hablas como los maricones repeinados que salen en la televisión. Si lo que insinúas es que pagaba sobornos, pues sí, he pagado más sobornos que pelos tienes tú de cintura para abajo; que alguno tendrás, a pesar de todo. Y si quieres lo firmo ante notario o pongo una pancarta en la carretera. Como todo Cristo, diría para rematar la frase. Y ahora te chivas a un juececito soplapollas y que se ponga a montarme un sumario, y así tengo algo para reírme mientras me la chupan los gusanos.

No supe si Ochaita se estaba desahogando o si había sido así siempre, incluso antes de enfermar. En cualquier caso me abstuve de interrumpirle, porque ante todo me interesaba que siguiera largando.

–Y en cuanto a esas cartas que guardas en la manga –dijo–, no tengas vergüenza, sácalas y ponlas encima de la mesa. Sé lo que llevas. Como decimos los jugadores de mus, todo *perete*: cuatro, cinco, seis y siete.

Ochaita calló al fin, agotado. Ahora era mi turno, y tenía que encontrar algo que me sirviera para romper su costra. Me la jugué.

–Va a dejarme que le haga una pregunta –anuncié, lentamente–, y me la contesta como quiera. Si lo prefiere me sigue insultando, o sigue jugando a ser el abominable hombre de las nieves. Pero le recomiendo que antes de decidirse piense un momento, para variar. Como experto que es usted, ¿qué diría que tienen las prostitutas rusas que no tengan las nacionales?

Puso cara de estupor.

–Eutimio, ¿tú le has dado un golpe en la cabeza a esta criatura? –preguntó, como si sinceramente le preocupara.

Vi a Eutimio esbozar una sonrisa. En su cara de engendro resultaba una de las más humillantes de que nunca he podido ser objeto.

–No se me escurra, señor Ochaita –intenté mantenerme firme.

El enfermo me midió con abierta curiosidad.

–No te entiendo, muchacho –dijo–. Tampoco me sé de memoria el código nuevo, la verdad. ¿Acaso es ahora delito irse de putas?

–No. Pero sí lo es matarlas.

–Hostia, otro muerto –exclamó–. ¿Por quién me has tomado, por una funeraria? Mira, chaval, yo de putas me voy cuando se me pone, que es muchas veces, o era, porque ahora ni se me levanta, con toda la porquería que me pinchan. Y lo he probado todo: nacionales, rusas, negras, chinas y hasta cojas, que tienen un morbo increíble. Las rusas no están mal, la verdad, pero tampoco me parecen más que otras. En fin, a lo que iba, que me he tirado a unas pocas, pero matar, ¿quién mataría a una puta? Eso sólo lo hacen los tarados que les piden que se vistan de enfermera o de monja. Yo puedo tener mis defectos, y hasta mis rarezas, pero soy un hombre cabal.

Tras hacer esta última declaración, Ochaita se quedó observándome. Tenía el mirar gastado y franco, como un toro medio desangrado ante el matador que enfila el acero temiendo volver a fallar la estocada. Por un segundo cruzaron por mi cerebro esbozos de frases que aludían a la Costa del Sol, a Irina Kotova, a una bala del nueve largo perforando una nuca. Pero ninguna de ellas llegó a materializarse en mis labios. De repente, sentí la acuciante necesidad de dejar de hacer el ridículo. Aquel despojo humano me estaba machacando, y comprendí que ninguna frase que se me ocurriera iba a doblegarle. Tampoco podía detenerle, porque habría sido rematar mi desatino. Tenía que retirarme y meditar otra táctica, si la había.

–Mira, sargento –volvió a hablar Ochaita, sin dejar de enfrentarme–. No sé cuánto me queda. No sé si serán quince días, o diez, o dos. No he tenido mala vida: lo he pasado bien, me he salido con la mía muchas veces y he podido darme caprichos que muchos nunca consiguen. Pero ahora todo me la sopla. Si te gusta algo de lo que hay en esta casa, llévatelo. Lo mismo te digo a ti, niña. A Eutimio le he dado todos los coches, y a una de las chicas toda la plata que solía limpiar. Yo ya no voy a nece-

213

sitar nada, y lo que menos necesito, sargento, es que tú me creas inocente. Es más, si alguna vez hubiera matado a alguien, ahora me daría el gustazo de confesarlo. No es que no crea en el infierno. Vaya si creo: he vivido allí. Por eso no me importa lo que me espera. Después de todo, será como volver a casa.

De pronto, Ochaita había logrado desprenderse de su rencor de moribundo y sonaba pasmosamente sereno. Acepté que aquél era un momento tan bueno como cualquier otro. Tragándome el orgullo, le dije:

–Está bien, señor Ochaita. Por ahora le creeremos. Y le ruego que nos disculpe si le hemos molestado. No era nuestra intención.

–Claro que era vuestra intención, capullo –me corrigió, sin apiadarse–. A ver si la experiencia os vale para espabilar un poco. Hasta nunca.

Le dejamos allí, con la mirada perdida en el llano amarillo, disfrutando de aquel triunfo casi póstumo. Eutimio hizo con nosotros todo el camino de vuelta hasta la salida. Antes de cerrar la puerta, sentenció:

–Lo que yo os decía. Una pandilla de maricas. No me extraña nada que ahora dejen entrar a las mujeres.

Capítulo 16
LA MANO EN EL FUEGO

Mientras volvíamos a Madrid, la tarde se fue nublando. Al llegar al desvío de la M–30 el cielo se abrió de pronto y una tromba de agua se abatió sobre la ciudad. Aunque había puesto el limpiaparabrisas al máximo, Chamorro hubo de hacer grandes esfuerzos para orientarse. Cinco minutos después nos vimos atrapados en un atasco monumental. En un luminoso de señalización, unos cien metros por delante de nosotros, atisbé un triángulo rojo con un coche amarillo volcado en su interior. Al poco pude distinguir las temibles letras «*ACCIDENTE CARRIL DERECHO.*» La ristra de luces rojas se perdía al fondo de la cortina de agua, que seguía cayendo sañudamente.

–Creo que disponemos de un rato para reflexionar –dije.

–Es una forma de enfocarlo –opinó Chamorro, soltando el volante.

Eran las primeras palabras que los dos pronunciábamos desde Guadalajara. De pronto me sentía menos agobiado. Lo mejor de los días funestos, como aquel que nos agonizaba entre los manos, es el momento en que terminan de torcerse del todo. Viene a ser un alivio, porque a quien ya no espera ningún suceso alentador no

215

hay manera de frustrarle más. Ahora que estaba claro que aquel día no sólo no iba a ocurrirnos nada bueno, sino que encima íbamos a llegar a casa a las tantas, podíamos al fin relajarnos.

–Ha sido un encuentro muy aleccionador –observé, escuetamente. No hacía falta que mencionara a Ochaita para que Chamorro supiera a qué me estaba refiriendo. Ambos seguíamos pensando en él.

–Y que lo digas –asintió.

–No es malo que de vez en cuando te revuelquen –juzgué–. Es una especie de gimnasia. Previene el exceso de confianza y la tendencia a subestimar al adversario. Si lo miras, nuestro oficio tiene un punto de presunción. Debemos ser capaces de desarmar a cualquier sospechoso, de desenmascarar a cualquier asesino. Como si fuéramos más listos que nadie. Pero no lo somos, y nos viene bien que alguna vez nos lo recuerden. Porque nuestra baza no es nada de eso: ni la sagacidad, ni el ingenio, ni lo duros que podamos parecer. A veces el de enfrente es necio, o patoso, o blando, y con esas mañas te vale. Cuando la tarea es difícil, lo que sirve es otra cosa.

–Qué –murmuró Chamorro, distraída.

–Qué va a ser. El maldito tesón. Al fin y al cabo, nosotros somos el brazo ejecutor de la normalidad, que nos ha encomendado reprimir a los anormales. Y la normalidad siempre se impone, pero a la larga. No puedes ser más alto que el más alto. Tienes que esperar a que flaquee y se agache.

–Sabes que puedes contar conmigo lo que haga falta –aseguró mi ayudante–, pero yo diría que esto se nos ha puesto muy oscuro. Tendríamos tiempo si no hubiéramos agotado la paciencia de Pereira. Como no se nos ocurra pronto alguna idea brillante, nos vemos camino de Murcia.

–No estoy de acuerdo, Chamorro –disentí–. Me refiero a lo de la idea brillante. Me temo que el problema es justo lo contrario: una falta de método. Tengo la sensación de que en algún punto del camino nos hemos perdido. Nos hemos alejado de lo esencial y hemos dejado que nos despistaran.

–El caso es que no iba tan mal –dijo Chamorro, con una especie de añoranza–. Desde luego, no será por falta de sospechosos. Lo malo es que todos ellos lo siguen siendo, tanto como lo eran hace quince días. Ni más, ni menos. Si te fijas, no hemos podido comprometer ni descartar a ninguno. Es como si todos los esfuerzos se nos hubieran ido en nada.

–Y ahora sólo nos quedan seis días –recordé–. Pero hay que pararse y templar. Hacernos a la idea de que tenemos todo el tiempo por delante y preguntarnos: por qué, cómo. Regresar al principio, a los hechos.

–¿Tú crees?

–Figúrate por un momento que vuelve a ser abril y que sólo sabemos lo que sabíamos entonces. Que el muerto es un ingeniero de la central nuclear, y que llegó acompañado de una rubia despampanante.

–¿Y?

–Pues que nos hemos olvidado de las dos: de la central y de Irina. Y las dos cuentan para resolver el primer enigma que hemos tenido todo el tiempo encima de la mesa. No se trata de los dudosos negocios de Zaldívar, ni de las ansias de desquite de Ochaita, ni de los impenetrables sentimientos de Blanca Díez. El primer enigma, Virginia, es Trinidad Soler.

Chamorro no contestó. Se quedó mirando al fondo de la tarde tenebrosa.

–Tenemos que volver al hombre que fue capaz de reunir a su alrededor a unos seres tan distintos –proseguí–. El hombre que sedujo un día a la escéptica Blanca Díez. El mismo que trabajaba calladamente en la central nuclear, mientras le ganaba los concursos a Ochaita y recibía las confidencias de Zaldívar. El que una noche se encontró con Irina no sabemos dónde y en lugar de esquivarla la llevó al motel donde ella había de verle morir.

—¿Y qué propones? —consultó Chamorro, mientras cambiaba de marcha.

—Ahora, nada —me rendí—. Si logramos salir de este follón, creo que convendrá que cada uno se vaya a su casa y reflexione por separado. Lo que te propongo es que lo medites y que mañana me traigas alguna idea. Yo lo intentaré también, cuando termine de lamerme las heridas.

Aquella noche me fui a la cama pronto y me quedé dormido al instante. Fue una bendición, porque a la mañana siguiente me levanté despejado y entre la ducha y el trayecto hacia la oficina pude ordenar bastante mis pensamientos. Cuando llegué, mi ayudante ya me estaba esperando. No era infrecuente que apareciera por la oficina quince minutos o media hora antes del inicio de la jornada. Me recibió con un aspecto radiante.

—Buenos días, Chamorro —la saludé—. ¿Te ha tocado la Primitiva?

—No, mi sargento —repuso, muy formal, porque teníamos testigos—. Pero creo que se me ha ocurrido una idea genial.

—Cuidado, Chamorro.

—Hice lo que me mandó, mi sargento —se defendió—. Me puse a pensar en lo esencial, en los hechos. Mi idea tiene que ver con Irina.

Como empezaba a ponerme nervioso la atención con que seguían nuestra conversación, me aparté con Chamorro a un lugar menos concurrido.

—A ver, cuenta —le pedí.

—Alguien fue a buscarla a Málaga —dijo, empeñosa—. Alguien con quien es muy posible que ya tuviera trato de antes, por la facilidad con que aceptó marcharse con él para pasar dos o tres días lejos de su territorio habitual. Mientras le daba vueltas a eso me he acordado de algo que nos contó Vassily, cuando le interrogamos: no podía darnos una lista con los nombres de los clientes de Irina, pero a algunos de ellos sí los conocía de vista.

Adiviné instantáneamente por dónde iba mi ayudante. Aunque hacerlo a aquellas alturas ya no tenía ningún mérito. El mérito era todo suyo, y mía, la responsabilidad de haber pasado semejante detalle por alto.

–Coño, Chamorro. Si resulta, te has ganado el sueldo –admití, sin regatearle mi admiración.

–¿Sigues teniendo el número del móvil de Vassily?

Lo tenía, y medio minuto después estaba marcándolo. Hubo suerte.

–¿Sí? –la voz de Vassily se destacaba apenas sobre el fondo sonoro de un motor de automóvil muy revolucionado.

–Hola, Vassily. Soy el sargento Bevilacqua. ¿Por dónde andas?

–Ah, hola, sargento. Ando bien.

No me esforcé por disipar el malentendido. Fui al grano:

–Vassily, quiero que veas unas fotografías.

–¿De qué?

–Ya lo verás. Te las mando y me dices si alguna te llama la atención. Pero necesito que me des una dirección adonde pueda enviarlas.

–Bueno, ahora estoy de aquí para allá, sargento. Mejor tú mandas a bar que voy a decirte, y pones que es para Vassily. Ellos guardan.

Me dio el nombre de un bar y una dirección. Seguía estando por la zona de Málaga, aunque ahora en un municipio diferente.

–Vassily, necesito que me contestes con cierta prisa.

–Tú mandas fotos, sargento y yo paso por bar en dos días como mucho. No puedo decir seguro cuándo. ¿Cómo va investigación?

–Va adelante –mentí–. Tú fíjate bien en lo que te mando.

Una vez que conseguimos las fotos, las despachamos a Málaga por el procedimiento más urgente que teníamos a nuestro alcance. Después, volví a coger el teléfono. También yo había tenido una idea, aunque quizá fuera menos astuta que la de Chamorro. Como la de ella, estaba relacionada con aquellos primeros eslabones del caso que con el correr de nuestras pesquisas habíamos ido descuidando. Me costó un poco, pero al tercer intento me pasaron al fin con la extensión de Luis Dávila, el jefe de operación de la central nuclear. Sonaba austero y eficiente, como el día en que nos habíamos conocido. También me pareció que mostraba cierta prevención.

–Señor Dávila –dije, tras el intercambio de saludos–, nos gustaría tener una conversación con usted, a solas. Esta mañana, si es posible.

–Bueno, yo... –titubeó–. Verá, no creo que deba.

Me sorprendió aquella vacilación, en alguien como Dávila.

–¿Por qué?

–La empresa tiene su responsable de relaciones exteriores y su responsable jurídico –explicó–. Usted los conoce. Yo les atiendo con mucho gusto, pero según nuestros procedimientos ha de ser a través de ellos.

No cabía duda de que era un hombre escrupuloso. Pensé que debía haber previsto algo así. Ahora tenía que encontrar el modo de soslayarlo.

–Le voy a ser muy sincero, señor Dávila –dije–. No me interesa lo más mínimo hablar con Sobredo o con el abogado. Me interesa hablar con usted, y tenerlos a ellos como testigos sólo va a servir para estorbarme y para hacerme perder el tiempo. Ya me gustaría poder permitírmelo, pero le aseguro que en este momento no me sobra ni un minuto. Comprendo que debe obediencia a su empresa y todas esas cosas. Por eso le ruego que considere que ésta es una circunstancia excepcional. Se trata de la muerte de un hombre. Estoy seguro de que tiene el criterio suficiente como para saber que hay ocasiones en las que uno puede saltarse los procedimientos.

–No puedo hacerlo –dijo Dávila, cada vez más envarado.

–Se lo pido como un favor personal –insistí–. Y si tiene miedo de perjudicar a su empresa, le doy mi palabra de honor de que me abstendré de utilizar nada de lo que me diga en contra de ella. Aunque sospechase algo que tuviera el deber de denunciar. También yo me saltaré mis normas.

Le prometí aquello casi sin darme cuenta de lo que decía. Quizá por eso Dávila, al cabo de unos segundos de silencio, quiso cerciorarse:

–¿De verdad me da su palabra?

–De verdad –me ratifiqué.

–Está bien. Vengan, entonces.

–Otra cosa, señor Dávila.

–Dígame.

–¿Sigue en pie la oferta de visitar la central?

–Se la hizo el responsable de relaciones públicas –recordó, meticuloso–. No soy quién para oponerme a su decisión.

–Pues querríamos visitarla, si no le importa. Nos gustaría ver por dónde se movía Trinidad, y hablar con la gente que trabajaba con él.

–Me lo está poniendo muy cuesta arriba, sargento.

–Mantengo mis condiciones. No utilizaré nada en su contra.

–Como quiera –concedió Dávila–. Espero que no me despidan por esto.

–Reconoceré haberle coaccionado, en caso de necesidad.

–No lo olvidaré –advirtió, con un ruidoso suspiro.

Salimos en seguida hacia la Alcarria y conduje casi como el primer día, cuando nos habían llamado para avisarnos del hallazgo del cadáver. Al cabo de poco más de una hora estábamos ante la barrera de la central nuclear. Tras superar todos los controles, que esta vez estaban convenientemente avisados, llegamos hasta el despacho del jefe de operación. El habitáculo de Dávila era modesto y su mobiliario anticuado, como el que había estado de moda diez o doce años atrás. Tras él tenía una inmensa imagen aérea de la central y sobre la mesa las fotografías de tres niños.

–Ustedes me dirán –nos invitó. Parecía más tranquilo que durante nuestra conversación telefónica, pero algo en sus ojos indicaba que no lo estaba del todo, como si no pudiera dejar de sentir el peligro. No en vano, pensé, era un hombre habituado a vivir administrando un riesgo colosal.

–Ante todo –dije, tratando de inspirarle confianza–, quiero que conozca la razón por la que le he pedido esta entrevista. Hace varios meses estuvimos por aquí, preguntándole por Trinidad Soler. Desde entonces han pasado muchas cosas. Hemos cerrado el caso y lo hemos reabierto, hemos seguido una multitud de pistas y hemos localizado a algunos sospechosos. Como resultado de todo eso, un asunto aparentemente simple se ha convertido en uno de los más endiablados que nos hemos echado nunca a la cara. Y después de mucho analizarlo, mi compañera y yo hemos llegado a la conclusión de que hay algo que no hemos investigado lo suficiente: al propio Trinidad.

–¿Y en qué puedo ayudarles yo? –preguntó Dávila, con precaución.

–Voy a contarle algo que creo que no sabe, a juzgar por lo que nos dijo hace unos meses. Su subordinado tenía una actividad paralela desenfrenada, con la que ganó cantidades ingentes de dinero.

–¿Trinidad? No puede ser.

–Es, señor Dávila. No olvide con quién habla. Hemos investigado sus declaraciones de la renta, su patrimonio. Estaba forrado.

–Me deja de piedra.

–¿Nunca sospechó nada?

Dávila se quedó meneando la cabeza.

–Ni remotamente –dijo, despacio.

–Ahora creemos que Trinidad pudo ser asesinado –continué–, por algo que quizá tuvo que ver con esa otra actividad. Hay algunos indicios que sugieren que estaba asustado. Sabemos que tomaba medicamentos contra la angustia, y que compró dos perrazos para proteger su casa. Y nos resulta muy extraño que eso no se reflejase en absoluto en su trabajo aquí.

–Ya le dije, creo –recordó Dávila, cuidadoso–, que en los meses anteriores a su muerte parecía un poco menos centrado. Nada que pudiera considerarse alarmante, tampoco. Yo lo achaqué a su mudanza, y a la obra, y a todo lo que eso traía consigo. Quizá porque era lo que él mencionaba siempre.

–¿De cuántos meses me está hablando?

–No lo sé exactamente. Con la obra de la casa llevaba cerca de un año. Antes de eso, yo no noté nada.

–¿Cree usted que Trinidad era una persona asustadiza?

Dávila no contestó en seguida. Estaba a punto de juzgar la pasta de la que estaba hecho un hombre, y no era de esa clase de alegres bocazas que abordan una materia semejante como quien pela un plátano.

–Lo que yo puedo decirle –habló al fin–, es que no era ningún bravucón. Más bien tendía a rehuir los conflictos. Y si en alguna ocasión chocaba con alguien, la verdad es que no reaccionaba con demasiada frialdad.

–¿Lo consideraba ambicioso?

–Ésa es una pregunta más difícil –apreció–. No era como otros, a quienes se les ve perseguir el ascenso en cada informe que preparan. No parecía obsesionarle subir en la empresa, pero ahora que lo dice, hace dos años se tomó muy mal que se ascendiera a un compañero suyo y no a él.

–Tengo una tercera pregunta –dije–. Quizá la más comprometida.

–¿Más aún? –bromeó Dávila, entrecerrando los ojos.
–¿Cómo de honrado era Trinidad, para usted?
Dávila captó al vuelo que la interrogación tenía doble
fondo. O quizá estaba tratando de adivinar cuál era mi
concepto de la honradez. El caso es que tardó en responder todo lo que no había tardado hasta entonces.
–Para mí –dijo, sin apresurarse–, Trinidad era lo bastante honrado como para encomendarle responsabilidades que tenían que ver con la salud de mi gente, y como
para esperar que nunca se saltaría una norma, por lo
que estaba en juego. No crea que a veces uno no se pregunta si conoce lo bastante bien a las personas que de-
sempeñan funciones tan delicadas. Al menos, en los seis
años en que le tuve a mis órdenes, no fui capaz de sor-
prenderle en ninguna falta de diligencia. Yo diría que
Trinidad tenía un sentido del deber, y que lo cumplía a
rajatabla. Pero puedo equivocarme. Nadie baja nunca
hasta el sótano de ninguna conciencia, aparte de la suya.
  –¿Y pudo el dinero inclinarle a aflojar en su honradez? –inquirí.
  –El dinero –repitió Dávila, encogiéndose de hombros–. Yo tengo mala experiencia con eso. Hace tres años
tuve que proponer que se despidiera a alguien a quien
le habría confiado todo. Alguien a quien consideraba mi
amigo, más que mi subordinado. Aceptó un talón de
dos millones de un proveedor, para recomendarle. Dos
millones, y todo por la borda. Cuando le pedí que me lo
explicara, me dijo algo pueril: que creía que no se des-
cubriría nunca, y que el proveedor era realmente el mejor. Si hay dinero por medio, sargento, yo ya no pongo
la mano en el fuego por nadie.
  Dávila pronunció aquellas palabras con una gallarda
desolación.
  Después, el jefe de operación nos condujo por una serie de pasillos y a través de un número interminable de
barreras ante las que tuvimos que irnos identificando.
Sumadas a las precauciones de la entrada, donde había

detectores de metales y de explosivos, convertían a la central en el lugar más controlado en el que yo había entrado jamás. Al fin llegamos a un departamento señalado con el rótulo de *Protección Radiológica.* Allí Dávila nos presentó a un par de personas. A una de ellas, un tal Manuel Pita, la calificó como el más estrecho colaborador de Trinidad. Era un hombre de unos treinta años y aspecto atlético, amplia sonrisa y cabello pulcramente peinado a raya. El jefe de operación reveló nuestra condición de guardias civiles y la razón por la que estábamos allí, rogando máxima discreción. Le dije a Dávila que quería hablar con Pita. Se apartó prudentemente:

–Les espero fuera.

Pita afrontó el interrogatorio con tanta tranquilidad como si fuera una encuesta sobre el servicio posventa de un concesionario de automóviles. Sobre el carácter de Trinidad nos dio respuestas rápidas y precisas, que coincidían a grandes rasgos con el testimonio previo de Dávila, aunque el hecho de que también Pita tuviera un buen concepto significaba algo más. Un jefe siempre tiene en su contra la reticencia metódica y autodefensiva de quien ha de cumplir sus órdenes. En algún momento me pareció que Pita se abstenía de criticar tal o cual defecto por tratarse de un difunto, o por disciplina de empresa; pero no creí que tras eso se escondiera nada significativo. Cuando le pregunté si había observado algo llamativo en los últimos meses, se descolgó con una declaración simple, pero de posible enjundia:

–Le llamaban mucho por teléfono.

–¿Desde fuera de la central? –interpreté.

–Supongo. Sobre todo le llamaban al móvil. Al particular.

–¿Al particular?

–Sí –se rió–. Era gracioso, pero tenía dos. Uno de la empresa y otro particular, que se compró hará año y medio. Yo le decía que parecía Billy el Niño, con un móvil en cada cadera. Aunque el suyo era una virguería.

225

Uno de esos que son un poco más grandes que un mechero.

–Así que no puede decirnos quién le llamaba –inquirió Chamorro.

–Pues no, la verdad –se excusó Pita–. Aunque ahora que me acuerdo, había alguien que le llamaba aquí, al teléfono fijo. Una chica. Durante un mes o cosa así le llamó tanto que le tuve que dar yo el recado varias veces. Tengo su nombre en la punta de la lengua. Ya está: Patricia.

Chamorro y yo nos miramos. Ella anduvo más rápida:

–¿Patricia qué más?

–Sólo Patricia. Nunca me dio el apellido.

–¿Y él le habló alguna vez de ella?

–Nunca –rechazó Pita, con convicción–. De hecho, no parecía gustarle mucho que ella le llamara. No me pregunten por qué, pero siempre que le daba el recado, Trinidad ponía cara de preocupación.

–¿Recuerda cuándo fueron esas llamadas? –intervine.

–A primeros de año, más o menos –calculó–. Seguro no sabría decirle.

Por un momento imaginé que hubiera dado en hablar con aquel hombre en abril. Habríamos tenido que localizar las llamadas, pero eso requería un esfuerzo mínimo. No habríamos cerrado el caso en falso, y a lo mejor lo habríamos encarrilado a tiempo. Sólo un imbécil, me dije, se limita a hablar con los jefes, ante quienes siempre se disimula. La verdad, lo sabe cualquiera, se va deshilachando a medida que se sube hacia la cúspide.

Después de nuestra conversación con Pita, él mismo y Dávila nos acompañaron a recorrer la central. Vimos con cierta rapidez la zona de la maquinaria eléctrica, gigantesca, y la sala de control, una especie de imitación de la nave de *2001: Odisea del espacio*. Lo que nos interesaba, y nos intimidaba en cierta medida, era el recinto del reactor nuclear: lo que llamaban el área controlada, debido al riesgo de irradiación que había sido la misión de Trinidad prevenir. Para entrar allí era necesario ponerse una ropa especial y colocarse un dosímetro. Dávila nos explicó su utilidad:

–Sirve para medir la dosis de radiación que recibe el portador. No se preocupen –dijo, al ver la cara de Chamorro–. Lo normal es que sea inapreciable. Como mucho, un microsievert. Para que se hagan una idea, cincuenta veces menos que una radiografía de tórax.

Sólo había un vestuario, así que Chamorro pasó primero a cambiarse. Salió enfundada en un mono naranja demasiado pequeño para ella, lo que fue saludado por Pita con un inmediato destello ocular. Mi ayudante estiraba furiosamente la tela, pero no pudo impedir que se marcaran ciertas líneas. Deduje que aquel día Pita iba a tener un aliciente inesperado para efectuar el recorrido que debía tener ya tan visto, y que mi templanza, una vez más, sería sometida a prueba. Dávila no pareció percatarse de nada.

Cruzamos más controles y más puertas, y al fin nos vimos en el corazón de una inmensa esfera blanca. La atmósfera era calurosa y un poco opresiva, pese a la amplitud. Sobre la plataforma que pisábamos había tres equipos iguales, también pintados de blanco, y altos como una casa. En el centro había una piscina de un hermoso y sorprendente color azul. Justo al lado, según nos indicaron, estaba el reactor. Nos acercamos hacia allí. Sentados junto a la piscina, a unos pocos metros de donde se desarrollaba la reacción nuclear, un par de técnicos con aspecto de ser extranjeros departían relajadamente, en un alto de su trabajo. El ruido no era atronador, pero sí el suficiente como para impedirnos oírles con demasiada nitidez. Habríase dicho que estaban tomando el sol en un parque, y no sentados encima del lugar en el que bullía una fuerza tan desproporcionada y peligrosa.

Dávila parecía siempre cauto, pero Pita participaba de la indiferencia de aquellos técnicos. Le iba explicando todo muy solícito a Chamorro, que seguía estirándose el mono. Para Pita, como para Trinidad Soler, aquél era un espacio cotidiano. Pensé en él, en Trinidad. Traté de verle allí y traté de representarme cómo se movería, qué pasaría por su cabeza en aquel recinto que reproducía, a su modo ultratecnológico, la solemnidad de un templo. Había una pasarela que cruzaba sobre la piscina. Nos invitaron a subir y al hacerlo pudimos ver bajo nuestros pies el agua inmóvil.

–¿Qué es eso que hay en el fondo? –preguntó Chamorro. Se trataba de una especie de bastidores, de un oscuro color metálico.

–Es el combustible gastado –precisó Dávila, y a renglón seguido aclaró–: Las barras de uranio que se han ido quemando en el reactor.

–Eso debe de ser muy radiactivo.

–De lo más radiactivo –asintió Pita.

–¿Y no es peligroso estar aquí encima, sin nada más que el agua por medio? –consulté, con cierta aprensión.

–Bueno, son casi diecisiete metros de agua, aunque no lo parezca –dijo Dávila–. Es un buen blindaje.

–¿Por qué es tan azul? –inquirió Chamorro.

–No es azul –sonrió Dávila–. Sólo lo parece. Es un efecto que provoca el acero inoxidable de las paredes de la piscina.

–A todo el mundo le llama la atención ese azul –dijo Pita–. Incluso a los que estamos hartos de verlo. También a Trinidad. A veces se quedaba mirando ahí abajo, a donde está el combustible irradiado. Solía decir que era curioso que uno pudiera ver así algo capaz de provocar tanta destrucción. Sin más barrera que una simple capa de agua, transparente y azul.

Guardamos al muerto los segundos de silencio que todo muerto merece: Pita con el ceño ligeramente fruncido, Dávila con la mirada perdida en el fondo de la piscina. Ya habíamos visto más que suficiente. Salimos de la zona controlada, devolvimos nuestros monos naranjas y nos despedimos de Pita. Dávila nos acompañó aún a través de los restantes controles, hasta la salida. Incluso caminó con nosotros unos metros, en dirección a donde habíamos aparcado el coche. Me chocó un poco esa resistencia a separarse. El jefe de operación no paraba de darle vueltas a alguna cosa.

–Sargento, hay algo que quiero preguntarle –terminó por decir–. ¿Iba en serio la promesa que me hizo antes, cuando hablamos por teléfono?

–Si lo prometí, iba en serio –aseguré.

Dávila aún dudó un momento. Luego, con firmeza, declaró:

–Bajo esa condición que me ofreció, les voy a contar algo que mi conciencia me impide ocultarles. Hace una semana, durante una revisión de rutina, se advirtió una discrepancia en las fichas de control de cierto tipo de fuentes radiactivas. Hemos analizado una y otra vez los datos y la discrepancia subsiste. Lo que esto nos hace temer, en resumidas cuentas, es que alguien ha podido distraer una de esas fuentes. No es algo que pueda causar una catástrofe, pero entraña gran riesgo para quien esté cerca, así que ayer comunicamos el incidente a las autoridades nucleares. El problema –suspiró gravemente Dávila–, es que la fuente podría llevar más de un año circulando sin control. Los indicios que hemos reunido hasta ahora nos hacen pensar que falsificaron las fichas. Y en fin, aunque todo está por confirmar, creo que debo decirles que uno de los que pudo hacerlo fue Trinidad Soler.

Capítulo 17
UNA OLLA A PUNTO DE ESTALLAR

Los periódicos del día siguiente traían la noticia. También la repetían con insistencia en la radio, y en algunas televisiones. Describían el objeto y el maletín de plomo que debía contenerlo, y advertían que bajo ningún concepto debía abrirse este último. La versión oficial decía que alguien había robado la furgoneta donde estaba el maletín, en Guadalajara, aunque no se descartaba que el vehículo hubiera podido salir de la provincia. El objeto era inocuo dentro del maletín, pero fuera de él podía provocar graves quemaduras y causar en muy poco tiempo lesiones mortales. No había ni una línea sobre la central nuclear. Alguien, sin duda a petición de sus propietarios (y quizá con buen criterio, en tanto no se completaran las investigaciones), había decidido neutralizar por el momento el escándalo.

Le había rogado a Dávila que me mantuviera al corriente de lo que descubrieran. Sobre todo, me interesaba saber si lograba confirmar la hipótesis que me había apuntado cuando nos despedíamos, y en qué momento podía considerarme relevado del secreto que me había impuesto. A Chamorro le encomendé que sin quebrantar el sigilo prometido a Dávila hiciera ciertas averiguaciones sobre las características y los efectos de aquella clase de material radiactivo. Por lo que pudo sacar de su conversación con un experto en energía nuclear, la potencia de la fuente era tal que una breve exposición a ella, sin la interposición de ninguna clase de blindaje, era capaz de achicharrar literalmente al desaprensivo. Mediante la utilización de una barrera insuficiente, y dependiendo del grosor de ésta, podía provocarse casi a discreción una variada gama de daños, a plazo corto o medio. Le pedí a Chamorro que profundizara e hiciera un inventario de esos daños.

Por mi parte, y para aprovechar al máximo nuestra escasez de tiempo y recursos, me ocupé de otra pista diferente. Ella fue la que me llevó aquella mañana a la plaza de la Lealtad, donde por un sarcasmo demasiado notable para ser casual se encuentra en Madrid la Bolsa de Valores.

Según había podido informarme, Patricia Zaldívar trabajaba en una sociedad de valores, donde tenía un puesto de cierta importancia. Imaginé que la suculenta fortuna de su progenitor, en parte invertida a través de esa misma sociedad de valores, le habría despejado convenientemente el camino. Así la niña se convertía en una experta en finanzas e inversiones, habilidad que no le iba a ser desde luego inútil en un futuro cercano. Patricia, y esto me sorprendió, era la única hija de Zaldívar y por tanto la heredera universal de todos los bienes y derechos que éste había ido juntando.

La sociedad de valores tenía sus oficinas en uno de los edificios de la propia plaza, muy cerca del Ritz. Cuando llegué eran aproximadamente las doce, y dudé si debía esperar a que la hija de Zaldívar saliera a almorzar o abordarla directamente en su oficina. Cada opción tenía sus ventajas y desventajas. Seguía sopesándolas, sin acabar de decidirme, cuando vi a Patricia salir por la puerta del edificio. Iba muy elegante, con un traje de chaqueta gris humo, la falda bastante corta. Llevaba los brazos cruzados y en la mano un teléfono móvil. Echó a andar negligentemente hacia el hotel.

En una investigación policial las oportunidades hay que cogerlas al vuelo, así que la seguí sin vacilar. Patricia rodeó el hotel, cruzó la calle y siguió hacia el museo del Prado. Yo caminaba siempre unos treinta metros por detrás, preguntándome adónde se dirigiría. Al llegar a la esquina del museo pensé que torcería a la derecha y cruzaría el paseo. Al otro lado hay tiendas y cafeterías y cualquiera de ellas me parecía un destino verosímil. Pero ella siguió de frente y pasó sin detenerse a lo largo de toda la fachada del museo. Una vez que lo rebasó, se fue en diagonal hacia la izquierda. Mantuvo esa dirección hasta desembocar en la puerta del Jardín Botánico.

Pagué mi entrada medio minuto después de que ella pagara la suya. Tiempo suficiente para que se internara por un sendero lateral y perdiera su pista momentáneamente. Un poco más tarde la encontré sentada al pie de un gran árbol. Miraba hacia arriba, con la cara bañada por el sol. Era una agradable mañana de octubre, ni muy fría ni muy calurosa.

Me acerqué a ella sin prisa, para que me viera venir. Al principio ni me miró, pero cuando estuve a unos tres o cuatro metros me pareció que se fijaba y trataba de localizar mi cara en la bruma de su memoria.

–Buenos días. ¿Te acuerdas de mí? –pregunté, lo más distendido posible.

–Sí, pero no caigo –repuso, aún despistada.

Saqué mi cartera y le mostré la identificación.

–El guardia –dije.

Patricia asintió durante un par de segundos, en silencio. Cuando volvió a hablar, parecía otra persona. Volvía a ser la chica que salía de la piscina, desparpajada y deseosa de tener el control de la situación.

–Qué casualidad –exclamó–. No suponía yo que los guardias venían a pasearse por aquí. Quizá me equivoque, pero me parece que éste es un lugar demasiado decadente para un servidor del orden.

Podía haberle contado algo sobre las mañanas de facultad que me saltaba las clases y me iba a allí a leer a Proust, pero no vi qué iba a aportarme semejante confidencia. Por fortuna para quien quiere mantener oculta su verdadera personalidad, la gente tiende a manejar respecto de los demás un puñado de burdos retratos robot, a los que en ocasiones como aquélla resulta preferible dejar creer al otro que uno se ajusta sin desviaciones.

–Tampoco imaginaba yo que las ejecutivas se escapaban del trabajo a media mañana para sentarse a la sombra de un árbol –dije, por secundarla en su aproximación superficial a la realidad del prójimo.

–¿Quién te ha dicho que soy una ejecutiva?

–Vistes como si lo fueras. Y soy guardia. Puedo enterarme de cosas. O mejor dicho, tengo que hacerlo.

Patricia entornó los ojos.

–¿Debo entender que estás aquí en misión oficial?

–No sé bien –me encogí de hombros–. ¿Cómo preferirías tú que estuviera? Hasta cierto punto, puedo dejarte elegir.

–Me es indiferente –repuso, apartando la vista–. Yo estaba aquí, con mi árbol. Y ésa era toda la compañía que buscaba.

Miré hacia lo alto.

–Un buen árbol, sin duda –admití.

–No es un buen árbol –me corrigió, repelente–. Es el árbol más formidable de Madrid. Y no sólo por el tamaño, sino por lo increíblemente perfecta que es su forma. Fue una gran idea traerlo del Cáucaso.

Miré la plaquita negra que había al pie del árbol, y que en efecto le adjudicaba esa procedencia. En cuanto al juicio que Patricia hacía sobre él, no estaba a la distancia adecuada para poder apreciarlo con perspectiva, pero aun así era perceptible el garbo y la simetría de su inmensa fronda.

–Además, como todos los árboles realmente nobles –siguió explicando–, éste es de hoja caduca. Los pinos, los eucaliptos y toda esa basura que siembran ahora, están más cerca del hongo que del árbol. Los árboles de verdad se mueren durante el invierno. Así consiguen el vigor y la plenitud de la primavera. El que más vive es el que menos teme morir.

–Nunca lo había pensado.

–No entendemos mucho a los árboles –dijo, abstraída–. Por eso ellos duran cientos de años y nosotros no. Lo paradójico es que nosotros somos los únicos de quienes ellos deben cuidarse. A éste, sin ir más lejos, estuvieron a punto de matarlo hace treinta años, embistiéndolo con un camión.

–Habría sido una lástima –opiné, sinceramente.

Patricia se quedó en silencio, manoseando sin fuerza su teléfono móvil.

–En fin, señor guardia –dijo, repentinamente distante–. Ya sabe por qué he venido aquí. En otoño me escapo siempre que puedo. Me gusta ver cómo cambia el color de las hojas, de un día para otro, hasta que se caen. Quince minutos aquí me descansan mucho más que lo que hacen mis compañeros, parar a tomar un café recalentado en el microondas de la oficina. Lo que me gustaría saber ahora es para qué ha venido usted.

–Preferiría que siguiéramos tuteándonos –dije.

–Claro –concedió–. ¿Para qué has venido?

–Ya te lo imaginas.

Patricia me observó, recelosa.

–Trinidad Soler –dijo, sin énfasis–. ¿Algo nuevo en la investigación?

–No mucho –me lamenté–. Por eso necesito tu ayuda.

–Bueno, ya hablaste con mi padre –se desentendió–. Él es el que tenía negocios con Trinidad, o al revés, como prefieras ponerlo. No sé, ve a verle otra vez. Si él no puede ayudarte, yo puedo menos.

–¿Estás segura?

Por primera vez, la hija de Zaldívar dudó del terreno que pisaba.

–Oye, señor guardia –se rehízo–. Me estás estropeando mi poco rato de descanso. Para un día que llevo ya diez minutos sin que me suene esta mierda –y alzó el teléfono móvil–. Dentro de otros cinco tendré que levantarme, y la verdad, no me gustaría pasármerlos tratando de adivinar con qué letrita empieza la cosita de tu *veoveo*.

En ese momento sonó el teléfono móvil.

–¿Lo ves? Joder –renegó–. ¿Sí? Sí, soy yo. No, sí, puedo hablar.

Escuchó durante medio minuto, y estuvo hablando durante otro medio. Instrucciones precisas, cortantes, rectificadas sobre la marcha.

–Me llamas si tienes algo –ordenó, antes de interrumpir la comunicación. Después, como si acabara de aterrizar de Marte, dijo–: ¿Por dónde iba? Ah, sí. Pues eso, que si quieres preguntarme algo en concreto, pregunta y te respondo, en el improbable caso de que lo sepa. Y si no, te agradecería que me dejaras en paz, con mi árbol y mis pensamientos.

–De acuerdo, te preguntaré –me avine, procurando aparentar que tenía todo el tiempo del mundo–. Y no te preocupes, que la pregunta es fácil y sí vas a sabértela. ¿Te importa que me siente?

–No, si no lo haces encima de mis piernas –bufó.

Por primera vez, pensé en Patricia como mujer. No era demasiado alta ni demasiado baja, ni demasiado guapa ni demasiado fea. Tenía el atractivo de su insolencia, de su cuerpo trabajado lo justo con pesas y con cirugía en la medida en que hubiera podido necesitarlo. En cuanto al aspecto ornamental, parecía evidente que no iba a una peluquería de barrio ni usaba cosméticos de rebajas, y su vestuario estaba a la altura de la ingente disponibilidad económica de que gozaba para surtirlo. Sopesé si era una mujer en cuyas rodillas me hubiera sentado, de no haber sido ella una sospechosa y yo un guardia en acto de servicio y obligado por tanto a la morigeración. Y tan sólo se me ocurrió una razón por la que me resultaba plausible la idea: cuanto más la miraba, más se me daba un aire a Blanca Díez.

En cualquier caso me acomodé al otro extremo del banco, bajo su implacable y contrariado escrutinio. Sonriente, anuncié:

–Y ahora, mi pregunta. ¿Por qué no le llamabas al móvil?

–¿Qué? –preguntó Patricia, dejando al mismo tiempo que los ojos le cayeran y entreabiertos los labios.

–Al móvil –repetí, señalando el suyo–. Ya sabes, guardas el número en la memoria de tu aparatito y con sólo apretar una tecla le suena el suyo al otro, esté donde esté. No hay que dejarle el recado a nadie, con lo que evitas que luego lo cuente a quien no debe. Así es como hoy prefieren localizarse las parejas que pueden pagárselo. Es una maravilla, tenerse siempre a tiro de dedo el uno al otro. Al menos mientras se siguen soportando.

–Perdona, pero creo que no sé de lo que me hablas.

–No quiero que me acuses de volver a las adivinanzas –aclaré–, pero a estas alturas, ¿no crees que esa pose alelada está dejando de convenirte?

Patricia enmudeció y alzó la vista hacia su árbol.

–Maldita sea –rugió, furibunda–. ¿Qué es lo que sabes?

–Lo que sé es secreto profesional, querida –dije, para que viera que no sólo ella era capaz de tomarse confianzas–. Lo que importa es lo que quieras contarme tú ahora. Luego yo lo comparo y me sale blanco o negro. Blanco, te pido perdón y me largo. Negro, tardamos un poco más.

Volvió a sonar su teléfono móvil. Patricia hincó el índice, con saña, en el botón que servía para apagarlo. Después lo dejó apoyado en el banco y se pasó la mano por la frente varias veces. Era una mujer acostumbrada a tener las riendas, y se notaba que buscaba cómo recobrarlas.

–La pregunta es un poco tonta –juzgó al fin, despectiva–. Se ve que no has pensado mucho en ello. Por donde él se movía una buena parte del tiempo que pasaba en el trabajo no puede utilizarse el móvil. Para no interferir con otros aparatos, o porque los blindajes de las paredes impiden que haya cobertura. A mí me lo explicó él, pero tú eres Sherlock Holmes.

–*Touché* –reconocí.

–Qué fino, en francés –se mofó–. Vaya guardia peculiar.

–Soy un guardia, no un cabestro –advertí.

–Perdona, hombre –dijo, levantando las manos–. Bueno, ya lo he admitido. ¿Y ahora qué es lo que viene?

–Cómo, cuándo, cuánto, por qué –recité, implacable.

–Uf. ¿Todo eso? –fingió sentirse abrumada–. Sería demasiado largo.

–Hazlo corto. Cuenta sólo lo importante.

–Creo que lo único que no me has preguntado es *dónde* –dijo, demostrándome su rapidez mental–. Y eso suele ser importante. Le conocí en casa, una tarde que vino a ver a mi padre y el gran León se retrasó. Hablé con él, me cayó bien, le dije que me llamara algún día. Yo no doy muchos rodeos con los hombres. Por razones obvias, creo más en la venida del cazadotes que en la del príncipe azul, y tampoco tengo demasiado tiempo para dedicarles. Más o menos eso responde al *cómo*. El caso es que quedamos un día, me siguió gustando, quedamos otro, igual, y así sucesivamente. Duró lo que duró, ni mucho ni poco, un par de meses. Y estuvo bien, sin sobrar ni faltar. No apretaba su retrato contra mi pecho al claro de luna y tampoco se me abría la boca cuando estaba con él. Una cosa suave, razonable, *c'est tout*.

–¿Cómo?

–Perdón, creí que hablabas francés. *Eso es todo*.

–Ah –entendí–. Sigue, por favor.

–No queda mucho. Creo que ya he contestado al *cuánto*. ¿Qué más? Bueno, sí, *cuándo*. A principios de año. Cuando murió hacía más de dos meses que no le veía. Lo dejamos como creo que debe hacerse, un apretón de manos y a correr, sin historias. Trinidad era un hombre con la cabeza en su sitio. No me hizo soportar las niñerías que me he tenido que comer con otros. Si se acaba, pues se acaba. Nada de *no puedo vivir sin ti* y gilipolleces por el estilo. Todos podemos vivir solos. Todos vivimos solos.

Patricia constató aquella verdad terrible con especial indiferencia, y tras hacerlo quedó en silencio, contemplando su árbol.

–Te falta algo –dije, al ver que no continuaba.

–¿Sí? –dudó, o fingió dudar.

–*Por qué* –recordé.

–Ah, por qué –asintió–. La pregunta eterna. Yo me la hago poco, o la resuelvo a bote pronto, que no me parece peor que exprimirse los sesos. Para empezar, tengo dos requisitos inexcusables: ni gordos, ni mentecatos. Sé que ahora resulta incorrecto decirlo así de crudo, pero no trato de predicarle nada a nadie, es para mi consumo propio. Me deprimen la carne fofa y la gente sin inteligencia, qué le voy a hacer. Trinidad no presentaba ninguno de los dos inconvenientes, como quizá sepas. Y eso que no hacía deporte. Era un fenómeno de la naturaleza: algo tenía dentro que quemaba todo lo que comía. Un auténtico misterio, me daba una envidia horrorosa.

No se me escapó la ojeada que Patricia echó a lo que rebosaba moderadamente por encima de mi cinturón. Era una ojeada parecida a la que cada tanto echaba a mis pantalones o a mi americana, tasándolos en conjunto en una suma muy inferior a la que le había costado su pañuelo y sintiendo en el acto por mí una inevitable conmiseración. No me ofendía, porque a ella la habían educado en la creencia de que eso calificaba o descalificaba a las personas, y porque en mi creencia opuesta encontraba yo una providencial herramienta para vivir en paz con mi escueta fortuna material.

–Cumplidos esos dos requisitos mínimos –prosiguió Patricia–, la cosa es muy simple. Se prueba y surge la chispa, o no surge. Quieres mirarle, tocarle, y que te mire y te toque, o no. Si es que sí, adelante. Si no, puerta. No entiendo toda esa paliza de los melodramas. Es lo más fácil del mundo. Y si uno no te corresponde, siempre hay otros cien mil disponibles.

–De modo que con Trinidad surgió la chispa y él te correspondió –discurrí en voz alta, para cerciorarme de que había entendido.

–Pues sí.

–¿Y qué le parecía a tu padre?

–¿A mi padre?

–Sí –insistí–, a tu padre.

–Tengo casi treinta años, señor guardia –reveló–. Hace ya unos pocos que no dejo que mi padre les ponga nota a mis novios. Para empezar, me cuido de decirle quiénes lo son o lo dejan de ser. Así no hay peligro.

–¿Quieres decirme que tu padre no estaba al tanto?

–No.

–¿Ni tu madre?

El semblante de Patricia se ensombreció de pronto.

–Puede que ella sí –dijo, amarga–. Si existe lo del cielo y les dejan mirar desde lo alto de una nubecilla. Mi madre murió hace veinte años.

–Lo siento.

–Bueno. Está asumido.

Aquella orfandad suya, y la viudedad que al mismo tiempo le correspondía a León Zaldívar, me dieron que pensar.

–¿Y tu padre nunca pensó en buscarte una madre? –pregunté.

–Durante los primeros cinco o seis años, no –repuso–. Siguió con lo que estaba haciendo cuando mi madre se murió: trabajar como un animal y amasar su maravillosa fortuna. Luego vinieron los años dorados y entonces no me buscó una madre, sino cientos de ellas: rubias, morenas, pelirrojas. Al principio yo era más joven que ellas, pero en cierto punto las dos curvas se cruzaron y a partir de entonces fue al revés. En fin, no es una historia divertida, ni original, y además no veo qué puede importarte.

–No era mi intención fisgar –me excusé–. Volvamos a Trinidad Soler. ¿No te fue difícil esconderle esa relación a tu padre?

Patricia experimentó o afectó un gran asombro.

–Ni que mi padre fuera el dueño de la CIA –exclamó–. Claro que no me fue difícil. El mundo es grande, y yo sé llevar las cosas en secreto. No íbamos nunca a los sitios a los que él suele ir, y punto.

–Sin embargo, no os privasteis de salir por el territorio de Trinidad.

–¿Qué es el *territorio de Trinidad*?

–El Uranio, por ejemplo.

Tenía que apostar, y aposté, que ella sería la mujer morena de veintiocho o veintinueve años que la robusta camarera del Uranio decía haber visto varias noches en compañía de Trinidad. Patricia abrió mucho los ojos.

–Caramba –exclamó, estupefacta–. No eres tan mal detective, Sherlock.

–¿No temíais encontraros a su mujer? ¿Te habló alguna vez de ella? ¿Qué era lo que te contaba de su matrimonio?

Patricia encajó impertérrita mi andanada de preguntas.

–Nada, señor guardia –replicó–. Su matrimonio era asunto suyo. Yo nunca le pedí que la dejara, ni esas tonterías que hacen las putillas que andan por ahí calentando a los casados aburridos. Lo mío es otro plan.

Lo dijo con una especie de mueca colérica, por si yo me había figurado lo contrario. No era el caso, naturalmente.

–Está bien, olvidemos a su mujer –acaté, visto lo visto–. Y perdona por mi insistencia en traer a colación a tu padre. Pero me interesa saber cómo crees tú que habría reaccionado si hubiera sabido lo tuyo con Trinidad.

Patricia me observó con una especie de cansancio. También yo deploraba tener que asumir aquella tenacidad tan fastidiosa. En realidad, mi material genético, como el de casi todos los vertebrados superiores con un mínimo volumen cerebral, me predispone al sopor y a la inacción.

–Pues mira –dijo–, no tengo ni puñetera idea. Pero a lo mejor le había gustado. Se llevaba bien con él. Hablaban mucho, y cuando Trinidad venía a casa se quedaba hasta las tantas. Alguna vez, desde la ventana de mi cuarto, vi a mi padre acompañar a Trinidad hasta el coche, con el brazo echado sobre su hombro. Los dos venga a reírse, la mar de compenetrados. Mi padre sabe ser encantador, cuando le da por ahí, y Trinidad tenía algo que movía a quererle en seguida. A lo mejor habría sido el yerno perfecto para el gran León Zaldívar. Si yo hubiera estado por la labor, claro.

–Y los negocios que Trinidad tenía con tu padre...

–No pierdas el tiempo –me atajó–. De los negocios de mi padre paso completamente. Se supone que un día será todo mío, y entonces ya veré qué hago. Pero en tanto me llega tamaña apoteosis, procuro llevar una vida lo menos aberrante posible. La primera regla que establecí con Trinidad fue que tan pronto como se le ocurriera mencionar a mi padre, puf, *game over*. Y la tuvo en cuenta. Charlábamos sobre cine, o sobre pájaros.

Patricia me miraba casi todo el tiempo a los ojos, sin arredrarse y sin que yo pudiera advertir en los suyos el más mínimo desfallecimiento. A aquellas alturas, las dotes de Trinidad para relacionarse con personas de carácter estaban más que acreditadas: Blanca, Zaldívar, ella. Una de las cosas que más me intrigaba era lo que podía ofrecerles aquel hombre, cuya fragilidad yo intuía en tantos detalles recopilados a lo largo de la investigación, desde sus crisis de angustia hasta la infortunada escaramuza con Ochaita.

–Supongo que no me servirá de nada preguntarte por qué crees que murió –dije, resignado.

–Lo que yo creí en su momento –evocó Patricia, dócilmente–, fue que una noche quiso perder el control y que se le fue la mano. Y mientras no me convenzan muy mucho de lo contrario, eso es lo que seguiré creyendo.

Hablaba como si lo hubiera meditado. Y si mentía, lo hacía con gran oficio. En todo caso, fuera o no sincera, aquélla era, posiblemente, la última mujer a la que él había querido. Y al igual que había obtenido la de tantos otros, quise obtener su versión sobre Trinidad Soler:

–Voy a pedirte algo. Puede que te choque, pero creo que me será útil. Me gustaría que me lo describieras. Como persona, en dos palabras.

Patricia no se apresuró. No titubeó tampoco. Con voz firme, declaró:

–Por fuera, equilibrio y calma. Por dentro, una olla a punto de estallar.

Me quedé callado, dándole vueltas a aquella contundente descripción. Patricia aprovechó ese momento para ponerse en pie.

–Tengo que volver a mi oficina –advirtió–. Si no estoy detenida.

La miré desde mi extremo del banco, sabiendo que tenía que decidir en cuestión de segundos y que si la dejaba ir ya no volvería a tener la ocasión de sorprenderla. En mi cabeza se agolpaban, junto a las respuestas que ella había dado a mi interrogatorio, todos los indicios que en los últimos días habíamos ido reuniendo en una amalgama cada vez más agitada y confusa. Después de todo, no tenía nada contra ella. Quizá, pese a las expectativas que hubiera podido concebir cuando había ido a buscarla, tenía contra ella menos que contra nadie. Así que meneé la cabeza y dije:

–No, no estás detenida. Gracias por todo.

–De nada –respondió, y dando media vuelta, se alejó de allí.

La vi irse, abrazada a su teléfono móvil. Una niña caprichosa, de corazón insensible e insoportablemente altiva. Y a la vez, no terminaba de parecerme del todo mala. Pero tampoco lo bastante buena como para que a Trinidad le hubiera convenido tropezarse con ella. Aunque, bien mirado, quién era yo para enjuiciar eso. Sólo uno mismo sabe lo que le hace falta. Me quedé allí todavía diez minutos, tratando de organizar mis desordenadas ideas. Después, como en sueños, volví a la oficina. Nada más cruzar la puerta, una Chamorro visiblemente alterada me salió al paso.

–¿Qué hay? –pregunté, saliendo apenas de mi ensimismamiento.

–En primer lugar, ha llamado Dávila –dijo–. Ha hablado con sus jefes y les ha convencido de que no puede ocultarnos lo que sabe. Nos autoriza a manejar lo que nos contó, aunque nos ruega que evitemos hasta donde sea posible que la atención se dirija hacia la central. Pero eso no es lo gordo.

–¿Lo gordo?

–Toda una noticia: tenemos un sospechoso menos. Por lo menos, a efectos de que puedan juzgarle. Ochaita murió anoche.

Capítulo 18
EL FINAL DEL TÚNEL

No he asistido a otro entierro tan lúgubre como el de Críspulo Ochaita. A lo largo de su vida había estado casado con dos mujeres, pero de las dos se había separado de forma accidentada y con ninguna había tenido hijos. El hecho de que una de ellas sí los hubiera tenido con otro hombre alimentaba habladurías que eran, por lo visto, lo que a Críspulo más le irritaba. El caso es que en ausencia de descendientes, y no habiendo el difunto observado la precaución de adoptar a alguien para llenar el vacío, a su entierro sólo asistió un puñado de empleados de confianza, tan graves como en el fondo ajenos, o preocupados principalmente por el incierto porvenir de sus salarios. Lo único parecido a una familia que había en el acto era su servidumbre más cercana. El gigantesco Eutimio, erguido ante el ataúd, lloraba con un torrente de lágrimas que resbalaban veloces sobre su piel curtida por el sol. También sollozaba una de las mujeres que atendían la casa.

El cura leyó con voz monótona las consabidas promesas de resurrección y tras ellas entraron en acción los operarios que debían bajar la caja a la fosa. Nunca he comprendido a la gente que desea cerrar su historia con ese rito penoso, el arriado de un armatoste por unos hombres desconocidos que maniobran a duras penas en un espacio angosto. Pero quizá Ochaita no había dispuesto aquello, ni lo contrario. Y por eso se le despachaba conforme a la costumbre, que no sólo en eso tiende a ser tortuosa.

Una vez que el ataúd tocó el fondo del hoyo, los operarios procedieron con rapidez y brusquedad al sellado del hueco. La mayoría de los presentes consideró que ya no debía asistir a la labor de albañilería, y comenzó a retirarse. No había familia a la que dar el pésame, aunque algún desinformado la buscara. En unos pocos minutos, sólo la alta figura de Eutimio, impresionante en su traje de riguroso luto, se alzaba junto a la tumba.

Nos acercamos a unos pasos y nos quedamos allí, aguardándole. Aún tardó un par de minutos en separarse del sepulcro. Finalmente se enjugó la cara con el dorso de la mano y se dio la vuelta. Nos reconoció al instante, pero bajó la vista, echó a andar y merced a sus zancadas kilométricas pasó de largo como una exhalación. Le llamé del modo más respetuoso:

–Espere, Eutimio, por favor.

Se paró en seco y se quedó inmóvil. Me aproximé a su lado.

–Lo siento –dije.

Eutimio me observó con unos ojos enrojecidos por el llanto. No habría dicho que me odiaba, pero tampoco que me contemplaba con afecto.

–Gracias –repuso, ásperamente–. ¿Qué busca aquí?

–A él ya no –constaté, señalando la tumba.

–¿Y entonces?

–Ahora ya no puede pasarle nada –razoné, con cautela–. Y a usted tampoco, si no intervino directamente y se limitó a encubrirlo. Eso quedará borrado en el mismo momento en que nos denuncie los hechos.

Eutimio, contra mis temores, no estalló. Muy digno, aseguró:

–Yo no sé más de lo que él les contó.

–Sea práctico, Eutimio.

–Mire, mi sargento –respondió, contenido–. No me haga decir las cosas dos veces. Don Críspulo no era un santo, pero tenía lo que un hombre tiene que tener. Nunca le habría dado a nadie por la espalda. Y si lo hubiera hecho, en eso yo no le iba a tapar. ¿Está claro?

–De acuerdo, Eutimio –asentí–. Disculpe que le hayamos molestado en un día como éste. Nuestro pésame otra vez.

–Perdón, sólo una pregunta –intervino Chamorro, tras propinarme un codazo subrepticio, como para darme a entender que me olvidaba de algo.

El gigante la miró con una abierta reticencia.

–En mis tiempos, los guardias se estaban callados mientras los suboficiales no les dijeran que podían hablar –me reprochó.

–Los tiempos cambian –dije, humilde–. Pregunta, Chamorro.

–¿Podría decirnos de qué murió? –inquirió mi ayudante.

Eutimio miró al cielo, como si buscara allí la respuesta.

–De lo que morimos todos, muchacha –afirmó–. Se le pudrió justo la parte de la que más había disfrutado en la vida. Se veía venir desde hace ya tiempo, porque nunca quiso obedecer a los médicos. Para mí, que con toda la razón. Por lo menos ha vivido y se ha muerto a su gusto y no al de ellos. Y ahora, si no se les ofrece nada más, seguiré mi camino.

Aguardó durante un par de segundos. Como ni yo ni Chamorro pronunciáramos palabra, reanudó su marcha. Al poco, le vimos subir a un Jaguar que se perdió al fondo de la desolada mañana de octubre.

Habíamos ido a aquel entierro en Guadalajara para tratar de aclarar algunas de nuestras borrosas sospechas. Volvimos a Madrid a media mañana con una vaga sensación: como si tocáramos el final del túnel y a la vez como si todo se nos pudiera escurrir en un momento entre los dedos. Pero apenas tuvimos tiempo para entretenernos en esas elucubraciones. Nada más llegar a la oficina, la guardia Salgado, unánimemente considerada como la chica 10 de la unidad, me abordó y me informó con su sensual voz:

–Ha tenido una llamada, mi sargento. El secretario de un juzgado de Guadalajara. Le he dejado el número apuntado en ese *Post-it*.

No era nada inocente al mencionar la marca del papel adhesivo. Sus eses y sus tes componían una musiquilla irresistible. Aquella chica, que por lo demás era despierta y trabajadora, acabaría teniendo problemas algún día. Por lo pronto, cuando Chamorro vio que me quedaba totalmente obnubilado a raíz de oírla, no se resistió a anotar, con maldad:

–Un día de éstos a Salgado le van a dar un premio por su valiosa contribución al incremento de la cabaña nacional de babosos.

Pero, por una vez, mi ayudante erraba el tiro. No sostendré que yo era inmune a Salgado, aunque había trabajado con ella un par de veces, antes de la llegada de Chamorro, y no me había dejado secuelas. Sin embargo, no era en ella en quien estaba pensando. Para restablecer la normalidad, en la que yo debía dirigir el trabajo de ambos y no servir como blanco de sus acerados dardos, me dirigí con aire impasible a mi ayudante:

–Chamorro. Quiero que te vayas a ver a Valenzuela. Echando hostias.

Ella puso la cara que solía poner ante mi esporádico, que no frecuente, recurso al lenguaje sacrílego. En parte reflejaba su incomodidad, y en parte que advertía que lo que le estaba diciendo no admitía apelación.

–¿Para qué? –indagó, prudente.

–Para que te dé la lista de los juzgados que conocen de los pleitos de Ochaita y de Zaldívar.

Chamorro se puso en pie. Antes de irse, me preguntó:

–¿No vas a llamar al secretario?

–No, Chamorro. No voy a llamarle.

–A lo mejor es importante.

–A lo mejor. Pero para terminar de saberlo ya me está haciendo falta esa lista. Te agradecería que me la trajeras antes de Navidad.

Chamorro desapareció sin hacer el menor ruido. Yo fui en busca del voluminoso expediente que a aquellas alturas teníamos del caso de Trinidad Soler. Lo que de pronto me bullía en la cabeza, y me obligaba a revisar todo lo que habíamos hecho hasta entonces, justificaba hasta cierto punto mi desabrimiento, aunque Chamorro no tuviera la culpa. Si estaba en lo cierto, alguien se había estado riendo de mí, o mejor dicho de nosotros, a mandíbula batiente. Aparté los últimos papeles y fui en busca de los primeros. Allí estaban los recortes de prensa, y entre ellos localicé el del diario que el primer día se había apresurado a sugerir que la muerte de Trinidad tenía que ver con una oscura trama en la central nuclear. El mismo que había entrevistado a tal efecto al lenguaraz dirigente ecologista de segunda fila, y facilitaba datos manifiestamente obtenidos de la instrucción. Miré el nombre del periódico y busqué entre las notas que había estado tomando en las últimas tres semanas. Confirmada la coincidencia, murmuré:

–Hace falta ser gilipollas.

En ésas estaba, pegándome una generosa sarta de puñetazos en la frente, cuando Salgado se me volvió a acercar. Venía con su encanto de siempre, sujetándose con la mano derecha la pistola que portaba bajo la axila izquierda. Absurdamente, elegí aquel instante para apreciar que nadie llevaba el embarazoso correaje con la gracia con que lo lucía Salgado.

–Vuelven a llamarle, mi sargento.

–¿Quién?

–Un tipo raro. Extranjero, parece. No he podido coger el nombre.

Salté literalmente por encima de la mesa, bajo la mirada atónita de Salgado, y recorrí a trompicones la distancia que me separaba del teléfono. Cuando llegué, me abalancé sobre el auricular y grité:

–¿Sí?

–¿Sargento? –preguntó una voz que apenas podía distinguir entre lo que parecía el ajetreo y el vocerío característicos de un bar.

–Sí, soy yo.

–Aquí Vassily –me confirmó, aunque no hacía falta–. Tú perdonas que yo estoy llamando tan tarde.

–No hay nada que perdonar. ¿Qué tienes?

–Hay uno que conozco, sargento –respondió–. Y conozco bien. De tres veces, lo menos. ¿Te leo nombre que pones detrás de foto?

–Por tu padre, Vassily.

–¿Cómo?

–Que sí –grité otra vez.

Medio minuto más tarde corría escaleras arriba, en busca de Chamorro, a quien presumía todavía con Valenzuela. Me la tropecé en un pasillo, con su bloc en la mano. Al verme tan desencajado, esgrimió el bloc, temerosa:

–Tengo la lista.

–Me lo cuentas por el camino –dije, jadeando–. Ha llamado Vassily. Lo enganchamos, Virginia. Se acabó esta mierda.

–¿Cómo que se acabó? –repuso, incrédula.

–Bueno, quizá no del todo –admití–. Pero casi.

Por el camino, mientras yo derrapaba en las curvas y acuciaba con la sirena a los atontados que por el egoísmo de progresar a toda costa en el atasco del mediodía tardaban en apartarse, Chamorro me fue leyendo la lista que le había pedido. Había causas repartidas por diversos juzgados, pero en uno de ellos se daba una llamativa coincidencia: tramitaba los dos procedimientos en que más acorralado estaba Ochaita y muchos de los putrefactos que se seguían desde hacía tiempo inmemorial contra Zaldívar.

–Muy bien –gruñí, mientras esquivaba por pelos a un *foxterrier* descuidadamente conducido por una quinceañera–. Todo encaja de una puta vez. Tres calles antes de llegar, apagamos y escondimos la luz giratoria. Nos apostamos cerca de la entrada del edificio. Eran las dos y cinco, así que no debía de haber salido todavía. Llamé a la unidad y pedí hablar con el comandante Pereira. En dos palabras, le di las últimas novedades y solicité su permiso para hacer lo que en función de ellas había planeado.

–Adelante –autorizó Pereira, escueto–. Me avisáis cuando esté.

–Ya lo has oído –le dije a una estupefacta Chamorro. La espera fue tensa, con mi ayudante mirándome de reojo y mordiéndose las uñas, mientras yo apretaba las manos al volante y me pasaba el labio por la punta de los dientes una y otra vez. A las dos y cuarto pasadas, vimos salir el coche y le identificamos a él en su interior. Le dejé unirse al tráfico y llegar hasta un semáforo. Después le hice a Chamorro la seña para que sacara la luz, aceleré a fondo y avancé quemando el asfalto por el carril contrario. Al llegar a la altura del semáforo di un volantazo y atravesé el coche delante del suyo. Pude ver su cara de estupor, mientras Chamorro abría la puerta. Ella estaba más cerca y llegó primero, justo cuando él salía.

–¿Qué pasa? –dijo.

–Que queda detenido –anunció Chamorro, y fue a trabarle con las esposas.

Pero en ese momento él retiró la mano, se agachó y con una rapidez endiablada le descargó un codazo en el vientre a mi ayudante. Cuando yo llegué, un par de segundos después, Chamorro estaba doblada en el suelo y su agresor corría hacia la acera. Me incliné un momento sobre ella.

–¿Estás bien?

–Ve por él, maldita sea –me recriminó, con un hilo de voz.

Salí a la carrera. Me llevaba unos treinta metros de ventaja, y por el modo en que corría, ésa era una distancia que me iba a costar acortar. Se veía que era buen deportista, no sólo por los reflejos que había tenido al deshacerse de Chamorro, sino por el golpear rítmico de sus piernas. Deduje que tendría que confiar en mi resistencia, y me esforcé en impedir que se alejara mucho. Mientras siguiera fresco, alcanzarle parecía imposible.

Dobló la esquina de uno de los edificios y se internó en una de las plazas peatonales del complejo. De pronto, al saltar una bajada de tres escalones, se torció el pie y se fue abajo aparatosamente. Lo malo de los zapatos caros, que sólo valen para pisar moquetas, reí para mis adentros.

No tuvo tiempo de ponerse en pie y recobrar el ritmo. Antes de que pudiera hacerlo, le había aferrado por los hombros y trataba de acorralarlo contra una pared donde pudiera esposarle. Pero era un duro oponente. Aunque debía de tener el tobillo hecho migas, se revolvió y me asestó un puñetazo en la cara. No sé aún cómo me las arreglé para no soltarle. Sólo recuerdo que él pegaba y pegaba, mientras yo le aferraba y trataba en vano de arrearle a mi vez. Ninguno de los escasos transeúntes que pasaban por aquel rincón de la plaza se detuvo a ayudarme. De hecho, si alguno se hubiera parado, habría preferido ayudarle a él, que vestía mucho mejor. El castigo, administrado con toda su alma por mi adversario, duró una eternidad. Justo hasta que una bendita voz femenina aulló a su espalda:

–Basta ya, subnormal.

Egea se levantó muy despacio, trastabillando sobre su tobillo lesionado, con la pistola de Chamorro clavada en la nuca.

–Las manos bien altas. Y como muevas la cabeza un milímetro, te saco el cuello de la camisa por la boca. No tengo más que enseñar a mi compañero para justificar que lo hice en legítima defensa.

Su compañero, es decir, yo, estaba sumido en una nebulosa rojiza, en la que sólo acertaba a discernir a Chamorro, con un mechón de pelo suelto, insultando a Egea de un modo que acaso por los muchos golpes recibidos me provocó una especie de alucinación. De pronto, me parecía estar viendo a la furiosa Veronica Lake de esa escena inolvidable del principio de *La mujer de fuego*. Era un papel en el que no había visto nunca a Chamorro, y me prometí que en cuanto pudiera rescataría la cinta de mi videoteca de grabaciones, para refrescarme la memoria. Distraído con ese pensamiento, tardé todavía unos segundos en comprobar el funcionamiento de mis miembros y ponerle al fin las esposas a un desencajado Rodrigo Egea.

–Qué desagradable sorpresa, señor Egea –dije, limpiándome la sangre de los labios–. No esperaba que fuera a reaccionar como un rufián. Pensé que se dejaría detener con estilo, como un *gentleman*.

–Vete a tomar por culo, *picoleto* de los cojones.

Nunca he agredido a un detenido indefenso, pero confieso que con Egea estuve a punto de romper la regla. Opté por el desquite verbal:

–De eso es usted el que más sabe, aquí. Ardemos en deseos de escuchar lo que tiene que contarnos. Pero antes le recordaré a qué tiene derecho.

Le recité sus derechos meticulosamente, mientras lo arrastraba camino del coche. Rodrigo Egea escuchaba sin pestañear.

–Quiero un abogado, ya –exigió.

–Por supuesto. ¿Alguno en particular?

–Sí –dijo, desafiante–. Gutiérrez-Rubira.

–No me suena –respondí, imperturbable–. Ya sabe usted, en este país hay cientos de miles de picapleitos. Pero luego buscamos su teléfono. En la unidad tenemos un listín del colegio de abogados y todo.

No quería que Egea se montara luego una película de detención ilegal u obtención de testimonio con violación de sus derechos. Así que nada más llegar a la unidad llamamos al despacho de aquel tal Gutiérrez–Rubira. Pero debían de estar todos comiendo y no contestaba nadie. Dejamos un mensaje en el contestador automático y fuimos a informar al detenido.

–Su abogado no responde. ¿Insiste en esperarle?

Egea había perdido casi todo el gas. Se había aflojado la corbata y parecía comenzar a darse cuenta de lo que estaba pasando. En ese momento, para reforzar los efectivos en su contra, se personó en la habitación el comandante Pereira, a quien había ido a avisar Chamorro.

–A sus órdenes, mi comandante –le saludé.

–¿Es éste?

–El mismo.

Pereira le observó con toda su dureza, que podía ser mucha. La verdad era que me intimidaba incluso a mí. Sin ninguna duda, el comandante había nacido para colgarse un uniforme de los hombros y hacerse respetar con él. Egea bajó los ojos y se retorció las manos nerviosamente.

–¿A qué esperamos? –preguntó Pereira.

–A su abogado.

Pereira se cruzó las manos a la espalda. Suspirando, dijo a Egea:

–¿De qué cree que le va a servir el abogado? Si es para que no le demos, aquí no le damos a nadie, hombre. Y si es para que le salve, a quien debería llamar es a su mago, si también tiene uno. Ande, no sea fantasma y no nos haga perder el tiempo, que aquí nadie ha comido todavía.

Y dicho eso, se largó, sin darle a Egea opción a responderle. Ésa era una de las más finas técnicas de Pereira. No quedarse a ver los efectos.

–Ya ha oído al comandante –dije–. Tiene setenta y dos horas por delante aquí dentro, como nos dé por ponernos cabezotas. Ningún juez le va a estimar un *habeas corpus*, y lo sabe. Así que usted verá si es la mejor estrategia empezar nuestra relación tocándonos las narices. Pero que conste que aquí no le presiona nadie. Si quiere esperar al abogado, esperamos.

Egea estaba a punto de derrumbarse. Manoseaba una y otra vez su chillona corbata de seda, como si fuera la cuerda que le mantenía ilusoriamente ligado a una realidad que ya se había desmoronado para él.

–No merece la pena –le aconsejó Chamorro, con su más dulce y cálida entonación–. Tenemos más que de sobra para empapelarlo. La única cuestión, ahora, es si quiere comérselo todo usted solo.

Egea la miró con unos ojos como platos. Por un instante quiso creer, tal vez, que no teníamos nada. Pero al instante siguiente comprendió que las cosas eran radicalmente distintas de cuando habíamos ido a su despacho y nos habíamos marchado confortados por sus mentiras. Y temió que supiéramos, posiblemente, más de lo que en realidad sabíamos.

–Ha sido el cabrón del ruso, ¿verdad? –preguntó, ansioso.

–Bielorruso –corregí, sin mucho énfasis.

Egea se llevó las manos a la cara y estuvo con ellas así, tapándose los ojos, durante un buen rato. Por fin se rindió y dijo:

–Me olía que me había visto. Lo que no sabía era si se acordaría, o si habríais tenido la idea de enseñarle fotos.

–Si pensó en ello, no ha sido muy inteligente, señor Egea –aprecié, procurando no herir demasiado su orgullo–. Debió huir cuando aún estaba a tiempo. Esos cabos se acaban atando tarde o temprano.

Egea parecía ausente. Regresó de pronto para inquirir, con rabia:

–¿Y dónde se esconde, ese hijo de puta?

Entonces deduje que le habían estado buscando, y que Vassily había salvado su vida, seguramente, al no haber establecido otro vínculo con la justicia que aquel número de teléfono móvil que sólo yo tenía.

–Es un espíritu libre –repuse–. Vaga de aquí para allá.

Egea se frotaba la frente como si quisiera arrancarse la piel. Todavía le costaba aceptar que su intrincado pastel estuviera al descubierto.

–Un miserable fallo –se lamentó, encendido–. Sólo uno, y al carajo el invento. Es como para no creérselo, me cago en...

–Hay más de un fallo –le rebatí–. Tampoco se crea que era tan perfecto, sólo un poco retorcido. Se tarda, pero se desmonta igual.

Aunque lo intentaba, Egea no lograba salir de su desconcierto.

–Lo que no consigo explicarme, señor Egea –dije–, es para qué servía hacer aquella indignidad con el cadáver. ¿No es bastante con matar a un hombre? ¿Qué necesidad había de vejarle de esa forma?

–No, no, se equivoca –tartamudeó, con gesto desesperado–. Fue un accidente. No se trataba de matarle, se lo juro. Sólo era para hacerle unas fotos. Pero resultó que tomaba esas puñeteras pastillas y se quedó allí.

–Un bonito cuento –opiné–. Y como los más sublimes de todos los cuentos bonitos, rigurosamente inútil. Salvo que tenga otro cuento sobre el accidente que le costó un balazo en la nuca a la chica. Con un asesinato nos basta para emplumarle veinte años, que ya nos resarce del esfuerzo.

Egea enmudeció. Todavía no había asimilado nada.

–Qué pobre táctica se trae usted preparada, señor Egea –le compadecí–. Cualquier chorizo de mala muerte se lo monta diez mil veces mejor que todo un licenciado como usted. Estoy por dejarle quince minutos para que piense y se recomponga un poco. No me gusta abusar de nadie.

–¿Qué otros fallos son esos que decía antes? –preguntó, emergiendo de pronto del pozo de sus pensamientos.

–Bueno, muchos –dije, distraído–. El paquete de plomo para Ochaita, por ejemplo. Era realmente ingenuo creer que eso no iba a saltar. Hay controles, y controles de los controles. No basta con falsificar unas fichas.

–Joder –exclamó Egea, con aspecto derrotado.

–Le repito lo de antes –insistió Chamorro, aprovechando aquella crisis–. La que tiene encima es demasiado gorda. No querrá pagarla solo.

Egea soltó una risotada histérica.

–¿Cómo? Menuda chorrada –dijo.

–Será mejor si empieza a colaborar –advertí, poniéndome serio–. En alguna cosa puede ayudarnos todavía. Lo que más nos preocupa es lo que había en el paquete de plomo. Ya sabe lo peligroso que es. ¿Dónde está?

Egea se quedó con la vista perdida en el vacío, como un demente.

–Eso sí es brillante –aseguró, presuntuoso–. Por lo menos yo creo que tiene su gracia. Debajo del asiento del Lamborghini Diablo.

Capítulo 19
EL VIEJO DE LA MONTAÑA

El abogado Gutiérrez-Rubira, con sus zapatos y su maletín a juego y su graciosa pajarita, llegó a tiempo de vernos trasladar a Egea a su celda.

–¿Cómo? ¿No van a interrogarle? –preguntó, sorprendido.

–Ya hemos cambiado algunas impresiones con él –expliqué–. El interrogatorio formal lo practicaremos luego.

–¿Cuándo?

–Luego. Ahora tenemos cosas que hacer. La operación sigue abierta.

–¿Cómo dice?

El abogado se hizo el ofendido. En el fondo le importaba un rábano, porque el que se iba a quedar a dormir entre rejas era Egea y al día siguiente él se pondría otros elegantes zapatos y cogería otro maletín a juego con ellos. Pero tenía que montarnos su número. En ese momento se acercó por allí el comandante Pereira. Con su voz más tronante, preguntó:

–¿Qué pasa aquí?

–Mi comandante, el abogado del detenido. El letrado Gutiérrez-Rubira.

–Comandante, esto es un disparate –abordó a Pereira el abogado, con una amabilidad que denotaba hasta qué punto le aliviaba poder debatir el asunto con un igual, y no con un chusquero como yo.

—Los disparates los hará usted —replicó Pereira, inflexible—. Aquí pensamos antes de actuar. ¿Qué objeción tiene?

—Exijo que se ponga inmediatamente en libertad a mi patrocinado —saltó el abogado, visto que con zalemas no iba a conseguir nada.

—Si le parece —repuso Pereira, sin inmutarse—, ahora le justifico, hasta donde puedo, por qué no vamos a acceder a su petición. Pero si me disculpa un momento, estamos entreteniendo al sargento, que tiene cosas importantes que hacer —y volviéndose a mí dijo—: Vete, Vila. Yo me ocupo.

No aguardé a que me lo dijera dos veces. Me reuní con Chamorro y bajamos a toda velocidad hacia el coche. Un cuarto de hora antes lo había organizado todo con Pereira, o él lo había organizado conmigo, que era a fin de cuentas como quedaría registrada la operación en los archivos del Cuerpo. Pero para poder rematar la jugada nos faltaba todavía cumplir un trámite. Algo que debíamos ir a buscar a Guadalajara sin perder ni un minuto, aunque fueran casi las cuatro y aún no hubiéramos comido.

Dejé que condujera Chamorro, porque me pareció que ella andaba más fresca y más viva de reflejos. Yo sentía que la cabeza me hervía y veía pasar los kilómetros a una lentitud exasperante, aunque mi compañera no bajaba de los ciento cincuenta, sostenidos con incuestionable competencia conductora. Una vez en Guadalajara fuimos derechos al juzgado. Ya hacía rato que había terminado el horario de oficina y nuestro juez no estaba aquel día de guardia, pero tenía la esperanza de que fuera de los que se quedaban a trabajar horas extra. Cuando su señoría nos abrió la puerta del juzgado, en mangas de camisa y con las gafas sobre la punta de la nariz, intuí que podía fiarme de él. En cualquier caso, no tenía otro remedio.

–Señoría, le ruego que perdone la intromisión –dije–. Tenemos que hablar con usted sobre algo urgente y de cierta gravedad.

El juez se quedó un poco descolocado.

–Bueno –dijo, sin salir del todo de su asombro–. Pasen ustedes.

Pocas veces he tenido que hacer para alguien un relato tan comprometido como el que aquella tarde hube de hacerle a aquel juez. Lo fácil fue respaldar las decisiones que habíamos tomado respecto de nuestro sospechoso y la necesidad de las actuaciones cuya autorización acudíamos a solicitarle. Lo que de verdad me costó fue convencerle de la gangrena que corroía el juzgado del que era titular. No porque me faltaran datos. Tenía las filtraciones a los periódicos, las llamadas del secretario en momentos clave de la investigación, el conocimiento por Egea de detalles, como los de nuestra relación con Vassily Olekminsky, que sólo podía haber conocido gracias a una sistemática ruptura del secreto sumarial. Pero aquel hombre, en mangas de camisa, súbitamente avejentado y con las lentes sostenidas en precario equilibrio sobre la nariz, tenía que avenirse a aceptar que durante los tres años que llevaba al frente de aquel juzgado se habían estado burlando de él. Le habían escondido en la pila del atraso histórico lo que a alguien no le convenía que viera, mientras agilizaban los casos para los que, no la justicia, sino unos intereses particulares, reclamaban prioridad. Sólo alguien mucho más estúpido y pretencioso de lo que yo soy capaz de ser habría creído que podía transmitirle de cualquier manera esa ingrata convicción.

El juez me escuchó atentamente. En algún momento hizo amago de oponerse, pero nunca llegó a interrumpirme. Fue asimilando todo lo que le contaba, en un silencio cada vez más oscuro y espeso. Dejó que terminara, y cuando lo hice, quedó pensativo durante un lapso eterno.

–¿Sabe? –dijo, sin energía, al cabo de su ardua reflexión–. Le creo, sobre todo, por una razón que merece conocer. En los años que llevo de juez, siempre desbordado por los papeles, la elocuencia de los abogados buenos, la confusión de los malos, el fárrago de las normas y el de la jurisprudencia, he aprendido que sólo hay algo que está siempre claro: qué es lo que le interesa a cada uno. Para sobrevivir me guío sobre todo por eso, ayudándome como puedo con las pocas y malas pruebas que esta manera demencial en que tramitamos los asuntos me pone encima de la mesa. Y hay algo, en lo que ha venido esta tarde a contarme, que está fuera de toda duda: usted no tiene ningún interés en que sea cierto cuanto acaba de decirme.

El juez se quitó las gafas y las dejó sobre sus papeles. Después se frotó los ojos y exhaló un desalentado suspiro.

–Creí que a mí nunca iba a pasarme –prosiguió–. Ahora ya sé a qué sabe, y cómo sucede. Te entierras en el trabajo, te empeñas en cumplir con tu deber, y mientras estás entretenido con eso, hay quien libre de tales preocupaciones se puede dedicar a jugártela. Y además, se trata de alguien de tu entera confianza, alguien que te parece el mejor que has tenido nunca. Todavía un par de horas antes de que te cayera la venda de los ojos pensabas: *Qué suerte tener a fulano, tan diligente, tan experto, con tan buena mano, con la cantidad de paquetes que hay por ahí.* Pues así es como pasa, y ahora me toca aguantar el peso de la cara de tonto. Que no es pequeño.

No habíamos ido allí a oír sus lamentaciones y no estaba seguro de que nos conviniera escucharlas, pero nada estaba más fuera de lugar que meterle prisa a aquel hombre. Por fortuna, fue él quien dijo:

–Muy bien. Esto está visto. ¿Qué necesitan de mí? Ya me he hecho una idea por lo que me han ido diciendo, pero vayamos a lo concreto.

–Ante todo, señoría –dije–, supongo que no ignora a

dónde estamos apuntando. No es un cualquiera. Hablamos de periódicos, montones de contactos, recursos inagotables. El ruido que se organizará no será poco.

–Le diré una cosa, sargento. No sé qué es lo que esperan los que se presentan ahora a las oposiciones. Pero le aseguro que cuando decidí hacer lo necesario para poder ponerme una toga con puñetas, tuve muy claro que lo último que me permitiría sería asustarme por tomar una decisión que tuviera que tomar. Y si la cosa se complica mucho, pido una escolta.

–Hemos traído la orden redactada –informó Chamorro, tendiéndole un papel. Lo había montado con la fotocopiadora y el ordenador, a partir de otros que ya teníamos del juzgado. Sólo faltaba la firma.

–Bien, veo que son ustedes expeditivos –aprobó–. Ya me gustaría que fuera así el resto de la gente que viene por aquí.

Leyó el papel con atención, pero deprisa. Apenas terminó, cogió la pluma que tenía encima de la mesa y dibujó un imperioso garabato debajo de la última línea. Luego se nos quedó mirando, expectante.

–¿Han traído copia?

–Sí –repuso Chamorro, mientras se la entregaba.

–Estupendo –dijo, y la firmó también–. Ya está. Ésta para ustedes y ésta para mí. Ténganme al tanto de todo. Les doy el número de mi teléfono móvil y me llaman en cuanto haya la menor novedad.

Anotamos su número. Después de dárnoslo, el juez se puso en pie.

–No les retengo más –dijo–. Más vale que se den prisa. Yo también tengo algunas cosas que solventar antes de que acabe la tarde.

–A sus órdenes, señoría –nos despedimos.

–Mucha suerte –nos deseó, con calidez–. Y muchas gracias.

Tres cuartos de hora más tarde, Chamorro, que ahora iba sola, aparcaba delante de la entrada de vehículos de la mansión. Sin prisa, quitó el contacto, cogió su bolso y descendió del coche. Después cerró con llave la puerta y echó a andar calle abajo, con despreocupada parsimonia.

Al cabo de quince segundos, se abrió la cancela y un hombre de aspecto deportista, bien vestido y peinado, se recortó en el umbral.

—Eh, señorita.

Chamorro se detuvo, pero fingió no haberle oído. Se puso a hurgar en su bolso, como si se le hubiera olvidado algo. A continuación, sin dejar de revolver el bolso, regresó hacia el coche.

—Señorita —insistió el hombre, acercándose unos pasos—. Tiene que quitar su coche de ahí. Es una salida de vehículos.

—¿Cómo dice? —preguntó Chamorro.

—El coche —y pareció empezar a impacientarse, al ver que Chamorro había vuelto a bajar la cabeza y seguía absorta en su bolso.

El vigilante siguió aproximándose. Cuando apenas les separaban seis o siete metros, Chamorro sacó la pistola del bolso y le encañonó.

—Levante las manos y no se mueva —dijo—. Guardia Civil.

En cuestión de segundos, doce guardias uniformados y armados hasta los dientes acudieron a la entrada y se desplegaron por el jardín. Allí les salieron al paso otros dos vigilantes. A uno de ellos le dio tiempo a sacar su arma, pero ni siquiera llegó a levantarla. La dejó caer en décimas de segundo, como si quemase, al ver los tres subfusiles que le apuntaban. Acompañando a Pereira, a quien precedían en todo momento dos miembros de la unidad de intervención, Chamorro y yo rodeamos la casa. Habíamos sorprendido a Zaldívar meditando frente a su piscina. Cuando llegamos ya estaba en pie y contemplaba con gesto atónito a los tres guardias con pasamontañas que les apuntaban a él y a su mayordomo. Un cuarto vigilante se dejaba desarmar con aire irritado y las manos muy quietas sobre la cabeza.

–¿Qué significa esto, sargento? –dijo León, al reconocerme.

–Soy yo quien está al mando, señor –le aclaró mi jefe, antes de que me diera tiempo a contestar–. Traemos una orden judicial que nos autoriza a entrar en su domicilio y a llevarle con nosotros.

–¿Acusado de qué?

–De asesinato.

–Dios mío –observó Zaldívar, sonriendo–. ¿Y por eso vienen con toda la Brigada Paracaidista? Eh, oiga, dígales que no rompan nada.

Uno de los nuestros acababa de abrir de una patada la puerta de atrás de la casa. En compañía de otros tres entró a inspeccionar el interior. Me acerqué a Zaldívar y le puse las esposas. León se dejó hacer, sin ofrecer resistencia, pero mientras le apresaba las muñecas preguntó, sardónico:

–¿Cree que esto es verdaderamente necesario, o es que le sirve para dar salida a algún bajo instinto? Por cierto, ¿qué le ha pasado en la cara?

–Su chico se puso nervioso –respondí–. Y como no sé si usted también se va a poner, prefiero tomar precauciones. Por el bien de ambos.

–¿Mi chico? –se hizo el sorprendido.

–Egea –aclaró Chamorro, pasándose la mano por las costillas.

–Hombre, Laura –la reconoció–. Me alegra mucho verte. Fue una cena muy divertida. Aunque todavía sigo esperando tu llamada.

–Ya supongo que se lo pasó bomba –dijo Chamorro, escocida–. Sáquele partido al recuerdo, porque no pienso divertirle más.

–No te entiendo, Laura –protestó Zaldívar–. Soy yo el que debería estar enfadado. Me tomaste el pelo como a un chino. O lo que es peor, como a un pobre viejo verde que se hace demasiadas ilusiones.

–Ya lo veo.

En ese momento salieron los hombres que habían entrado en la casa, con dos mujeres del servicio y con Patricia, que se revolvía contra el agente que se veía obligado a empujarla para que avanzara hacia el jardín:

–No me toques, mastuerzo.

–La casa está limpia –declaró uno de los nuestros.

Entre León y su hija, una vez que estuvieron lo bastante cerca, hubo un significativo intercambio de miradas. Pero ella no hizo ningún comentario, y él se limitó a guiñarle un ojo y a informar, tranquilamente:

–Me llevan a la cárcel, creo. No te apures, que están metiendo la pata. Llama a Jesús en seguida y dile a Ramón que se ocupe del resto de las cosas, bajo tu supervisión. Volveré dentro de unos días, dándose muy mal.

Patricia continuó sin decir nada. Ni siquiera asintió.

Decidimos llevarnos con Zaldívar a todos los vigilantes, por resistirse y para que acreditaran su permiso de armas. Al resto del servicio y a Patricia los dejamos allí. La hija de Zaldívar vio desfilar en silencio a todos los detenidos, entre ellos a su padre, y a los guardias que habían entrado a perturbar la quietud de su lujosa residencia familiar. Parecía fijarse, especialmente consternada, en cómo los más desconsiderados de los nuestros machacaban con las botas los macizos de flores o se llevaban por delante los parterres. Yo me quedé el último, y antes de que saliera, me llamó:

–Eh, sargento.

Me volví.

–Espero que esté completamente seguro de lo que está haciendo –advirtió.

–Nadie está completamente seguro de nada –repuse.

–Pese a todo, espero por su bien que usted lo esté. Porque si no, va a acordarse toda su vida de esta tarde. Se lo prometo.

–Habría jurado que no se llevaba muy bien con su padre.

–Eso demuestra que no tiene usted demasiada capacidad para comprender las cosas, y mucha menos para comprender a las mujeres –replicó, desdeñosa–. Mientras tengan a mi padre encerrado, soy el jefe de la casa. Y haré lo que tenga que hacer. Se lo aseguro. Sin reparar en gastos.

–Pues le deseo mucha suerte, señorita –dije, marcando la palabra.

Llamamos al juez y le comunicamos que habíamos llevado la operación a cabo sin contratiempos. Su señoría nos ordenó que condujéramos a los detenidos a su presencia de inmediato. Les hicimos subir a los vehículos y nos pusimos en marcha hacia Guadalajara. A Zaldívar le metimos en nuestro coche. Chamorro se acomodó junto a él en el asiento trasero y yo ocupé el del copiloto. Al volante se sentó el cabo Domingo, un vallecano militante y socarrón. Nada más arrancar, puso la sirena a todo trapo.

–Me encanta hacer ruido en un barrio como éste. Aunque sea por una vez, que se jodan. Para que luego digan que la chusma vive en Vallecas.

Zaldívar permanecía callado, con la vista al frente. Tenía las manos entrecruzadas sobre las rodillas y parecía secretamente regocijado. Mi orgullo me movía a no dirigirle la palabra, pero no pude resistir la tentación.

–No se le ve muy afectado –dije.

–Todos los días se cometen miles de errores garrafales –respondió, impávido–. Alguna vez te tiene que tocar a ti ser la víctima de uno. Estoy tratando de afrontar la experiencia de un modo constructivo.

–No estamos cometiendo ningún error –traté de desengañarle–. Su ejecutor Egea ha confesado todo. Se pilló los dedos tontamente y parece que no le apetece mucho sentarse solo delante del jurado.

–Ah –observó Zaldívar, como si cayera en la cuenta–, éste es de los delitos que juzgan con jurado. Por eso se le ve disfrutar de ese modo. El millonario frente al populacho. Realmente es usted un hombre elemental, sargento. Pero suponiendo que lleguen a procesarme, lo que ya es mucho suponer, tendré un abogado que se ocupará de demostrar en el juicio que no hay ninguna prueba concluyente. Y el juez les dirá a esos humildes y probos ciudadanos que sólo deben condenarme si no tienen ningún género de duda de que yo soy responsable del crimen. La gente modesta es tan toscamente honrada como usted, y en este país no hay costumbre de ser jurado, ni mucha afición. No le digo que no sientan ganas de empitonarme. Por descontado. Lo que le digo es que les asustarán los remordimientos y me dejarán ir.

–No comparto su gusto por la futurología –dije–. Esperaré a ver qué pasa. Pero si le vale un consejo, no sea tan triunfalista. Hemos tardado unos pocos meses en cerrar esta investigación, como puede comprobar. No hemos estado cruzados de brazos durante todo ese tiempo.

Zaldívar acentuó aún más su indestructible sonrisa. Ahora era indulgente.

–Me fascinará saber lo que les han dado de sí todos esos meses –aseguró–. Aunque me apuesto cien millones a que no han desentrañado lo único que podría vincularme, intelectualmente, con la muerte de Trinidad Soler.

–Lo siento, pero le consta que no puedo cubrir una apuesta de ese importe –decliné su insultante ofrecimiento.

–No se preocupe. Se lo contaré gratis, como parte de mi labor social. Sí, no ponga esa cara, he dicho que voy a contárselo. No me importa hacerlo porque sé que no va a saber cómo utilizarlo. ¿Ha leído a De Quincey, sargento? –preguntó, con un brillo malicioso en la mirada.

No podía creer lo que oía. Aquel tipo estaba loco de remate o no se había enterado todavía de que le llevaban esposado, camino del juez que iba a mandarle a prisión. Opté por seguirle cautamente la corriente:

–Nunca me había tropezado con un delincuente tan preocupado por mis lecturas, señor Zaldívar. Tampoco con nadie tan asquerosamente pedante. Imagino que me supone incapaz de ello, pero si se refiere a *Del asesinato considerado como una de las bellas artes*, sí lo he leído.

–¿Ah, sí? ¿Y qué le pareció?

–Una simpática pamplina, incapaz de escandalizar a nadie a estas alturas. En mi trabajo no recurro demasiado a sus enseñanzas.

–Lo subestima, sin duda –me afeó Zaldívar–. Si le hubiera prestado atención, habría observado que el asesinato de Trinidad, tal y como me lo imputa, se ajusta al milímetro a uno de los modelos de perfección propuestos por De Quincey. Primero por la víctima, que reúne los cuatro requisitos: un buen hombre, poco notorio, todavía joven y con hijos pequeños. Y después por el procedimiento: a través de persona o personas interpuestas, como el gran maestro del asesinato clásico, el Viejo de la Montaña. Porque supongo que no pretenderán sostener que lo hice personalmente.

–¿A cuánto nos condenarían por tirar a este indeseable en marcha? –consultó Chamorro, señalándole con el pulgar izquierdo.

–Si queréis derrapo por su lado y lo empotro contra una farola –propuso Domingo, casual–. Echamos aceite en la calzada y es un accidente.

Sostuve la mirada de Zaldívar. Sus seductores ojos de color almendra, que debían de haberlo sido más en el pasado, me observaban fijamente.

–Veo que no recuerda muy bien el libro –dije, sin perder la compostura–. De Quincey censura el envenenamiento y ensalza la violencia física frontal. Veneno usaron contra Trinidad Soler, y también contra el pobre Ochaita; bastante sofisticado, pero veneno era, en definitiva. Y a la chica la liquidaron de la forma menos frontal posible. Por si eso fuera poco, incurrieron en nocturnidad, lo que su admirado autor considera una

267

vulgaridad reprobable. La verdad, no creo que mereciera usted su felicitación.

Esta vez Zaldívar no contestó sobre la marcha. Asintió casi imperceptiblemente y su mueca arrogante se convirtió en una especie de rictus.

–No es usted tan imbécil como parece –apreció–. Por lo menos tiene memoria para retener las ideas ingeniosas de otros. Eso hace menos decepcionante este enojoso episodio, se lo confieso. Así que no es sólo por Trinidad. Veo que me imputa también una muerte natural, que a juzgar por su enigmática descripción debí provocar mediante un ritual vudú o algo semejante. Y para redondear, una chica. ¿Puedo saber quién?

–Es un poco tarde, señor Zaldívar –avisé, sin entusiasmo–. Hoy no venimos a divertirle, como le dijo antes mi compañera. Está todo destapado, incluyendo su trama en el juzgado y hasta su intento de embrollar el caso al principio, sirviéndose de uno de sus periódicos. Una maniobra inútil y que ahora le resultará comprometedora, como muchas otras cosas.

–No estoy en absoluto de acuerdo –dijo Zaldívar, meneando la cabeza–. Necesitarán algo más que unos indicios interpretados tortuosamente y la confesión de un hombre ansioso de atenuar sus culpas. Ahora le hablo en serio, sargento. Como De Quincey, cuya finalidad moral veo que le pasó por entero desapercibida, estoy convencido de la radical incorrección del asesinato. Y Trinidad Soler era mi amigo, y de lo demás no sé nada.

Traté de averiguar si lo que había en su semblante era un gesto compungido, o severo, o el más sutil de los sarcasmos. Ni sus labios rectos ni su mirada vacía arrojaban luz alguna sobre el particular. Hacía rato ya que avanzábamos por la autopista, camino de Guadalajara. Tras la espalda de Zaldívar, a quien me costaba un poco mirar desde el asiento delantero, se desataba el brusco espectáculo de un atardecer de octubre. Cuando se viene encima la oscuridad, se tiende más a evocar a los muertos. Me acordé de los tres, del insondable Trinidad, de la tierna Irina, del irascible Ochaita. Y en su nombre, aunque fuera una debilidad sentimental, formulé la pregunta:

—¿Por qué, Zaldívar?

—Creí que tendría su teoría también para eso —anotó, con desgana.

—La tengo —admití—. La chica, porque no era nadie. Ochaita, por pura soberbia: un patán que osaba plantarle cara y meterle juicio tras juicio. Sospecho que ya estaba hasta el gorro de recibir citaciones, y a fin de cuentas era más fácil cargárselo a él que sobornar a todos los secretarios judiciales. En cuanto a Trinidad, pudo hacerlo por varios motivos. Si no admite uno, escogeré el que dice Egea. Aunque no disipe todas mis dudas.

—Lamento no poder ayudarle —dijo el detenido, distante—. Tendrá usted que completar su fantasía como Dios le dé a entender. Ya se lo he dicho y es lo que repetiré hasta que me pongan en libertad. Soy inocente.

Zaldívar hizo honor a su aseveración. Cuando le despacharon a la cárcel, poco antes de la medianoche, tras un baldío interrogatorio y un desagradable careo con Egea, seguía proclamando su inocencia y amenazándonos a todos. Eso sí, sin perder su sonrisa. Aunque le considerase un canalla, la entereza no podía negársela. Ni eso, ni su recalcitrante estilo.

Capítulo 20
EL ALQUIMISTA IMPACIENTE

Los cinco periódicos de Zaldívar, como una sola voz, proclamaban a la mañana siguiente la existencia de una sucia conspiración contra su dueño, impulsada por los turbios intereses de sus competidores y orquestada torticeramente en torno a la no aclarada muerte de una persona próxima al ejemplar empresario. Para los tres diarios más moderados, el juzgado y la Guardia Civil actuaban como ciegos e involuntarios instrumentos de la conjura. Pero los dos más combativos planteaban abiertamente la corrupción del juez y de «elementos aislados del instituto armado», recordando para ilustrar su tesis algunos casos de prevaricación judicial y de narcotráfico realizado por guardias. A propósito de Trinidad Soler volvían a arremeter contra la central nuclear, denunciando en términos ambiguos un escándalo de tráfico de material radiactivo que estaba a punto de salir a la luz. Se veía que Zaldívar, dubitativo aún sobre cómo usar aquel extremo sin que le perjudicara, no había acertado a transmitir instrucciones claras al respecto.

Pereira me mostró los titulares con una sonrisa triunfal.

–Podemos felicitarnos, Vila –dijo–. El gran cerebro ha escogido la estrategia del perdedor. Ahora sólo falta que acuse al rey y al papa, y acabarán encerrándole en una habitación con los tabiques acolchados.

–No es muy inteligente por su parte –asentí–. Pero no hay que darle por derrotado, mi comandante. Presentará batalla hasta el final. Y usted sabe como yo que no es imposible que le absuelvan.

–Es igual, Vila. Este tipo está listo, aunque se le aparezca San Pedro en el juicio y lo suelten dentro de dos años. Cuando uno pisa el talego ya no vuelve a ser el mismo. Los que hasta ayer le saludaban en las recepciones o cogían sus sobres no volverán a dejar que se les acerque a menos de un kilómetro. Y eso es como la pena de muerte, para alguien como él.

–No le digo que no tenga usted razón, mi comandante. Pero me fastidiaría mucho que todo se quedara en un peón como Egea.

Pereira me observó con aire preocupado.

–Te has involucrado demasiado en esto, Vila. Voy a tener que darte otra cosa en seguida, para que te distraigas y te olvides.

–No me vendría nada mal que me dejara disponer de un día, mi comandante –le pedí–. Todavía me quedan por cerrar algunos detalles.

Pereira pareció recelar de mi petición. Quizá porque adivinaba que no se trataba de asuntos oficiales, sino de detalles de índole más bien personal. A pesar de todo, no me negó su consentimiento:

–Está bien. Un día. Aprovéchalo.

Tras despachar con Pereira, me reuní con Chamorro. Estaba completando los informes, archivando expedientes y rematando la documentación del caso. Se la veía muy satisfecha, poniéndolo todo en orden.

–¿Has terminado la limpieza? –pregunté.

–Casi, mi sargento.

–No sé muy bien cómo voy a recordar todo esto –le confié, mientras me sentaba a la mesa contigua a la suya y me acercaba el teléfono.

–¿Por qué?

–Por todo. Por la manera en que Zaldívar jugó con nosotros, por ejemplo. O por el tiempo que dedicamos a investigar a Trinidad sin sospechar que él era el primer asesino. Hasta fuimos a acusar a Ochaita, que en realidad era su víctima. Nunca me había equivocado tanto, creo.

–Por si te sirve de consuelo –bromeó–, no hay muchos casos en los que el asesino muera seis meses antes que la víctima.

–Gracias, Virginia –dije–. No sé qué haría sin ti.

–Ya ingeniarías algo.

–No lo digo por hoy. Ha sido una investigación difícil.

–No hay nada que agradecer –le quitó importancia–. Me gusta mi trabajo.

Mientras marcaba el primer número, aproveché que ella volvía a abstraerse en los papeles para espiarla subrepticiamente. No era extraño que alguien como yo, con algún que otro desperfecto en la personalidad, se sintiera a gusto, siempre dentro de un orden, en un trabajo como aquél. Pero que Chamorro, una criatura incontaminada y llena de aspiraciones positivas, declarase su apego al esclarecimiento de homicidios, siempre me daba que pensar. A muchos, a mí mismo antes de conocerla, les habría parecido que una chica como ella estaba incapacitada para coexistir con la realidad criminal, y que en el caso de que se obstinara en hacerlo saldría lesionada de una u otra forma. Pero Chamorro no sólo había desmentido las expectativas de quienes dudaban de sus aptitudes, sino que iba sumando casos sin que ello la afectara de manera perceptible. Y lo más pasmoso era que en el fondo seguía conservando un residuo de ingenuidad. A veces se me ocurría que quizá fuera eso, justamente, lo que la hacía más dura que nadie.

Hablé primero con Dávila. La última vez que le había llamado había sido la víspera, cuando había concertado con él la recogida de la fuente radiactiva de debajo del asiento del Lamborghini de Ochaita. Hasta el momento, conforme a mi compromiso, me las había arreglado como había podido para mantener a la central nuclear en un segundo plano; no por los propietarios de la central, a quienes nada debía, sino por aquel hombre que se la había jugado en su día para ayudarme y para convencer a sus superiores de que le dejaran hacerlo. Después de leer las alarmantes insinuaciones que aquella mañana traían los periódicos de Zaldívar, consideré obligado llamarle para garantizarle que nosotros no éramos la fuente de la noticia.

–Ni por un momento lo había supuesto –dijo Dávila, que sonaba cargado de resignación–. Tenía que acabar saltando, antes o después. Nos pondremos la chichonera y a barajar. Después de todo, ésa no es mi guerra, sino la de la gente de relaciones públicas. Yo seguiré haciendo lo de siempre.

–Me alegro, porque auguro que la campaña irá a peor –le advertí–. Al dueño de esos periódicos puede interesarle ponerles en medio a ustedes. Con fundamento o sin él, eso da igual. Ya sabe que quien invierte el dinero controla el producto, sea el que sea. Y si se monta bien, comprarse un periódico es como comprarse una fábrica de verdades a medida.

–Eso sí que es un lujo, y no un yate –opinó Dávila.

–Desde luego –coincidí–. El problema es que nosotros estamos atados por el secreto del sumario. No podremos ayudarles.

–Ya se moverán mis jefes donde tengan que moverse. Tampoco hay que preocuparse más de la cuenta. Al final, la gente quiere seguir encendiendo la luz, y poniendo el vídeo, y cocinando en la vitrocerámica. Incluso los de las pancartas. Por eso existimos y seguiremos existiendo.

–A lo mejor algún día alguien encuentra una alternativa –dudé.

–Ahora está de moda el gas natural –se rió Dávila–. Efecto invernadero a lo bestia y reservas limitadas. Y el sol y el viento y todas esas cosas sirven para poner una guinda verde, pero poco más. Si le soy sincero, la energía nuclear me intimida como a cualquiera, pero no veo otro camino. No la que tenemos ahora, porque lo de los residuos es un berenjenal. O inventan reactores limpios o nos vamos al cuerno. Han enseñado a la gente a necesitar demasiadas fruslerías. Me temo que el noventa y cinco por ciento de la población de Europa occidental aceptaría la destrucción del planeta a cien años vista si ése fuera el precio de poder seguir teniendo lavadora.

Decidí interrumpir en aquel punto la conversación. El poder de convicción de Dávila estaba a punto de erosionar mi actitud más bien reticente frente a la industria para la que aquel juicioso individuo trabajaba.

–Muchas gracias por todo, señor Dávila. Ha sido un placer.

–Lo mismo digo –repuso–. Dentro de las circunstancias.

A continuación busqué en la agenda un nuevo número. Al cabo de unos segundos, tenía al otro lado de la línea, una línea llena de ruidos e interferencias, la voz siempre enérgica de Vassily Olekminsky. En primer lugar, le hice un resumen de noticias, lo bastante abstracto como para no infringir mi deber de sigilo. Luego le pedí que siguiera localizable, ya que era un testigo de cargo esencial. Le advertí del peligro que corría, por ese mismo motivo, y le ofrecí protección, si creía necesitarla. Vassily se burló:

–Oh, no, sargento, sería cosa muy graciosa que Vassily fuera a todas partes con policía. Ruina total para negocio.

–Como quieras. Pero ándate con mucho cuidado.

–Claro. ¿Puedo hacer pregunta, sargento?

–Cómo no.

–¿Por qué hicieron eso a Irina?

A esa pregunta podía haber respondido de muchas formas. Por ejemplo, según el testimonio de Egea: que sólo pretendían utilizar a Irina como cebo y que, ante la imprevista muerte de Trinidad, habían decidido eliminarla sobre la marcha para que no hubiera testigos. O según mi teoría: que su ejecución estaba ya decidida, y que la habían elegido a ella porque creían que trayéndola desde seiscientos kilómetros de distancia, y abandonando luego su cadáver en otro sitio alejado, nadie podría unir todas las piezas. Ambas posibilidades se resumían en una: para sus asesinos, Irina no valía más que cualquier otra herramienta empleada en el crimen. Pero no era nada de eso lo que podía contarle a Vassily. Improvisé otra versión:

–El hombre al que reconociste se volvió loco. Sabía que Irina no podía ser sólo para él y así desahogó su rabia.

Tampoco era una historia inverosímil. Seguramente Egea podría haber escogido a otra chica menos adorable que Irina. Quién sabía las razones que habían pesado en él cuando la había seleccionado para morir.

–Vida es mierda de verdad grande, sargento –sollozó Vassily, al cabo de un breve silencio–. Tú dime cuando es juicio y no preocupas nada, que voy a verle cara a ese cabrón. Así puedo escupir encima.

–No creo que te dejen acercarte, Vassily.

–No importa. Escupo muy lejos –se jactó.

El resto de los asuntos pendientes no podía o no debía arreglarlos por teléfono. Tampoco había ninguna razón para que obligara a Chamorro a venir conmigo, porque ella me había ayudado a resolver el caso, pero no eran suyas las responsabilidades que se trataba de zanjar. Así que la dejé allí, terminando de clasificar todos los papeles, bajé a buscar un coche y tan pronto como lo tuve partí una vez más hacia la Alcarria.

El día estaba lluvioso y oscuro, y tanto la lluvia como la falta de luz arrojaban sobre el ánimo una murria difícil de resistir. Conduje no muy deprisa por la autopista, entre la nube de agua que el limpiaparabrisas apartaba a duras penas con su tenaz barrido. A punto estuve de pasarme el desvío que debía tomar. Mientras avanzaba por la carretera secundaria, amainó la lluvia. Apenas caía cuando aparqué junto a la fachada de la casacuartel.

–Hombre, Vila –me saludó Marchena, efusivo–. Ya creíamos que te habías olvidado de nosotros. Como has estado dedicado a una investigación de alto nivel, que les zurzan a los guardias de pueblo.

–Sabes que no es verdad –protesté–. Aquí estoy, para probarlo.

Le puse al corriente de los últimos acontecimientos, en parte por la deuda moral que tenía con él y su gente, y en parte por lo que le afectaba. Al menos dos de los delitos, la muerte de Trinidad y la apropiación indebida de la fuente radiactiva, habían sucedido en su demarcación.

–A pesar de todo, tienes que reconocerme que yo no estaba nada descaminado –dijo, visiblemente orgulloso–. Se lo cargaron, y la tostada se había cocinado fuera de aquí. Lo que yo decía desde el principio.

–Eso parece –observé–. Pero el único que hasta ahora ha confesado jura que lo de Trinidad fue un accidente. Que sólo querían hacerle unas fotos.

–¿Y qué va a jurar? Mira, Vila, a mí el tarro no me dará para estudiar latín, pero sí para ver estas cosas. Igual que sabía que la faena no era obra de mis vecinos, te digo que a ese desgraciado lo quisieron quitar de la circulación. ¿Unas fotos? ¿Y dónde estaba el fotógrafo?

–Eso es lo que yo pienso, también –asentí.

Marchena insistió en que tomara un café, lo que hizo que fueran ya las doce pasadas cuando volví a subir al coche y emprendí viaje hacia la última estación de mi recorrido. No encontré en su casa a Blanca Díez. Según me dijo la chica que me abrió la puerta, había aprovechado que acababa de escampar para ir al cementerio. Le pedí que me indicara cómo llegar.

El cementerio era bastante pequeño. Tenía una zona antigua, con algunas tumbas con las lápidas medio borradas. Al paso me fijé en una que carecía de lápida, pero que ostentaba un cartel metálico, muy limpio, que proclamaba que era *de propiedad*. Mejor tener descendientes celosos que el mejor de los mármoles. El muro del fondo del viejo recinto lo habían echado abajo y prolongando los muros laterales habían construido uno nuevo unos cincuenta metros más allá. En este espacio recién conquistado, y apenas colonizado por una decena de sepulcros, encontré a Blanca, erguida ante uno de ellos. Había depositado sobre la lápida unos claveles blancos. La leyenda de la tumba no era original: *Tus hijos y tu esposa no te olvidan.*

–Buenos días, señora Díez –dije, sin elevar mucho la voz.

Blanca no me contestó en seguida. Siguió mirando la lápida, con aire ausente. Aguardé sin prisa, unos pasos detrás de ella.

–Hola, sargento –habló finalmente–. Esta mañana he vuelto a leer el nombre de Trinidad en los periódicos. Supongo que sabrá algo.

–Algo sé, sí.

–¿Y va a contármelo?

–A eso vengo, en parte.

Blanca se dio la vuelta. Había estado llorando, y sus ojos oscuros brillaban como si la luz les saliera de dentro.

–¿Cuál es la otra parte? –preguntó.

–La otra parte, naturalmente –expliqué–, es pedirle disculpas. Ahora que he terminado me doy cuenta de que no siempre me comporté como debía con usted. Espero que comprenda que fue por una buena causa.

–Comprenderé que fue por una causa, sargento –me corrigió–. Con eso basta. Que sea buena o mala siempre depende Dios sabe de qué. ¿Y qué es lo que ha descubierto, al final de su azaroso camino?

No era demasiado cómodo contárselo allí, de pie sobre el barro del cementerio. Pero asumí mi deber y le hice el relato que me pedía y al que tenía, acaso, más derecho que nadie. Blanca me escuchó sin que nada alterase sus facciones, ni siquiera cuando le conté que su marido había intervenido en la muerte de otra persona. No le dije hasta qué punto, calculando fríamente el grosor de plomo que permitiría envenenarle las entrañas a Ochaita con lentitud y sin que ninguna lesión externa delatase el proceso mortal. Pero ella podía deducir, y quizá dedujo. Al menos, inquirió:

–¿Por qué hizo eso Trinidad?

Como para todo, porque ése es mi oficio, tenía una hipótesis: por despecho, por odio, por el rencor de haber sido vapuleado en público. Un hombre robusto como Ochaita a veces no sabe a qué se expone humillando físicamente a quien lo es menos, como en ese caso Trinidad. También pudo obrar por miedo a las amenazas de Ochaita, o por dinero, o porque Zaldívar ejerciera un ascendiente irresistible sobre él. Pero si tenía que elegir algo, elegía lo primero. Para Blanca, en cambio, me limité a decir:

–Nunca se está seguro de eso. Lo indudable es que lo hizo.

La viuda de Trinidad me dio por un momento la espalda. Se quedó mirando el valle, sombrío bajo el opresivo cielo gris. Soplaba una brisa que le echaba el cabello sobre la cara. Terminó por cogérselo con la mano.

–La transmutación –dijo de pronto, sin mirarme.

–¿Qué?

–La transmutación, sargento –repitió–. El propósito de la alquimia. Hace un par de años traduje un libro inglés que iba de eso. Me sorprendió. ¿Sabe usted qué era lo que en realidad pretendían los alquimistas?

–Convertir el plomo en oro, si no recuerdo mal –dije, dudando si eso tendría que ver, de una forma enrevesada, con los manejos de Trinidad para preparar el paquete que había acabado con Ochaita.

–Frío, frío –denegó–. Eso pretendían los *malos* alquimistas. La verdadera transmutación consistía en mejorar la naturaleza del propio alquimista, no de los metales. Los metales sólo eran el instrumento. Por eso los que se impacientaban y se obsesionaban con el oro acababan consiguiendo el efecto inverso, empeorar ellos mismos. La transmutación, pero al revés.

–Perdone, pero no la entiendo.

Blanca volvió a apuntar sus ojos en mi dirección.

–No conozco a ese hombre del que me habla, sargento –dijo–. Algo lo cambió de arriba abajo. No era el mismo con quien me casé. Y ahora pienso si fue el dinero, como el oro a los alquimistas impacientes, y si sus hijos no podrán pedirme cuentas el día de mañana por no haber sabido impedirlo. O lo que es peor, por haberlo estimulado. Quizá yo me alegraba demasiado cuando veía cómo crecía nuestra fortuna. Ahora tengo una casa, y los millones que me queden después de que acabe conmigo Hacienda. Pero no le tengo a él. Y él era lo mejor que había encontrado en la vida.

Las lágrimas asomaron a sus ojos, y terminaron por caer. Pero Blanca no quiso apartar la cara. Mientras el llanto surcaba sus mejillas, ella inspiraba a fondo, para impedir que se le descompusiera el gesto.

–No le condene, ni se condene usted tampoco –le aconsejé–. Trinidad se metió en un lío demasiado complicado. Ésas cosas se sabe cómo empiezan, nunca por dónde salen. Y no todo el mundo es igual de fuerte.

–Trinidad era fuerte, se lo aseguro.

–A veces eso es aún peor que ser débil. En el límite, todo se convierte en su contrario. La virtud en defecto, la fuerza en debilidad.

–Ya. Lástima que la filosofía china nunca haya acertado a consolarme. Ni a mí ni a nadie, me huelo –se mofó Blanca, forzando una amarga sonrisa.

–La intención era buena –me justifiqué.

Blanca quedó pensativa. Parecía recapitular, cerciorarse de que no quedaba nada que debiera preguntarme. Aún dio con algo:

–¿Y qué fue lo que consiguieron, matándole?

De nuevo, no era aquélla una pregunta para la que tuviera una respuesta única. Y una vez más, elegí la que creí que más podía confortarla. A la postre la verdad es siempre dudosa, inasequible. En su lugar uno no puede levantar más que historias, y a una historia no cabe exigirle más que una cierta consistencia. Si de paso se puede lograr hacer bien a la gente, no hay razón para inclinarse por otra historia, que tampoco será nunca irrefutable. Así que omití hablarle de Patricia y de la posible venganza de un padre paranoico, aunque habría podido pergeñar una historia piadosa y no del todo infundada, mencionando lo mucho que la hija de Zaldívar se parecía a ella.

–Pues quizá no consiguieron nada –respondí–. Creo que quisieron deshacerse de su marido porque se olían que sufría remordimientos y que en cualquier momento podía avisar a Ochaita, o acudir a la policía a denunciarlo todo. Sí; al final, eso es lo que me parece más probable.

Blanca no era una mujer ingenua. Tampoco contaba con ello.

–Muchas gracias, sargento –dijo, bajando los ojos–. Está usted perdonado.

Echó a andar hacia la salida, y no la seguí. Me quedé allí, viendo cómo su espalda se iba haciendo más pequeña y calculando, con una súbita ansiedad, que jamás volvería a contemplar su rostro. Pero no estaba seguro de que me gustara aquella mujer. Había en ella algo inhumano, una intransigencia con la debilidad y la equivocación. En qué medida hubiera influido con ello en la vida o en la muerte de Trinidad, era una cuestión que no me correspondía en absoluto dilucidar. Aunque no pude evitar preguntármelo.

Desde entonces, he pensado con cierta frecuencia en Trinidad Soler. Por alguna razón, casi siempre lo imagino en la pasarela sobre la piscina azul, mirando absorto su contenido letal. Otras veces, en cambio, me lo figuro en sus últimos instantes de vida, acechando entre la bruma de las drogas y el alcohol el ensueño también azul de los ojos de Irina Kotova. Creo que Trinidad fue consciente de la muerte que había detrás de ese azul, como lo era de la que había al fondo de la piscina. Como todos sabemos de la negrura infinita que se oculta tras el cielo de una mañana de verano. Esto es lo que querría comprender: por qué lo aceptó. Nunca he pretendido juzgarle, porque no es mi trabajo, porque ningún castigo puede añadirse al que recibió y porque una vez le hice una promesa que me toca honrar. Tan sólo me gustaría ser capaz de entender por qué un hombre como él quiso pasar la raya. Por qué, un mal día, decidió partir sin billete de vuelta hacia ese lugar oscuro y solitario donde el azul se desvanece.

Londres - Getafe - Madrid - Chiclana de la Frontera,
16 de junio-19 de septiembre de 1999

ÍNDICE

* como un huevo a una castaña /chalk and cheese
* sin tapujos openly
* no me jodes don't give me that hay que joder grin and bear
* nombre de pila firstname
* me da grima I can't bear
* grifa marijuana
* no esta a mi alcance I can't afford it
* me importa un rabano I couldn't care less
* SIN PESTAÑEAR without batting an eyelid